बुरी औरत की दूसरी कथा

बुरी औरत की दूसरी कथा

किश्वर नाहीद

अनुवाद

इश्राक़ुल इस्लाम माहिर

वाणी प्रकाशन

प्रकाशन के उत्कृष्टतम 63 वर्ष

vaniprakashan.com

पेपरबैक पहला संस्करण : 2026

वाणी प्रकाशन

4695, 21-ए, दरियागंज, नयी दिल्ली-110 002

फ़ोन : + 91 11 23273167, 23275710

शाखाएँ

अशोक राजपथ, पटना-800 004, बिहार

कॉफ़ी हाउस कैम्पस, महात्मा गांधी मार्ग, प्रयागराज-211 001, उत्तर प्रदेश

महात्मा गांधी अन्तरराष्ट्रीय हिन्दी विश्वविद्यालय, वर्धा-442 001, महाराष्ट्र

sales@vaniprakashan.in
vaniprakashan@gmail.com

Buri Aurat Ki Doosari Katha
by Kishwar Nahid
Translated by Ishraqul Islam mahir

ISBN : 978-93-7348-669-7

Autobiography

मूल्य : ₹ 295

आर. टेक ऑफ़सेट, दिल्ली-110 032 में मुद्रित

वाणी प्रकाशन का लोगो मक़बूल फ़िदा हुसैन की कूची से

इन्तिसाब[1]

उस ज़ाते-किब्रियाई[2] की इनायत जिसने मुझे लिखने की लुक[3] दी प्यारे बेटों मीज़ू-मारी कामरान फ़ैसल-टेमी कामरान तीनों प्यारी बहनों के नाम और अज़ीज़ी अफ़ज़ाल, जिसके दोनों बाज़ू, अली और अयाज़ हैं।

---

1. समर्पण
2. ईश्वरत्व का अस्तित्व
3. लौ, लगन

*इब्तिदा

मुझे 1990 ई. में नियाज़ साहब और डॉ. सलीम अख़्तर ने बार-बार याद दिलाया कि ख़ुद को छोड़ते हुए नहीं बल्कि ख़ुद के देखे और महसूस किये हुए पाकिस्तान के गुज़रे पचास बरस के बारे में फ़ैज़ साहब ही की तरह लिखूँ कि 'जो हम पे गुज़रती है रक़्म करते रहेंगे।' शाइरी में तो पर्दगी रखी जा सकती है। नस्र (गद्य) में मुबालग़ा (अतिशयोक्ति) फ़ौरन झूठ में बदल जाता है।

रॉक फेलर फ़ाउंडेशन ने जब मुझे दावत दी कि उनकी मेहमान बनूँ और मुल्को-मुआशरा के हालात लिखूँ तो मैंने हज़ार पन्नों पर फैले नोट्स उठाये और ख़ुद में लिखने का हौसला पैदा किया। इस हौसले को नियाज़ साहब और एजाज़ साहब दोनों एड़ लगाते रहे। बेलाज़ियों में कोई पाकिस्तानी इस टोह में नहीं था कि मैं आज स्लीवलेस ब्लाउज़ पहने हुए हूँ या कल तिलावते-क़ुरआन[1] के वक़्त मैंने सर क्यूँ नहीं ढका। वहाँ तो इतनी आज़ादी थी कि दिन-रात लिखना चाहूँ तो कोई मुझे टोकने वाला न था। हाँ! हर शाम अग़वानी (मद्यपान) करते हुए, सारे मेहमान दोस्त पूछते थे आज क्या लिखा? मैंने सारे नोट्स फाड़कर, नये सिरे से ख़ुद को और वाक़िआत (घटनाओं) को जमा किया। मैंने शाह हुसैन के एक मिसरे (काव्य-पंक्ति) से लम्बी नज़्म लिखी थी। उसका उन्वान था, "असी बदयाँ वे लोको" इसको बाक़र मेहदी और सलाहुद्दीन महमूद ने बहुत पसन्द किया था। यहाँ बुल्लेशाह ने मेरी बार-बार मदद की, सारी दुनिया के शाइरों ने मुझे लिखने के लिए उकसाया। छह हफ़्तों के ख़त्म होने से पहले मैंने मुसव्वदे के दो सेट बनाये, एक नियाज़

---

*शुरुआत

1. क़ुरआन को सस्वर पढ़ना

भाई को और एक डॉ. गोपीचन्द नारंग को भिजवा कर मुत्मइन होकर इटली घूमने चली गयी। नारंग साहब ने तो तुरन्त किताब शाया करवायी और मेरे पाकिस्तान पहुँचने से पहले भेज दी। नियाज़ भाई ज़रा धीमे मिज़ाज के थे। उन्होंने मेरी वापसी का इन्तज़ार किया और मुझे कुछ नाम निकाल देने को कहा कि जिनको तो ईरान ने भी कत्ल किये जाने लायक़ कहा था। फिर मुसव्वदे को ज़रा और जामे करने (विद्वता लाने) के लिए तस्वीरें और कुछ नाक़ाबिले-यक़ीन दस्तावेज़ शामिल करने को कहा। मुझे सरकारी मुलाज़मत के बावजूद अच्छी सलाह और आपसी सुल्ह, दोनों ख़ुश्की की मारी लगती थीं, मगर नर्म लहजे या लम्हे में, यह किताब इंडियन एडीशन के दो माह बाद आयी। शहर-शहर वसवसे (बुरी शंकाएँ), दोनों मुल्कों के एडीशन में रद्दोबदल का स्कैंडल चन्द ऐसे सनसनीखेज़ वाक़िआत की आदी रही हूँ। 'बुरी औरत की कथा' अमेरिका और यूरोप की यूनिवर्सिटियों में, उर्दू और अंग्रेज़ी, रेफरेंस की किताब है, दुरदाना सोमर और अमीना सय्यद ने अंग्रेज़ी का पहनावा दिया और मेरी दोस्त मेहर अफ़रोज़ ने टाइटल अता किया।

अफ़ज़ाल अहमद, 30 बरस में और उससे पहले भी बहुत से वाक़िआत और अलमिये (त्रासदियाँ) निजी और क़ौमी (राष्ट्रीय) ज़िन्दगी में मुझे लिखने पर आमादा करते रहे हैं। बालों की सफ़ेदी के बावजूद, दिल की कसक को बयान करते हुए 'बुरी औरत की दूसरी कथा' में भी मैंने क़रारदादे-मक़ासिद[1] और आईन (संविधान) के आठवें तर्मीम (संशोधन), भुट्टो साहब के 1976 ई. में ग़ैर-ज़रूरी ऑर्डर्स और इसके बाद एक लम्बा-चौड़ा पिटारा है ज़ेहनी और सियासी शिकस्तों का, जिसे मैंने इशारतन तंज़िया जुम्लों में अदा करते हुए, दुनिया के अदब के सारे ख़ज़ानों को क़ब्रों में झाँक कर लिखा है कि यह सब, मेरी ज़ात का कोई-न-कोई हिस्सा तोड़कर ले गये हैं। इसी तरह आख़िर में वे नज़्में भी हैं जो लोग अब नहीं हैं मगर मेरे और संगे-मील[2] ख़ानदान की यादों में रोशन हैं।

शुरुआत हो और ख़ात्मा[3] न हो, ये कैसे मुमकिन है, वह भी हाज़िर है!

—किश्वर नाहीद

उम्र के 81 साल

---

1. उद्देश्यों की प्रस्तावना
2. लाहौर का एक प्रकाशन
3. अन्त

1

मुजाहिद बरेलवी ने पूछा, "तुम इतनी मज़बूत औरत कैसे बनीं?" यह सवाल मेरे ज़ेहन में गुंजलक[1] बने बहुत-से ऐसे सवालों की गुत्थी में से एक और सवाल निकाल लाया। अभी मैं बीस बरस की थी और नयी-नयी ज़बरदस्ती शादी हुई थी। एक कमरे के छोटे-से सेहन के घर में रात को अँधेरे में बाथरूम जाने के लिए साथ सोये हुए यूसुफ़ कामरान को आवाज़ें देती, "उठ जाओ, मुझे पेशाब आया है। मैं अकेली कैसे जाऊँ। मुझे डर लगता है।" मेरे कई बार जगाने के बावजूद, यूसुफ़ जब नहीं उठा, तो मैं डरते-डरते, बाथरूम गयी। कोई हफ़्ता भर यह मंज़र दोहराया गया। मुझे कोई धागा या साया भी दिखाई देता था तो मुझे वह साँप लगता था। एक रात मैं उठी सेहन में जाकर खड़ी हो गयी और ख़ुद से सवाल किया। "तुम किससे डर रही थीं, अँधेरे से या साँप से?" थोड़ी देर यूँ ही खड़ी रही, आसमान की तरफ़ देखा। वहाँ कहीं से बची हुई रोशनी आ रही थी। उसको देख कर मुस्कुरायी, डर ने मेरा पीछा करना छोड़ दिया।

डर और ख़ौफ़ में क्या फ़र्क़ है? मैं जब बढ़ा हुआ पेट लेकर रेडियो के दफ़्तर और बस में जाती थी। तब भी मुझे ख़ौफ़ नहीं आया। जब दुनिया भर के एयरपोर्टों पर हुजूम में अकेली उतरती थी, तब भी ख़ौफ़ नहीं आया। हैरान करने वाले मंज़र और गोरे-गोरे चेहरे, जब मुझे देखकर, पलटकर मुस्कुरा देते थे, तब भी ख़ौफ़ नहीं आया। ख़ौफ़ और घबराहट तो उस वक़्त आयी थी, जब क़ाहिरा में अबुलहोल के नीचे जाती सैकड़ों सीढ़ियों पे मेरी

1. उलझाव

साँसें रुकने लगी। मगर वह तो घबराहट थी। बिल्कुल वैसी घबराहट जब हम वाल्ट डिज़नी शहर देखने गये और एक रॉकेट की तरह तेज़ी से घूमने वाले एक डिब्बे में बैठे। मेरे साथ जगन्नाथ आज़ाद थे। टिकट देने वालों ने कहा था। "कमज़ोर दिल वाले इसमें न बैठें" मैंने सबसे आगे बढ़कर टिकट ली थी, मगर जब वह उड़नखटोला चला, पल में ऊपर और पल में नीचे और चारों जानिब धुप अँधेरा, फ़ज़ा में हर तरफ़ कभी चीख़ें और कभी हौलनाक क़हक़हे। यूँ कोई 15 मिनट बाद उड़नखटोला रुका। मैं और जगन्नाथ जी एक-दूसरे के चेहरे पर मुस्कुराहट और हवाइयाँ देख रहे थे। हँसते हुए बाहर आये। आज़ाद साहब ने कहा, "तू उची-उची चीख़ाँ मारयाँ" मैंने पलटकर हँसते हुए कहा, "और तुसी" मेरा हाथ पकड़ कर कहा, "दूसरीयाँ नूँ नाँ दसीं।"

अब मुझे हैरत से लिपटे वाक़िआत याद आने शुरू हुए पहले-पहल जब अपने छोटे भाई की ख़त्ना (मुसलमानी) छुप कर देखी और ख़ानदान के मर्दों ने एक-दूसरे को मुबारकबाद दी। फिर जब मेरे सीने पे कोंपलें सी नमूदार हुईं और जब अपनी शलवार पे ख़ून देखा। उधर अम्मा ने तंबीह (चेतावनी) दी, "ख़बरदार अब घर से बाहर क़दम नहीं रखोगी और दुपट्टा ढंग से ओढ़ोगी।"

यहीं मुझे शादीशुदा ज़िन्दगी याद आयी और साथ एड्रियन रिच ने कहा, "जब औरत बग़ैर दलील/मंज़रनामे (परिदृश्य) से हटने के लिए चुपके-से कमरे से खिसक जाती है/बावर्चीख़ाने में जा बैठती है/खाने-पकाने, सीने-पिरोने या लैम्प की रोशनी में/नये सिरे से उघड़ने के लिए। यह ज़माना उघड़ने का, ऐसा शुरू हुआ कि हरचन्द यूनिवर्सिटी और दफ़्तर की मुसलसल उधेड़बुन के दरमियान आवाज़ें आतीं, "तुम तो दफ़्तर में मसरूफ़ थीं, तुम्हारे बच्चे तो हमने पाले हैं।" और उनका मेरे साथ रवैया, हमेशा दुश्मनों जैसा और बच्चों के साथ ऐसी दोस्ती जो मुझे नागवार हो। मैं पढ़ाई पे ज़ोर देती, वे सब कहते, "फिर क्या हुआ, बसन्त है स्कूल नहीं जायेंगे, फिर क्या हुआ नहीं पढ़ रहे, कोई हाथ का काम करेंगे।" जैसे उनके एक चचा, कद्दूकश बनाते थे, वह बेचारे सारी उम्र पीढ़ी पे बैठे कद्दूकश बनाते-बनाते, दुनिया से चले गये और फिर मेरे बच्चे, अब तक बाप के हैं। माँ के ज़िम्मे, उनको उम्र भर पालना मुक़द्दर हुआ। मैंने अपने आपसे कहा, मौज़ू बदलो, फिर बचपन, अम्मा

ने सिल पे सुर्ख़ मिर्चें पीसने के लिए कहा। छह साल की लड़की, सिल का पत्थर बहुत बड़ा। थोड़ी देर में मिर्चों से सने हाथ आँखों में मलती सेहन में आ गयी रोती हुई। अम्मी मारने को झपटीं तो बाहर गली में चली गयी। वहाँ एक साहब ने गोद में उठा लिया। यह क़िस्सा मुझे याद कराया। बुलन्दशहर के एक ख़ानदान में बड़े भाई के दोस्त जो अलीगढ़ में पढ़ते थे, उन्होंने मुझे गोद में उठाया था। उन्होंने कोई पचास बरस हुए सुनाया। वह हमारी मिनिस्ट्री में आये हुए थे और मुझे प्यार करते हुए सुनाते जाते थे। वह थे आई.एच. बर्नी, जो पाकिस्तान के बहुत सीनियर रिपोर्टर थे।

अब जब सीनियर लोगों की बात चली है तब पहले रॉयल पार्क वाले छोटे घर में बहुत बड़े-बड़े लोगों से मुलाक़ातें भी हुईं। उनकी महफ़िलें भी हुईं। बहुत-से फ़िल्म स्टार, हमारे सामने बने। ज़ेड.ए. बुख़ारी साहब एक दिन लम्बे और स्मार्ट लड़के को लाये, बोले, "दो एक दिन यह तुम्हारे घर बैठेगा। इसे मैंने फ़िल्मसाज़ों से मिलाना है।" बहुत शरीफ़ नौजवान था। उसी घर से सारी दुनिया का हीरो और फ़िल्म बनाने वालों की आँख का तारा बन गया। वह था मुहम्मद अली जिसे रेडियो पे तलफ़्फ़ुज़ (उच्चारण) और डायलॉग की अदायगी रेडियो कराची और हैदराबाद से सिखा कर बुख़ारी साहब लाहौर लाये थे। अली भाई ने ज़िन्दगी भर मुझे बहन का प्यार और इज़्ज़त दी।

मेरा घर चूँकि फ़िल्म डिस्ट्रीब्यूटरों के दफ़्तरों के दरमियान था। मशिरक़ी पाकिस्तान में एक फ़िल्म बनी 'चन्दा' उसकी सारी कास्ट भी वहीं की थी और बनाने वाले भी बंगाली ही थे। बड़ी हिचकिचाहट के बाद, एक डिस्ट्रीब्यूटर ने फ़िल्म लगा दी। फ़िल्म क्या लगी, दिन में तीन की जगह रश की वजह से चार-चार शो होने लगे। पाकिस्तान के इस हिस्से से उनकी मदद हमारे शाइर दोस्त ने की थी। वह थे सुरूर बाराबंकवी। 'शबनम' को भी लाहौर वही लाये थे। चप्पल पहने मलमल की साड़ी में फ़िल्मों के डायलॉग कोकब अफ़ज़ल की आवाज़ में डब किये जाते थे। काफ़ी अर्से बाद वह ख़ुद अच्छी उर्दू बोलने लगी और मुकालमे भी अदा करती रही। इसके साथ ही फ़िल्मसाज़ नज़्रुल इस्लाम और शबनम के शौहर संगीतकार रोबिन घोष भी लाहौर आ गये। रॉयल पार्क के छोटे-से घर में एक शाम झण्डे वाली गाड़ी आकर रुकी। यह थे डी.सी. लाहौर मुस्तफ़ा ज़ैदी। एक शाइर दोस्त की तरह हम लोगों ने बहुत

बातें कीं। अगली सुबह लोगों के लिए सिफ़ारिशों का ताँता लग गया। मैंने ज़ैदी को कहा कि आइन्दा तुम मेरे घर झण्डे वाली गाड़ी में नहीं आओगे। मेरी तो शामत आ जाती है। ज़ैदी के घर उसकी बीवी वीरा भी बहुत अच्छी मेज़बान थी। क्यों न होती कि उसके घर तो जोश साहब आ के ठहरते थे। एक तारीख़ी काम जिसे शायद आप भी मेरी तरह तारीख़ी न कहें, वह था ऑर्डर 'रेड लाइट एरिया ख़त्म करने का।' ज़ैदी ख़ुद भी विरोध कर रहा था कि अब यह मुहल्ला पूरे लाहौर में फैल जायेगा और पुलिस की चाँदी हो जायेगी। बाद में जो कुछ हुआ और हो रहा है, वह सब आपके सामने है। इस साल के आदम जी अवार्ड के लिए दो शाइरों के मज्मूए (काव्य-संग्रह) मुक़ाबिल थे। अदा जाफ़री और मुस्तफ़ा ज़ैदी का। अवार्ड मिला अदा जाफ़री को। फ़िर जो ज़ैदी ने गन्दी-गन्दी गालियाँ अदा बहन के ख़िलाफ़ लिखीं और उन्हें टेलीफ़ोन पर सुनाता था। मैं हज़ार कहती, "दफ़्तर में बैठी हूँ। दो अफ़सरों का एक फ़ोन है" मगर वह कहाँ बाज़ आता था।

मेरी नौकरी डिवीज़नल काउंसिल के सेक्रेटरी की थी। उस ज़माने में कमिश्नर डिवीज़नल काउंसिल के तमाम कामों का हैड भी होता था। मैं जब डिवीज़नल काउंसिल की मीटिंगों की रिपोर्ट उर्दू में लिखकर भेजती थी, तो उस वक़्त के कमिश्नर मुख़्तार मस्ऊद बड़े मज़े के फ़िक़रे लिखकर भेजते थे। उसी ज़माने में उन्होंने मीनारे-पाकिस्तान बनाने, उस पर पाकिस्तान की प्रस्तावना ख़ुदवाने और हर क़िस्म के ताने सुनने के बावजूद ख़ुद खड़े रह कर यह काम पूरा करवाया। मेरा सिर्फ़ इतना कंट्रीब्यूशन था कि उनके मातहत काम में साथ थी।

लाहौर का सबसे ख़तरनाक सैलाब 1955 ई., जिस ज़माने में आया, हम लोग कॉलेज में थे। इत्तिला दी गयी फ़ौरन घर आने की मगर दरिया का पानी पूरे सन्त नगर, कृष्ण नगर, घोड़ा अस्पताल गोया आधा शहर बिल्कुल डूबा हुआ था। कई दिन बाद हम ख़ाला के घर से अपने घर पहुँचे। सूफ़ी साहब का घर चूँकि क़रीब था मगर उनका कमरा दुछत्ती पे था। वह बच गये थे। पानी उतरने के बाद नासिर काज़मी सूफ़ी साहब को मिले, कहने लगे, "मैं तो साइकिल पे आपको देखने आ रहा था। बस घोड़े का पैर रपट गया।" नासिर ऐसी बातें बहुत छोड़ते थे, बिल्कुल अदम साहब की तरह। अदम

साहब ऑडिट के बड़े अफ़सर थे। एक दिन कहीं जाने लगे तो बॉस सामने आते दिखाई दिये। पूछा, 'कहाँ का इरादा है?' बोले, "जुमे की नमाज़ पढ़ने जा रहा हूँ।" बॉस हँस के सीढ़ियाँ चढ़ गये कि उस दिन जुमा नहीं मंगल था।

नासिर काज़मी बहुत चटोरे थे। कृष्ण नगर के कबाबिये पर तो वह फ़िदा थे। अस्पताल में भर्ती हैं। दोपहर को उन्हें मैं देखकर आयी थी। शाम को खड़े कबाब खा रहे थे। मैंने डाँट कर कहा (हालाँकि उनसे मैं बहुत छोटी थी), "यह बदपरहेज़ी क्यों हो रही है?" बोले, "बस कबाब खा के वापस अस्पताल जा रहा हूँ।" इसी चटख़ोरेपन के कारण इन्तज़ार हुसैन के सामने, अस्पताल में ज़िन्दगी उनका साथ छोड़ गयी। नासिर काज़मी रेडियो पे एक घण्टे का ग़िनाईया लिखा करते थे। आजकल के लोग पूछेंगे ग़िनाईया क्या होता है? ये ऐसी तहरीर जिसमें नस्र (गद्य) और नज़्म (पद्य) दोनों शामिल होते थे। मैं उनसे कॉलेज से वापस जाते हुए, बस से उतर कर कॉमर्शियल बिल्डिंग फुटपाथ पे, सख़्त गर्मी में सर पे रूमाल डाले सैर करते हुए मिली थी। कुछ सालों तक, उनके शेर सुनते, अनीस के शेर और उस्ताद शाइरों के शेर सुनते, रेडियो पाकिस्तान के कॉरिडोर में जो साल गुज़रे, मेरी तरबियत में वह भी शामिल थे।

हैरत और मुस्कुराहट मिलकर तो कई दफ़ा अच्छी लगी। जब अफ़्रीका में माउंट किलिमंजारो देखा। इतना ख़ूबसूरत पहाड़, दुनिया के सारे पहाड़ों को देखा है मगर यह कितना अलग है और फिर अमेरिका में टेनीसी में स्मॉकी पहाड़ और वैसी आबशार। पहले आप लिफ़्ट के ज़रिये नीचे यानी पहाड़ के अन्दर जाते हैं, फिर हल्के अँधेरे में चलते-चलते बिल्कुल अँधेरे में पहुँच जाते हैं। एक़दम सामने सफ़ेद बुर्राक आबशार देखकर सब तालियाँ बजाने लगते थे। प्यार से मेरा छोटा बेटा माँ से लिपट जाता है। मुझे अचानक 50 बरस पहले नारान जाना याद आ गया। उस ज़माने में घोड़े भी टूटे-फूटे पहाड़ी चढ़ान पे नहीं चढ़ सकते थे। ख़च्चर पे चढ़कर जाना पड़ता था या फिर पैदल। जवानी थी ठहर-ठहर कर चढ़ते चले गये। एक कोना ऐसा था कि एक क़दम रखा जा सकता था। बमुश्किल दो क़दम आगे बढ़े तो हैरानी से चीख़ निकल गयी। सामने पाक-शफ़्फ़ाफ़ नीली झील–सैफ़ुल-मलूक–सारी थकन जाती रही। इसी तरह झील कचोरा, रतीगली, सदपारा झील और आबशार जो पहाड़ों से बीच

से बारीक धार की शक्ल में, बलूचिस्तान में देखे हैं, उसे तंगी कहते हैं। वह इस क़द्र ख़ूबसूरत रोशनी और पानी की झलक कि हन्ना लेक या स्वात की झीलें भी होंठों पे मुस्कुराहट फैला देती हैं मगर इन सब यादों के ऊपर छा जाने वाला नियाग्रा फॉल है। मेरे साथ अशफ़ाक़ हुसैन और बेदार बख़्त थे। यह भी पचास बरस पहले की बात है। मुझे उस ठण्ड में बुख़ार था। नाश्ते में उबले अण्डों के साथ कॉफ़ी में ब्राण्डी डाल कर दी गयी फिर हम आबशार के नीचे की तरफ़ चले। एक तरफ़ मुझे पसीना आ रहा था और आबशार का पानी भिगोये दे रहा था। शौक़ था कि ऐसे चला जा रहा था। स्वात के दरिया और आबशारों के दरमियान मछली पकड़ के उसी वक़्त खाने का लुत्फ़ तो हसीना मुईन के साथ आया था। वहीं हम दोनों ने चालीस बरस पहले वेनिस जाने और वहाँ की मुसाफ़िराना ज़िन्दगी का लुत्फ़ उठाया था। कमाल शहर है कि एक तरफ़ एक कश्ती में बारात जा रही होती और दूसरी कश्ती में जनाज़ा जा रहा होता था। यहीं बैठे हुए हमने डायना की ज़िन्दगी, तलाक़ और कैमिला से मिलने पर उसने कहा था कि तुम जानती हो, ये मेरा शौहर है और कैमिला ने कहा, "चार्ल्स ने तुम्हें दो बच्चे दे दिये, बस ज़िन्दगी में मसरूफ़ रहो।" डायना उस ज़माने में भी गुस्लख़ाने में ख़ुद को बन्द करके रोया करती थी। डायना ने तंग आकर एक ख़ुफ़िया इंटरव्यू रिकॉर्ड किया था, जो बाहर प्रसारित, प्रकाशित और टी.वी. पे दिखाया गया था। सारी शाम हमने डायना की ज़िन्दगी और मौत की तफ़सीलात पे कभी हँसते और रोते गुज़ार दी।

ऐसी ही एक शाम अख़्तर जमाल के साथ रो-रोकर गुज़री। पहले उसकी बेटी गयी। फिर ज़िया[1] के हाथों डॉक्ट्रेट किया हुआ बेटा जेल में बेड़ियाँ पहने हुए है। अख़्तर जमाल ने बेटे की शादी हाजरा मसरुर की बेटी से की। उसका अख़्तर जमाल पर इतना बस चला कि वह कनाडा में एक कमरे के फ़्लैट में तन्हा रह कर मर गयी।

रेडियो ही पर मेरे ज़माने के नौजवानों जिसमें इफ़्तिख़ार जालिब, फ़हीम जोज़ी, नसरीन अंजुम भट्टी, शाइस्ता हबीब फिर शकूर बेदिल और सीनियरों में यूसुफ़ जफ़र, मुख़्तार सिद्दीक़ी, ए. हमीद, मोहिनी हमीद और बहुत बड़े दो अदीब इम्तियाज़ अली ताज और रफ़ी पीर साहब की मुकालमों की

---

1. जनरल ज़ियाउल हक़

अदायगी और तलफ़्फ़ुज़, इसमें बहुत ज़्यादा हाथ ज़ुल्फ़िकार बुख़ारी साहब का भी था।

यह लिखते हुए दिमाग़ ने पूछा, एक ज़माने तक चाहे वह मीर का ज़माना हो या ग़ालिब या इक़बाल कि फ़ैज़–पढ़ने और तनक़ीद करने वाले तब्सिरा (समीक्षा) करते हुए लिखते थे कि वली से लेकर फ़राज़ तक किन-किन शाइरों और लेखकों की झलक मिलती है। इसी तरह दफ़्तरों में होता था, मस्लन अलताफ़ गौहर और शहाब साहब को अपने ज़माने का इतने आला दर्जे का ब्यूरोक्रेट समझा जाता था कि फ़ॉरेन ऑफ़िस भी उनसे पूछकर पॉलिसी का ऐलान करता था। रेडियो पर सलीम गीलानी को वह हीरा समझा जाता था कि नूरजहाँ से लेकर मेहदी हसन, फ़रीदा ख़ानम, इक़बाल बानो, हत्ता की रेशमा तक के सुर, तलफ़्फ़ुज़ और अदायगी को यूँ बना सँवार के गा के दिखाते थे कि शेर की रूह तक तड़पा देती थी। टी.वी. पे असलम अज़हर को बाबाए-टी.वी. इसलिए कहा जाता है कि उन जैसा दानिशमन्द, टी.वी. के पास भी नहीं फटका। आग़ा नासिर हो या शहज़ाद ख़लील, उन जैसा नये ख़यालात को पिरोने वाला अब तक कोई नहीं हुआ। लुत्फ़ुल्लाह ख़ान जैसा आवाज़ें इकट्ठी करने और समेटने वाला फिर नज़र में नहीं आया। डॉ. अब्दुस्सलाम जैसा साइंटिस्ट पाकिस्तान की फ़ेहरिस्त में नहीं। तौफ़ीक़ रिफ़अत जैसा अंग्रेज़ी का शाइर, अब क्यों नहीं? उस्ताद शौकत जैसा तबला नवाज़, उस्ताद नाज़िम जैसे सारंगी नवाज़ को आँखें ढूँढ़ती हैं। जिस तरह अलहमरा और ताजमहल बनाने वाले हाथों के लिए दुनिया देखती जाती और हैरान रहती है, वहीं चौकण्डी में जो सन्नाई (शिल्प कर्म) के नमूने या फिर मस्जिद वज़ीर ख़ान की नक़्क़ाशी अब क्यों नज़र नहीं आती। खत्ताती (कैलीग्राफ़ी) का जो बेजोड़ रंग, मुसव्विरी (चित्रकारी) में शामिल करके, कोई और नहीं, सादिक़ैन है। इन्दुमिठा और नाहीद सिद्दीक़ी जैसी डांसर नहीं है। ज़िया मुहिउद्दीन जैसा अदायगी-तराश कोई नहीं है–क्लासिकी ख़त्ताती में 'मौलाना नफ़ीस रक़म' के बाद आँखें नये हुनर बख़्श को ढूँढ़ती हैं। मेरे सामने कभी खजुराहो, कभी हड़प्पा, कभी अजन्ता एलोरा और कभी मोहनजोदड़ो क्यों आ रहे हैं। मेरे सामने मलकए-मौसीक़ी सलामत अली की जोड़ी और अमानत की जोड़ी आ जाती है और पूछती हैं कि उनके बाद...क्या है? ख़ला

(वेक्यूम), हर शोबे में ख़ला। सेकेंड लीडरशिप न किसी महकमे में न किसी फ़न या अदब के शोबे में और साइंस की तरक़्क़ी का तो यह हाल है कि जिनको दिखाई नहीं देता, वह दूरबीन से पहली का चाँद देखते हैं। 74 साल यूँ ही गुज़र गये।

जी में आता है कि मराकश शहर की तरह हमारे शहर के बीच एक चौक हो जिसमें कहीं क़िस्सा-गो, कहीं गाने वाले, कहीं हाथ देखने वाले और लोक नृत्य और गाना हो। मैं वहाँ जब भी गयी सारी रात हुजूम रहता।

मराकश और मलेशिया में स्वदेशी मुसलमानों के लिए ड्रिंक्स मना है। ग़ैर-मुल्की बिना किसी मज़हबी पहचान के अपनी पसन्द बता देता है। मलेशिया और दक्षिण अमेरिकी रेन फ़ॉरेस्ट में बहुत लंगूर, हाथी और बहुत-से जानवर हैं। मगर जान जोखिम में डालने वाले ख़ूब मज़े करते हैं। मुझे भी कई बार उनमें शामिल होने का मौक़ा मिला था।

2

रमज़ान के दिनों में सेहरी और इफ़्तार के लवाज़िमात हमारे घरों से उठकर बाज़ार में आ गये हैं। सेहरी की पार्टियाँ अब तो बाक़ायदा होटलों में होती हैं। जब तक अम्मा का रोब और हुक्म था, मैं कम अज़ कम ऐसे रोज़े रखती थी कि ग़ुस्लख़ाने में जाकर लोटे से दो घूँट पीते हुए कहती थी 'अल्लाह मुझे माफ़ करना' मुझे बचपन ही से बहुत प्यास लगती रही है। मेरा बेटा तो मेरे पानी पीने पर कह देता है, "अम्मी! क्या पेट में मछलियाँ पाली हुई हैं।" किसी भी जलसे, मुज़ाकरे (चर्चा) में बैठूँ पहले पानी माँग लेती हूँ मगर जब जॉर्डन और मिस्र गयी तब कराची की तरह पानी की क़िल्लत का अहसास और अपनी तलब का मवाज़ना (तुलना) करते हुए शर्म आयी। मिस्र इस्लामी मुल्क है, मगर वहाँ के टैक्सी ड्राइवर एक नम्बर के बदमाश हैं। मुँह से ऐसी आवाज़ें निकालते हैं कि आँखें शर्म से झुक जाती हैं। वैसे तो अब इंडिया और पाकिस्तान में भी टैक्सी ड्राइवरों की आँखों में वह बेशर्मी आ गयी है कि जो कॉलेज जाती लड़कियों का भी टैक्सी में रेप कर देते हैं। मज़हबी फ़िरऔन

दोनों मुल्कों में औरत के शऊर से ख़ौफ़ज़दा होकर, वह अल्फ़ाज़ इस्तेमाल करने लगे हैं जिनको कोई भी तहज़ीब ठीक नहीं समझती है। अब तो मुल्कों में ऐसे सरबराह (प्रशासक) आ गये हैं कि औरतों को बेहयाई और फ़ह्हाशी (अश्लीलता) को एक ही मानी समझ कर इस्तेमाल कर समझते हैं समाज को इस्लाम के कन्धों पर लाद दिया है। ऐसा भी तो देखा नहीं था। लन्दन में हेर्ड के स्टोर पे आज से पचास साल पहले एक अरबी आया, सेक्शन था अंडर गारमेंटस का। पूछा "कौन पहनता है?" सेल्समैन ने उसे पहनने के अन्दाज़ में बताया कि औरतें पहनती हैं, बोला, "ये सब पैक कर दो।" सेल्समैन फिर बोला, "सर ये अलग-अलग साइज़ के हैं।" अरबी ने जवाब दिया, "कोई बात नहीं मेरी बीवियाँ भी अलग-अलग साइज़ की हैं।"

एक ज़माने तक यह अरब लोग मुम्बई और लाहौर का रुख़ करते थे। छाँटकर के अपने अस्तबल (महल) में लाकर, कुछ दिन बाद नयी तलाश करने चले जाते थे। हिन्दोस्तानियों और पाकिस्तानियों से जो अरबी बेतकल्लुफ़ हो जाते तो ज़रूर पूछते थे। "तुम लोग एक ही शादी क्यों करते हो?" लोग दिल में सोचते, इन पैसों में एक भी मुश्किल से सँभाली जाती है अगर हमारे पास भी तेल और शहंशाहित (साम्राज्यवाद) होते तो हम भी ऐसी ही अय्याशियाँ करते। वैसे हमारे जैसे मुल्कों के रईस और बडेरे भी कपड़ों की तरह बीवियाँ बदलते हैं, बल्कि जिससे जी भर जाता, उसे महल के सहन में दफ़ना देते हैं। अभी तो नौदौलतिये जो लन्दन और दुबई से आते हैं, वे तो मोबाइल और डॉलर, बारात में हज़ारों की तादाद में फेंकते, नाचने वालियों को कभी गोद में बिठाते और कभी उनकी गोद में बैठ जाते हैं और...और क्या...ग़रीबों के घरों में ख़ूबसूरत लड़कियों के रिश्ते ही नहीं आते! आते भी हैं तो दुबई में पेंट करने वाले अनपढ़ का बी.ए. पास लड़की के लिए रिश्ता आता है। जोड़े और ज़ेवर (जो सब नक़ली) देखकर लड़कियाँ भी समझने लगती हैं कि हमारे ख़्वाब तो अब पूरे होंगे। चन्द दिनों बाद जब वह अमेरिका और लन्दन या कहीं और वापस जाता है तो सारी ससुराल का दाना-पानी और ताने उस लड़की को खाने को मिलते हैं और जो जवाब देने लगे तो उनको बेटा और माँ मिलकर पेट्रोल छिड़क सस्ते छूट जाते हैं कि हाय-हाय ख़ुद को आग लगा ली।

वैसे छोटे घर की हो या बड़े घर की लड़कियाँ भी बहुत तेज़ हो गयी हैं। अपने मुँह से दहेज में एक-एक घर के लिए चीज़ें ख़ुद माँगती हैं। कोई पूछे तो साफ़ कहती हैं। "हमें इस घर से बाद में न जायदाद मिलती है, न पैसा। अभी जो मिल जाये वही ग़नीमत है।" मगर मग़्रिब (पश्चिम) के मुल्कों में तो शादी के समारोह में ख़र्चे का अन्दाज़ा पूछकर, मेहमानों को पर-पर्सन ख़र्चा बता दिया जाता है। सब शरीक होने वाले अपने-अपने हिस्से के पैसे लिफ़ाफ़े में डाल कर देते हैं, सब ख़ुश घर वाले भी और मेहमान भी। एक और क़ानूनी हक़ बीवी का यह होता है कि जिस घर में वह जा रही है, तलाक़ की सूरत में, शौहर उसको निकाल नहीं सकता, वह घर उसको मिलता है।

सारी दुनिया में हर तरह के शौहर होते हैं। मग़्रिब (पश्चिम) हो या मश्रिक़ (पूर्व) काम करने वाली औरतों पे घर और दफ़्तर, दोनों की ज़िम्मेदारियाँ होती हैं। ज़रा जताओ तो ताना मिलता है। पढ़ी-लिखी बीवी क्यों उठा लाये थे, इसीलिए कि बिल देने से लेकर बच्चों को पढ़ाने तक की ज़िम्मेदार वह ख़ुद होंगी। मग़्रिब में भी दोपहर के आधे घण्टे के ब्रेक में वह एक हाथ में बर्गर दूसरे में कॉफ़ी पकड़े, गाड़ी में ग्रॉसरी करने जा रही होती है। हमारे यहाँ तो ख़ानदान देखने वाली बातें तो पुरानी हुईं। सरकारी नौकर वह भी पसन्द किया जाता है जिसके महकमे में ऊपर की कमाई हो। रोज़ा नमाज़ के साथ तकियों में नोट भरने का अमल ज़िन्दगी का पहिया खींचता है। जभी तो इन ख़ानदानों में कुत्ता भी गाड़ी में सैर के लिए जाता है और बारह साल का बच्चा भी गाड़ी चलाकर एक दो लोगों का सड़क पे कचूमर बना के आ जाता है। ग़रीब का मुँह बन्द करने को एक थैला बनाम राज़ीनामा देकर सब्र, अल्लाह दे देता है। अच्छा चलो रेमंड ड्यूस का केस याद कराऊँ या एक ख़ातून की तीसरी शादी में चार नौजवानों को लैंड क्रूज़ के नीचे कुचल कर राज़ी करने जैसे रोज़ के वाक़िआत देखते-देखते उम्र गुज़र गयी।

अब जो मग़्रिब की औरतें घरों में काम करने का मुआवजा माँग रही हैं तो हमारे मुल्कों के मर्द वैसे ही तमतमा रहे हैं। याद है शादी के दो-तीन माह बाद, सास अक्सर देखती हैं कि बहू को अभी तक पीरियड्स आ रहे हैं कि

नहीं। पोते की तमन्ना में दुआएँ माँगी जाती हैं और अगर बेटियां एक से ज़्यादा हो जायें तो उसमें भी क़ुसूरवार बहू ही ठहरे फिर शौहर भी उसको नाक़िस समझता है। कई बीवियों को तो धमकियाँ मिलती हैं कि अगर इस दफ़ा लड़की हुई तो तुम्हें माँ-बाप के घर छोड़ आऊँगा।

हम जब बच्चे थे तब क्या उस ज़माने के सारे मर्द नेक होते थे कि हमें बताया नहीं जाता था मगर हमें भी कुछ-कुछ समझ आ जाती थी कि जब सब्ज़ी वाला छाबा लेकर गली में हर घर के सामने खड़ा होता तो लड़कियों को वह हमेशा कहता था। "अच्छी बच्ची आओ मेरे पास तुम्हें चीज़ दूँगा" अभी वह कमबख़्त हमारी पजमिया तक हाथ बढ़ाता था तो दरवाज़े की ओट से माँएँ चीख़तीं, "चल अन्दर तू बाहर क्या कर रही है?" डॉक्टर या हकीम भी चेक करने के लिए पेट ज़रूर देखते। हमारा भी जी करता, वह हमारी जाँघों तक पहुँचने वाले होते कि फ़ौरन शैतान की तरह अम्मा आ जाती थीं और वह कपड़े बेचने वाले भी तो गली में, हाँ-हाँ चूड़ियाँ बेचने वाले भी कितनी देर हाथ पकड़ कर दबाते रहते, कितना मज़ा आता था। पता नहीं चलता था कि यह कैसा मज़ा है? हाँ! नयी जवानी के ज़माने में जिस्म को हाथ लग जाये तो ज़बान पे अजीब-सा ज़ायक़ा आ जाता था। देहातों में तो अभी तक घरों में ग़ुस्लख़ाने नहीं हैं। उस ज़माने में तो अगर कुछ हो भी गया तो फ़िक्र नहीं होती थी। गाँव की दाई आख़िर किस लिए होती थी। चिपटी और धागा लेकर मुँह ही खोलना होता था। चन्द दिन रो-पीट के सब भूल जाता था। खेतों में तो औरतें काम करते-करते बच्चे जन देती थीं। साथ वालियाँ आँवल निकाल के फेंक देतीं। फिर सब हँसती हुई अपने काम में जुट जातीं।

अब तो हमारे बड़े अफ़सर बड़े घर की बेटी लाते हैं। उनके नख़रे उठाते, उनको नाश्ता बना कर देते और कुछ तो दफ़्तर जाकर चपरासी से चाय बनवा कर बेगम को राज़ी रखते हैं। बहुत शरीफ़ और नेक लोग, अपनी बीवी को प्रमोशन की दरख़्वास्त लिए भेज देते हैं। शरीफ़ लोग ख़ुद नहीं जाते। जो समझदार बीवियाँ हों, वह दफ़्तर के अम्ले और गाड़ियों का बेझिझक इस्तेमाल करती हैं। आख़िर बच्चों के लिए ग़ैर-मुल्कों में तालीम हासिल करने का बन्दोबस्त शुरू ही से करना पड़ता है।

यह सब लिखकर तुम्हें वे मर्द याद नहीं आ रहे जो कमज़ोर होने के बावजूद शादी को निभा नहीं पाते, पहले तो दोनों एक-दूसरे के अन्दर ख़राबियाँ तलाश करते, आमिलों[1] के पास जाते, मगर जिनके अन्दर का हैवान, शिकरे तलाश कर के लाकर बीवी को पेश करते हैं। ये सब कारनामे, घर क़ायम रहे के फ़लसफ़े पर अमल करते हैं। औरत अगर अपनी तसल्ली के लिए कहीं मुँह मारे तो क़त्ल करने के लायक़, हम लोग तो पंचायत में औरत को नंगा करने में अपना सानी नहीं रखते।

खेतों, कचरे और नालियों में पड़े बच्चों को 'ईधी साहब'[2] ने ज़िन्दगी और नाम बख़्शा था। कैसे-कैसे ताने सुने थे। लोग बुलन्द आवाज़ में कहते और लिखते थे। "यह ईधी तो जहन्नम में जायेगा, यह हरामी बच्चे पाल रहा है। हमारी अगली नस्ल इसके यतीमख़ाने से निकलेगी।" उनको गोली मार देने की धमकियाँ भी मिलीं। उन पे लड़कियाँ ख़राब करने के इल्ज़ाम लगे और एम.क्यू.एम. के दिनों में ज़िन्दगी इतनी नामुमकिन बना दी गयी कि वह कुछ अरसे के लिए मुल्क से बाहर भी रहे। उनको एक दिन नौजवानों ने जज़्बाती होकर कहा, "आपने इतनी नेकियाँ की हैं आप तो जन्नत में जायेंगे" ईधी साहब ने सुनकर कहा, "मुझे तो दोज़ख़ में जाना है, वहाँ ज़ख़्मियों की मरहम-पट्टी करूँगा जन्नत में मेरा क्या काम?"

3

फिर वही बात सेकेंड लीडरशिप क्या मौजूद है। दरअसल पहले सिर्फ़ ईधी साहब थे। अब तो ख़ैरात और ग़रीबों के दस्तरख़्वान शहरों की हद तक गली-गली में और फिर पनाहगाहें, जहाँ पहले तो लोग बिस्तर और पलंग भी उठा कर ले जाते थे फिर यूँ भी हुआ कि कुछ लोगों ने उसको ही ठिकाना बना लिया। बहरहाल ग़रीबों के नाम पर हर ज़माने में सर्कस होता रहा है। ऐसे कामों से कोई भी ज़िन्दगी न कभी सुधरी है और न कभी और किसी मुल्क में भी ग़रीबी में कमी आयी है।

---

1. तान्त्रिकों
2. अब्दुस्सत्तार ईधी (मानवतावादी पाकिस्तानी, ईधी फाउंडेशन के संस्थापक)

हमने स्वीडन की एक नर्स को पाकिस्तान में पिण्डी और टेक्सला के अस्पतालों में ख़ुलूस और मेहनत से काम करने पर हुस्ने-कारकर्दगी[1] से नवाज़ा है। मुझे याद है जब जालिब[2] की बेटियों ने मैट्रिक किया। मुझे कहा, तुम इनका कुछ इन्तज़ाम कर दो। मैंने कहा, "जालिब साहब! वाई.डब्ल्यू. सी.ए. में लड़कियों के लिए टाइपिंग और शॉर्टहैंड कोर्स शुरू हुए हैं। एक को तो मैं वहाँ दाख़िल करा दूँगी दूसरी को नर्सिंग एकेडमी में दाख़िल करा दूँगी। दोनों का ख़र्चा मैं उठाऊँगी।" पहले जालिब साहब ने लम्बी साँस ली और उसके बाद कहा, "तो क्या जालिब की बेटियाँ दफ़्तरों में सेक्रेटरी और अस्पतालों में नर्सें बनेंगी" यह तो हमारे इंक़लाबी शाइर की सोच हैं लड़कियों के बारे में। यहीं मुझे अख़्तर हमीद ख़ाँ याद आये कि जो 'कॉमिला' से पेशावर और कराची में ग़रीबों को जगाते रहे। मुझे भी देहातों में काम करना सिखाया। माफ़ कीजिए हमारे बहुत अच्छा लिखने वाले अपनी तख़्लीक़कार (रचयिता) बीवियों को लिखने से न सिर्फ़ मना करते थे, बल्कि कहते थे, "अब बच्चे पालो।"

मिसालें क्या दूँ। हमारी सीनियर शाइराओं और नयी और अच्छी शाइराओं के साथ शौहर थानेदारों की तरह चिपके होते हैं। वैसे दफ़्तरों में काम करती औरत चपरासी भी हो तो, क्लर्क भी साफ़ कपड़े पहन कर आने लगते हैं। हमारे ज़माने में तो महिला अफ़सरों को अफ़सर मानने पर भी ज़िल्लत महसूस करते थे। अफ़साने तो ख़ैर सब के ही घड़ लिए जाते हैं। दफ़्तरों में काम करने वाली औरतों के लिए उस जमाने में टॉयलेट नहीं होता था। शुरू-शुरू में हम लोग ताँगा कर के घर से फ़ारिग़ होकर आते थे। जब एक दफ़ा महिला वर्कर तज़ईन फ़रीदी ने सब के और ख़ास कर सद्रे-वक़्त के सामने इस बड़ी कमी की शिकायत की, तो फिर सेक्रेटेरिएट में एक टॉयलेट औरतों के लिए मख़्सूस किया गया। अब जिस किसी ख़ातून को हाजत होती तो पहले वह चपरासी ढूँढ़ा जाता जिसके पास चाबी होती थी। बेशुमार आवाज़ों के बाद वह मिलता, उस वक़्त तक पूरी मिनिस्ट्री को ख़बर हो जाती थी। ख़ैर, अब तो सारे पेट्रोल पम्पों और सभी मॉलों में भी लेडीज़ टॉयलेट मौजूद हैं। यह अलग बात उनके अन्दर जाकर बू और गन्दगी देखकर वापस लौटने को जी करता है।

---

1. उत्कृष्ट कार्यकुशलता
2. प्रसिद्ध शाइर हबीब जालिब

सिनेमाघरों से लेकर छोटे होटलों में भी हाथ धोने और बाथरूम जाने के झगड़े उन्होंने पाले ही नहीं। अलबत्ता मोटर-वे पर अब नख़रे वाले अच्छे बाथरूम, अच्छे पैसे देकर दस्तयाब हैं।

हमारे कॉलेज-स्कूल के ज़माने में, तमाम लड़कियाँ दो या तीन बसें बदल कर कॉलेज जाती थीं। फिर भी पैदल चलना पड़ता था क्योंकि और कोई ट्रांसपोर्ट था ही नहीं। बरसात के दिनों में चार आने सवारी वाले ताँगे, इस तरह लड़कियाँ इकट्ठा कर लेते थे जैसे कि आजकल चंग ची[1] में मुर्ग़ियों के दड़बे की तरह औरतों को भर लेते हैं। अब तो बस हो कि सुज़ूकी औरतों के लिए ड्राइवर के साथ वाली सीट मख़्सूस की जाती है। फिर देखने होते हैं ड्राइवर और क्लीनर के नख़रे और अन्दाज़। अब सबको खुजली बहुत होती है। बस स्टॉप हो कि बस, मर्दानावार उसका मुज़ाहिरा (प्रदर्शन) करते हैं। छोटी बसों में तो बग़ैर भेदभाव लोगों को मुर्ग़ियों की तरह ठूँसा जाता है। कमर दोहरी करके और स्टैंड के साथ लटक के लोग ज़िन्दगी से खेल जाते हैं। औरतें यह भी नहीं कर सकती हैं। यह सिर्फ़ पाकिस्तान में नहीं, तक़रीबन सारे मुसलमान मुल्कों में कभी मज़हब के नाम पे और कभी बेलगाम आज़ादी के नाम पर, मर्दों का जो जी चाहे, कहलायेंगे तो मर्द ही और फिर मर्दानगी, वाह-वाह। पंजा!बी के पुराने मुहावरे पर सच साबित होते हैं कि शहर, कूचे, गली में कोई चोरी-चकारी, डाका, क़त्ल हो जाये, छाती चौड़ी कर के कह तो देते हैं, "यारा दा ही कम ऐ।" ये अलग बात कभी-कभी भुगतना भी पड़ता है।

मुझे याद है हम चार-पाँच औरतें ओस्लो में थीं। औरतों की तरबियत कैसे की जाये कि वह कुछ कमा सकें। वर्कशॉप के बाद ट्रॉम, बसों और ट्रेन पर बारी-बारी इसलिए चढ़ते थे कि पता चले यहाँ भी बिना टिकट कोई चढ़ सकता है, वैसी बदतमीज़ी कर सकता है, जैसा कि हमारे जवान बेहूदा हँसी के बाद करते हैं। मगर अफ़सोस ट्रेन या बस में चढ़ते ही ड्राइवर की सीट के साथ डिब्बा लगा होता है, वहाँ पैसे डाले बग़ैर आप आगे नहीं बढ़ सकते मगर हम थे पाकिस्तानी, ट्रॉम में चढ़ते, अभी टिकट वाला आया नहीं, हम बीच में उतर गये। यूँ बेईमानी का शौक़ पूरा किया। कश्ती से, कभी ट्रेन से यूरोप के दूसरे शहरों के म्यूज़ियम देखते हुए, कहीं भी बैठ कर, कुछ भी खा-पी लेते

1. मोटर साइकिल रिक्शा जो चारों तरफ़ से खुला होता है।

थे। हम उनकी नक़ल करते जो चलते-चलते बर्गर, कभी कोल्डड्रिंक लिए भागे ऐसे जा रहे होते थे, जैसे इनकी गाड़ी निकल जायेगी।

हमारे बस स्टॉपों पर वक़्त पे बस आ जाये तो क़यामत न आ जाये। क़यामत से आगे की वह घड़ी जब कोई लड़की खड़ी हो, लड़के बात-बेबात क़हक़हे और कमेंट उछालते रहते। यही उलझन अब भी हैं मगर सिर्फ़ इस्लामाबाद में नहीं बाक़ी शहरों में और बहुत-सी यूनिवर्सिटियों में लड़कियाँ अलग, लड़के अलग हैं आज भी। हमारी यूनिवर्सिटी के ज़माने में इस्लामिक स्टडीज़ के क्लास-रूम में लड़के-लड़कियों के दरमियान महीन-सा पर्दा लटका होता था। उस्ताद बीच में खड़े होकर क्लास लेता था। यह अलग बात कि वह बेचारा पर्दा महीने-दो-महीने में छीको-छीक हुआ होता था। हम इकोनॉमिक्स डिपार्टमेंट में 11 लड़कियाँ, 13 लड़के मिल-जुलकर बैठते थे और आपस के अलावा प्रोफ़ेसरों से भी डायलॉग और कभी कमेंट पास कर लिया करते थे। जिन लड़कियों और ख़ास कर मेरी शाइरी के हवाले से जो पर्चियाँ आतीं, हम सब मिल-जुलकर पढ़ कर हँसते और फिर लड़कों को हम उन नामुराद आशिक़ों से पार्टी लेने के नाम पर बेवक़ूफ़ भी बनाते, मगर बाद में ख़ुद बेवक़ूफ़ बन गये कि यूँ चटाख़-पटाख़ बातों, मुशाइरों, मुबाहिसों और कॉफ़ी हॉउस की लम्बी बैठकों की पोल चुग़लख़ोर मेरे छोटे भाई ने खोल दी। पोल क्या खुली, दरवाज़ाए-ख़ावर खुला, आज कॉफ़ी हाउस गयीं, आज लाइब्रेरी गयीं। मर्दों के दरमियान बैठकर बातें करतीं और हर जगह वहीं क्लासफ़ेलो साथ होता। सारा ख़ानदान मज़े ले-ले कर उसकी रिपोर्ट सुनता।

जब घर पहुँचती बस यह तंजिया जुम्ला हर तरफ़ से गूँजता 'आप आ गयीं' यह तंज़ अक्सर शादीशुदा ज़िन्दगी में सुना, जब मैं सात बजे शाम नेशनल सेंटर का प्रोग्राम ख़त्म कर पहुँचती, ताने मेरा इस्तक़बाल करते। घर आते ही सीधा बावर्चीख़ाने में, बच्चों को आठ बजे सुलाना, खाना खिलाना। कभी-कभी उनके साथ ही सो जाती।

ऐसे पल मुहब्बत या मुलाक़ात में, किसी कॉन्फ्रेंस, किसी दूसरे मुल्क और शहर में, जब भी नयी नस्ल की बात होती तो हमारे साथ के हर शहर के दोस्त, मग़्रिबी (पाश्चात्य) शाइरों की शे'री लिसानियात[1] का ज़िक्र करते तो

1. काव्य-भाषा-विज्ञान

हमारे बड़े जो हमसे बहुत ज़्यादा अरबी, फ़ारसी और उर्दू की सारे अन्दाज़ और असालीब (शैलियों) से आशना थे–मगर मग़्रिबी अदब भी मुम्ताज़ शीरीं और हसन असकरी के ज़रिये फ्रांसीसी और अंग्रेज़ी में नॉवेल और शाइरी पे बात करते या फिर मुज़फ़्फ़र अली सय्यद, ग़ालिब अहमद, सलीमुर्रहमान और मुमताज़ हुसैन, तन्क़ीदी इस्तिलाहें (आलोचनात्मक शब्दावली का) इस्तेमाल करते हुए अदबी हवाले देते तो हम लोग सब अमेरिकी और ब्रिटिश लाइब्रेरियों का रुख़ करते। कुछ लोग तो क़य्यूम नज़र की तरह तर्जुमा करने के बाद, अस्ल शाइर का नाम भी नहीं लिखते थे। वैसे दूर क्यों जाऊँ कि कृष्णचन्द ने भी मावरा का दीबाचा (प्राक्कथन) 'एज़रा पाउंड' की तहरीर को उर्दू में लिख दिया था। यह तो शम्सुर्रहमान फ़ारूक़ी और फ्रांसिस प्रीच्ड ने उर्दू फिक्शन में तर्जुमे और तन्क़ीद को आगे बढ़ाया। उधर मुहम्मद उमर मेमन ने अपनी यूनिवर्सिटियों में उर्दू में हमारे मुल्क के बड़े अदीबों के तर्जुमे भी किये और क्लासों में पढ़ाया भी।

हमारे ज़माने में पीप्लस पब्लिशिंग हाउस में छपे हुए रूसी नॉवेल, शाइरी, इतिहास, तन्क़ीद, छोटी-छोटी यानी दो-दो रुपये की किताब की शक्ल में मिल जाते थे। हम अपने ज़ाती बजट के मुताबिक़ पचास या सौ रुपये की किताबें ख़रीद लेते थे। पेंगुइन की इंग्लिश अदब की किताबें भी हद से हद पाँच रुपये की मिलती थीं। इनके अलावा बस एक फ़ीरोज़ संस था, जहाँ से हम किताबें ज़्यादा पैसे की ख़रीद लें तो वह उधार भी हम लोगों के साथ कर लेते थे। वैसे हर इतवार को हम सब पुरानी किताबों के ज़मीन पर लगे स्टॉल्स पर पहुँचते जिनमें ख़ास कर अनीसनागी, ज़ाहिद डार सबसे तेज़ थे।

अगरचे सलाहुद्दीन महमूद की लाइब्रेरी सबसे बड़ी थी मगर उसमें अदबी किताबों के अलावा कॉफ़ी टेबल बुक्स भी वह लोगों से उधार माँग कर किताबें ख़रीद लाते थे, हम सब उनके रौब में आ जाते थे। अस्ल पढ़ने वालों में जमीला हाशमी, निसार अज़ीज़ बट, इन्तज़ार हुसैन, सलीम अहमद और शाहिद अहमद देहलवी थे। हम लोग इनके पीछे-पीछे मग़्रिबी अदब की तरफ़ ज़्यादा आकर्षित हो गये थे। हर शाम टी हाउस में हर शख़्स कोई-न-कोई नयी किताब का ज़िक्र करता। एक दफ़ा अहमद मुशताक़ ने सिगरेट की डिब्बी में जो नाम लिखा होता था, वह लिख कर कहा, "तुमने क्या इसको

पढ़ा है, इसको पढ़ो तो तुम पर खुले कि नया अदब क्या है" अब सब लोगों ने अलमारियाँ, लाइब्रेरियाँ और किताबों की दुकानें खोद डालीं। आख़िर ख़ुद ही अहमद मुशताक़ ने मज़ाक़ खोल दिया। इसी तरह सिराज मुनीर अगरचे नौजवान मगर जमाअती होने के बावजूद बहुत अच्छी तन्क़ीद लिखता था और हवालों में किताबों के सफ़हों के नम्बर और पैराग्राफ़ तक बताता था। हम लोग उसकी याद्दाश्त पर हैरान होते थे। एक दिन मैंने अंग्रेज़ी अदब की एक नयी किताब में बीच के तीन-चार सफ़हों पर गोंद लगा कर उसके हवाले की। एक हफ़्ते बाद टी हाउस में उससे किताब माँगी। कहा, बस अगले हफ़्ते तक ख़त्म कर के दूँगा। आ गया अगला हफ़्ता। टी हाउस में सब अदीबों के बीच किताब खोली गयी। जो जो सफ़हात चिपकाये गये थे, वह अपनी जगह बरक़रार थे। यह कोई अनोखी बात नहीं। लोग आज तक बड़े अदीब गोपीचन्द नारंग, नासिर अब्बास नय्यर और न जाने कितने संजीदा अदीबों पर चाँदमारी करते रहते हैं।

बुरा हो कम्प्यूटरनुमा नयी खोजों का कि लिखने वाले के कहाँ से सब्जेक्ट या सफ़हे उड़ाये हैं। कम्प्यूटर सारे राज़ खोल देता है। पाकिस्तान में डॉक्ट्रेट करने वालों को शायद इल्म नहीं वरना पहले क्या और अब क्या। पैसे देकर थीसिस बहुत कारगर जा रहा है।

उपमहाद्वीप की माँएँ, उम्र के आख़िरी दिन तक अपने आपको इस किरदार से रिहा नहीं करतीं या करने नहीं दिया जाता। अब तो मग़्रिब की माँओं ने भी कह दिया है कि अम्मा-अम्मा का खेल बहुत हो गया। हम लोग अभी तक अपने बूढ़े होते बच्चों को हाथ का छाला बनाये रखते हैं। बचपन की तरबियत के अलावा मीडिया और समाज सब्र सिखाता रहता है, जबकि मग़्रिब में औलाद अपने घर में ख़ुश। बूढ़े माँ-बाप दुनिया की सैर को निकल जाते हैं इसलिए कि उनकी औलादें पैसे माँगने को गले का फन्दा नहीं बनी होती हैं।

पुराने ज़माने के शादियानों में, अभी भी कई देहातों में बाबू बैंड होता है। ख़ास क़िस्म की यूनिफॉर्म, शादी-ब्याह के गीत, बेचारे सारे निकम्मे नौजवान इसमें शामिल हो जाते, पार्ट टाइम नौकरी मिल जाती, मगर अब तो हर सड़क के नुक्कड़ पर ढोल वाले बैठे हुए मिलेंगे। मेंहदियों का धूम-घड़ाका, जादू बन गया है। हमारे वडेरे और अमीरों के यहाँ तो फ़ॉर्म पर शादियाँ होती हैं। जैसे

ग़रीबी बढ़ रही है, ऐसे ही शादियों के नख़रे कि अब तो शादी कार्ड, चाँदी की तश्तरी में रखकर भिजवाया जाता है। होटल में पालकी और बग्घी और घोड़ों का डांस न हो तो क्या मज़ा।

सबको क़व्वाली भूल गयी। इक़बाल बानो और रोशनआरा की ठुमरी और ख़याल की अदायगी। आज के लोग पूछेंगे ये क्या होती थीं।

4

बासी रोटी, अव्वल तो अक्सर घरानों में तेल लगा के गरम कर के खायी जाती है। कुछ घरानों में बासी रोटी के टुकड़े सुखा लिए जाते हैं। जब जी करे तो उनको उबाल कर दूध और चीनी डाल कर या मसाले डाल कर, हलीम या खीर की तरह पकाये जाते थे। मग़्रिब ख़ास कर यूरोप में रोटी के टुकड़े पैकेट की शक्ल में, दुकानों पर मिलते हैं। आप सूप या मसाले वाले शोरबे में डाल कर खाते हैं। यह फ़ैशन कहलाता है।

पुराने ज़माने में हमारे ग़रीब घरों में किसी भी सब्ज़ी का छिलका ज़ाया नहीं किया जाता था। अब भी सलीक़ामन्द बीबियाँ, करेलों, आलू या लौकी के छिलके अच्छी तरह धोकर उबाल या तल लिया करती हैं। बहुत मज़ा देते हैं। इस तरह बचे हुए सब्ज़ी, गोश्त के सालन को मिलाकर, उस पर कटा मसाला डाल कर, रोटी और चावल के साथ खाये जाते हैं। हमारे उत्तरीय इलाक़ों में सख़्त सर्दी के दिनों के लिए गोश्त के तराशे हुए टुकड़े और सब्ज़ियाँ, गर्मियों में सुखा कर, सर्दियों में इस्तेमाल किये जाते हैं। बाजरा पीस कर गुड़ मिलाकर बहुत मज़े की टिकियाँ बनती हैं। मकई के भुट्टे उबाल कर किसी भी सब्ज़ी या सालन के साथ में मैक्सिको और साउथ अमेरिका में खाये जाते हैं। सारी दुनिया में पनीर दस-बारह शक्लों में खाया जाता है। फफूँदी लगा पनीर हर घराने में दही के साथ खाने का लाज़िमी हिस्सा होता है। मगर इंडिया का पनीर कॉटेज चीज़ कहलाता है, जबकि मग़्रिब में किलो-दर-किलो पनीर केक सब ग्रॉसरी शॉप्स पर मिल जाते हैं। उसके क़त्ले बनाकर, सलाद या शाम की चाय के साथ खाया जाता हैं। मध्य पूर्व में हिम्स बनाना आम है। यह सफ़ेद चनों को उबाल कर, चॉपर में थोड़ा-थोड़ा जैतून डाल कर यह पेस्ट बन जाता है।

जो हर तरह के खाने के साथ पसन्दीदा ख़ुराक है। पुलाव भी शक्ल बदल-बदल कर दुनिया भर में खाया जाता है अलबत्ता मुतंजन (खटाईयुक्त मीठा पुलाव), उपमहाद्वीप में ज़र्दे (पीले रंग के मीठे चावल) में हर तरह के ख़ुश्क मेवे मिलाकर खाया जाता है।

तेईस साल की उम्र में दो बच्चे पैदा कर के यूसुफ़ को कहा बस ख़ानदान पूरा हो गया। कहने लगा, "बेटी और हो जाये" मैंने कहा, "दूसरी दफ़ा तो मैंने सारे लड़कियों वाले कपड़े बनवाये थे" लड़का हो गया। वह भी गोलमटोल। सारे लड़कियों वाले कपड़े मेरी बहनों ने ले लिए कि वहाँ तो लड़कियों की क़तार मौजूद थी। पर सोचती हूँ अगर बेटी होती तो क्या मैं नौकर के हाथ में बच्चा देकर, नौकरी कर सकती थी। डर जाती हूँ। आज की दुनिया में मुर्गी क्या और गधा क्या। दो साल की बच्ची को बदफेली (दुष्कर्म) कर के गला घोंट के मार देना, आम बात हो चुकी है। मस्जिदों की पाकीज़गी को पैरों तले रौंदने की कहानियाँ तो लोग पहले भी लिख चुके थे। अब तो कमाल ढिठाई से बच्चों को इस्तेमाल कर के, लाश मस्जिद की छत पर डाल देते हैं। 1965 ई. में ही पहले पहल परिवार नियोजन का सुना था। आज तक यानी 60 बरस बाद भी आबादी कम नहीं बल्कि कोरोना की वजह से घरों में मियाँ-बीवी का एक ही काम रह गया है। साल ख़त्म होने पर आँकड़े और गिनती देखना क्या होंगे।

जब हमारी अम्माँ अपने लिए ब्रेज़ियर तक घर में सी लेती थीं। हर क़िस्म के चुन्नट वाले ब्लाउज, हर तरह के ग़रारे, तंग पाजामे, फ़र्शी ग़रारे और हर तरह की रोटियाँ, जिनका ज़िक्र इन्तज़ार हुसैन ने दिल्ली के खानों के हवाले से किया है। हमने सर ऊँचा किया तो बाज़ार से ब्रेज़ियर ख़रीदने का शौक़ हुआ। अब दुकान पर तीन-चार दोस्त मिलकर जाते, नीची नज़रें किये आहिस्ता से कहते, "वह नीचे पहनने वाली दे दें" "किसके लिए?" "हमारे लिए" आहिस्ता और भी आहिस्ता। वह नीची नज़रें किये झुककर अलमारी में से निकालता, लिफ़ाफ़े में डालता और हम लेकर भाग खड़े होते। अम्माँ से छुप कर पहनने लगे कि हम सबको मैट्रिक तक इसकी इजाज़त नहीं थी। जब मेरे बच्चे चौथी, पाँचवीं में थे तो उस ज़माने में ही लड़कियों को भवें बनानी आ गयी थीं। बाद में जिस्म के हर हिस्से की सफ़ाई वह ख़ुद भी करतीं और ब्यूटी पार्लर में ले जाकर माँएँ बचपन ही से उनकी बग़लें तक साफ़ करातीं। जब

भी किसी माँ से वह वजह पूछी, बोली, "अभी से आदी हो जायेंगी" मग़्रिब के मर्द नहीं देखे वह तो वहशियों की तरह कहीं के भी बाल साफ़ नहीं करते। अलबत्ता जब से इंडिया के नौजवान एक्टर ख़ानों ने पेट नंगा रखने का फ़ैशन ईजाद किया है, उनके सीने पे बाल नहीं होते हैं या साफ़ करा लेते हैं। मग़्रिब में तो अगर दो बन्दे लड़ रहे हों और हमारे इलाक़ों के हों तो वहाँ का शहरी कहता है, "अगर यह आपस का खेल नहीं, तो क्या मैं भी शामिल हो सकता हूँ।" ज़िक्र आ गया मग़्रिब का तो जिन तहरीरों को पाकिस्तान में नहीं पढ़ा, उनको मुल्क के बाहर सफ़र और लाइब्रेरियों में बैठ कर, नोट्स बनाने, दिन भर वहीं बैठ कर, कॉफी शॉप में कॉफ़ी और सैंडविच खाकर शाम तक जितना हो सका पढ़ा कि हमारे मुल्क में तो डिजीटल लाइब्रेरियों का काम अब शुरू हुआ है। बाक़ी दुनिया में कम्प्यूटर खोलो, केटलॉग देखो, किताब निकाल लो। एक और मज़े की बात कभी जो किसी सब्जेकट पर आपने किताब निकाली और काम की न लगी या मज़ा नहीं आया। वह किताब वहीं टेबल पर रहने दें। कुछ कारकुन (कर्मचारी) यह काम करते हैं कि वह किताब को वापस शेल्फ़ में रख देते हैं। वर्जीनिया वूल्फ़ और एमिली डिकिंसन को तो शौक़िया नहीं पढ़ा बल्कि यह समझने को कि औरत क्या लिखती है, कीट्स, शेली, मिल्टन और शेक्सपियर के अलावा उर्दू, अंग्रेज़ी के क्लासिक्स तो अम्माँ से छुप कर ब्रिटिश काउंसिल और अमेरिकन सेंटर की लाइब्रेरियों में किताबें लेकर पढ़ा था। कुछ अक़्ल आयी और दुनिया में क़लम के सहारे घूमे तो समझ में आया कि माज़ी की तारीख़ और तहज़ीब को मार्केज़ और बोरख़स के नॉवेल, किरदारों की ज़बानी और कभी ख़्वाबों के ज़रिये जैसे नजीब महफूज़ ने किया है–बयान करते हैं। बैकट और विलियम फॉकनर, जेम्स चॉइस और रूसी अदीबों की नयी तख़्लीक़ात (रचनाएँ), उस्लूब (शैली) और पैराग्राफ़िक तरीक़े समझने की कोशिश की। सारे फ़िलिस्तीनी, लेबनानी और काले अमेरिकन कवियों ख़ास कर कवयित्रियों ने बहुत लुत्फ़ और ऐतिमाद बख़्शा। वैसे यूरोप और साउथ अमेरिका में स्पेनिश, फ्रांसीसी और पुर्तगाली ज़बान के शे'री और नॉवेल के तर्जुमे भी, माज़ी और हाल (वर्तमान) की लहरें बनाने के तरीक़े भी इन ही से सीखे, इंक़लाबी रूह वाले पाब्लो नरुदा, नाज़िम हिकमत से फ़ैज़ साहब ने तआर्रुफ़ कराया और बहुत कुछ सिखाया। मसलन

हाफ़िज़ को ज़रूर पढ़ने और मुस्हफ़ी के उस्लूब को समझने के लिए भी फ़ैज़ साहब ने कहा और ज़िक्र किया और सूफ़ी साहब ने तो पढ़ाया, हाफ़िज़ और क़ुर्रतुल ऐन ताहिरा को। मग़्रिबी अदीबों को पढ़ते-पढ़ते ख़याल आया कि क्यों न ऐसी एक किताब तर्जुमा कर के बना ली जाये, जिसमें अदीबों ने बताया है कि तख़्लीक़ (सृजन) के लम्हे कैसे और कब आते थे। अब आंद्रे ज़ेद हो या लॉरेंस डरेल, कार्ल शॉपर और योते शंकू इनके साथ लिखने वाली ख़्वातीन में जब मैं ऐनी सेक्सटन पे पहुँची और उसने लिखा, जब मैंने दूसरी जंगे-अज़ीम (विश्व-युद्ध) के दौरान नज़्म 'तीसरा भाई' लिखी तो मेरी तारीफ़ें लिखते हुए रॉल्फ़ मिल्स ने लिखा कि "शायद उसका सगा भाई था।" ऐनी सेक्सटन ने जवाब दिया, "जितने लोग जंग में मारे गये वे सब मेरे भाई थे।" आगे बढ़ी लिखने को सिमोन द बोउवार की बहुत-सी बातें याद आयीं। एक तो यह कि मैंने 'सेकेंड सेक्स' की तल्ख़ीस (संक्षिप्त) की थी। वह भी ज़िया के ज़माने में। नज्म सेठी ने किताब शाया (प्रकाशित) की। वह तर्जुमा दो महीने में दो हज़ार बिका। सारी यूनिवर्सिटियों में शोर था कि यह किताब पढ़ें। मैं उन दिनों अमेरिका में थी। मैंने वहाँ अख़बार में पढ़ा कि पहले सफ़हे पर ब्लॉक में मेरी किताब बैन होने की ख़बर थी। मैंने दिल में कहा, चलो यह इल्ज़ाम भी, सिमोन के ज़रिये कि यह अश्लील किताब है। वापस आयी तो एक तरफ़ वारंट गिरफ़्तारी का, दूसरी तरफ़ नज्म परेशान। तीसरे मेरे दफ़्तर वालों ने भी सख़्त चिट्ठा लिख भेजा। एक शाम एस.पी. साहब मेरे दफ़्तर आये और कहा, "आपको आज गिरफ़्तार करने का हुक़्म है।" मैंने हँस के अनोखे दोस्त को फ़ोन कर के बताया। वह उस वक़्त एस.पी. अटक था। उसने एस.पी. को कुछ समझाया और मुझे वह अपने साथ दफ़्तर ले गया, बोला "अगली ख़बर आने तक आप यहीं बैठें।" अनोखा दोस्त लाहौर आया। मेरी अग्रिम ज़मानत करायी। फ़ोन एस.पी. को किया और वह मुझे मेरे दफ़्तर रात आठ बजे छोड़कर गया। मगर मुकदमा बाक़ायदा चला। ख़ुदा भला करे एजाज़ बटालवी का कि उन्होंने इन्साइक्लोपीडिया ब्रिटेनिका में सिमोन की किताब को सोशियोलॉजी में शुमार किया जाना दिखाया। तब जाकर मुकदमे से जान छूटी मगर किताब जिस पर बैन लग जाये उससे बैन उठने की रिवायत पाकिस्तान में नहीं है।

यह वही सिमोन है जिसने अपने बारे में लिखते हुए कहा, "मैंने कोशिश की कि मैं अपने अन्दर के इन्सान को बचा के रख सकूँ।" बर्नार्ड मालामुड को 1964 ई. में नोबेल* पुरस्कार मिला। फ़ौरन ढूँढ़ा तर्जुमा किया। मुझे उनकी यह बात बहुत अच्छी लगी कि उन्होंने 60 साल की उम्र तक कोई इंटरव्यू नहीं दिया। उनका मानना था कि इस उम्र में आप दोनों आँखों से देखते हैं– इस बात का मज़ा लेते हुए जब मैं अपनी पसन्दीदा लेखिका अनाइसन निन पर लिखने लगी तो उसने कहा, "ख़्वाब इन्सानी ज़िन्दगी की बुनियादी और वाक़ई ज़रूरत है" यह पढ़ कर मैंने लम्बी साँस ली। अब सामने एड्रियन रिच आ गयी कि उसने तो अपना अनालिसिस बतौर औरत, बीवी, माँ और शाइर होते हुए समाज में ज़िन्दा रहने की तफ़सील (विवरण) बड़े ख़ूबसूरत तरीक़े से लिखी। मेरी जवानी के दिनों की पसन्दीदा शाइराओं में एरिका ज़ोंग थी। मेरी नज़्मों का मज्मूआ (संग्रह) 'बे नाम मुसाफ़त' शाया हुआ अनीस नागी ने कहा, "किश्वर ने एरिका जोंग की नक़ल की है।" वह तो शुक्र है कि मेरी किताब उसकी किताब से एक साल पहले शाया हो चुकी थी वरना अनीस नागी तो किसी भी सूरत और ख़ास कर ख़ातून को मानना तो इस एंग्री मैन की तबीयत में ही न था। मगर वह इस मैदान में उस वक़्त अकेला न था कि अब तो उसके इन्तिक़ाल को भी चार साल हो गये। आज के नक़्क़ाद (आलोचक) तो जब शाइराओं के नाम आयें तो तीन लाइनों में नाम लिखकर सबको भुगता देते हैं। मेरी दो और पसन्दीदा शाइराएँ जॉन जॉर्डन और मारग्रेट एटवुड रही हैं और टोनी मोरिसन ने तो अमेरिका में कालों से नफ़रत की तफ़सील इस ख़ूबसूरती से दी है कि उस साल जॉर्ज फ्लाइड को गोरे सिपाही ने जिस तरह गर्दन दबा कर मारा था, वह अज़ीयत (यातना) हमने टी.वी. पर देखी और रो पड़े थे। मैंने नज़्म लिखी।

अमेरिका और यूरोप में ऐसी अज़ीयतें एक-दूसरे से नस्ली नफ़रत के नाम पर बहुत फैली हैं। अफ़ग़ानिस्तान, फ़िलिस्तीन में पिछले चालीस सालों से इस्लाम के नाम पर बच्चियों, पढ़ी-लिखी औरतों और जजों को मारा जा रहा

---

*1964 में बर्नार्ड मालामुड को नोबेल पुरस्कार मिलना सन्देहास्पद है, क्योंकि 1964 में जाँ पाल सार्त्र को नोबेल पुरस्कार मिला था। अलबत्ता 1967 में बर्नार्ड मालामुड को पुलित्जर पुरस्कार मिला था।

है। मग़्रिब वाले फ़िलिस्तीन की समस्या को समझना नहीं चाहते और अब अफ़ग़ानिस्तान में हज़ारों अमेरिकी फ़ौजी मरवा कर और हज़ारों लोगों को अपाहिज बनाने के बावजूद अब फ़ौजें निकालते हुए भी डर रहे हैं।

1983 ई. में जब मैंने 'बाक़ी माँदा ख़्वाब' तर्जुमा करके मुरत्तब (सम्पादित) की तो मेरे अन्दर यह प्यास थी कि लिखने वाले किस बेचैनी या लुत्फ़ या अज़ीयत से गुज़रते हैं, जब वह लिखने बैठते हैं। मैंने मालूम दुनिया के नस्र, नज़्म, साइक्लोजिस्ट और साइंटिस्ट की ख़ुदकलामी की और इंटरव्यू पढ़े कि उन्होंने बताया था कि वे क्यों लिखते हैं। अगरचे हर तहरीर में एक तरह की ख़ुदकलामी ही होती है और कभी-कभी तो आपको ऐसी लगती है, जैसा कि मैंने जब 'लैंग्स्टन ह्यूज़' को पढ़ना शुरू किया तो वह पहला एंग्लो-अमेरिकन मगर कालों का असली बड़ा शाइर था। उसकी नज़्म की एक लाइन 'रात भी मेरी तरह काली है' तो अपने वजूद पर फ़ख़्र करने का यह इस्तिआरा (रूपक) मुझे बहुत अच्छा लगा। मैंने मिस्अर ब्राउनिंग की शाइरी कुछ ख़ास पसन्द नहीं की मगर उसका एक मिसरा, अब तक मेरे होंठों पर मौजूद है—

"When he touched my hands, I was full".

नरूदा का एक मिसरा "मैं तुम्हारे साथ वही करना चाहता हूँ, जो बहार ने कलियों के साथ किया था" फिर मैंने ब्लैक शाइराओं को ढूँढ़ा और पढ़ा। टोनी मोरिसन ने नॉवेलों में ख़ुसूसन कालों के साथ होने वाले ज़ुल्मों और ख़ास कर औरत पर अत्याचार की जो अठारहवीं सदी की दुश्वारियाँ किरदारों के ज़रिये बयान की हैं और यही उस्लूब नज़्मों में भी रहा। माया एंजेलो और सिल्विया प्लाथ ने माज़ी और हाल दोनों को याद किया है। जॉन जॉर्डन ने काली अमेरिकन होने के बावजूद 1948 ई. से 1983 ई. तक छह लाख फिलिस्तीनियों पर 'माफ़ीनामा' के उन्वान से नज़्म लिखी। ऐनी सेक्सटन ने लिखा, "मुझे मालूम है बच्चे पालने कैसे होते हैं", माया एंजेलो ने लिखा, "जब बच्चे गाते हैं, मैं उनका संगीत सुनती हूँ।" एड्रियन रिच ने लिखा बेदारी (जाग्रति), सबसे पहले बेदार (जाग्रत) हो जाने के मानिन्द हैं।" ऐलिस वॉकर ने लिखा, "मेरी बेटी आ रही है। क्या उसकी नज़र मेरे फटे पर्दों की तरफ़ जायेगी?" एरिका ज़ोंग ने लिखा, "मुझे हर कोई आख़िर में खा जाता है।"

"मैं अपनी नज़्मों के आख़िरी किनारे पर हूँ।" यह है लोरना गोडेसन, अमेरिकी शाइरा और मारग्रेट एटवुड, कनाडा में है, नॉवेल लिखती और शाइरी करती है। अगर मैं यूँ ही अपनी याद्दाश्त से ब्लैक अमेरिकी शाइरों पर लिखती चली जाऊँगी तो बाक़ी सारी दुनिया की शाइरी रह जायेगी मगर जिन शाइरों को बार-बार पढ़ती हूँ तो वह हैं अन्ना अख़मातोवा, रूसी; फ़रोग़ फ़र्रुख़ज़ाद, ईरानी; गैबरीला मिस्त्राल, चिली; शिम्बोस्की, पोलैण्ड; वानिरा गिरि, नेपाल; डोरोथी पोर्टर, ऑस्ट्रेलिया; लातिनी अमेरिकी बोरख़स और मार्केज़ के घर तो मैं रियो डी जनेरियो (एक ब्राज़ीली शहर) में देख आयी हूँ। वहाँ कोई रहता नहीं मगर हुकूमत ने महफूज़ रखे हैं। ऑक्टोवियो पॉज़ और योसा की किताबें, इसी तरह खोलती हूँ जैसे सहर ख़लीफ़ा, नादिया अत्तो एनी, नाज़िक अल मलाइका, नाज़िम हिकमत, फ़दवा तुक़ान, समीउल क़ासिम, महमूद दरवेश की किताबें। अपनी बुज़दिली छिपाने के लिए फिलिस्तीनी शाइरों को पढ़ने लगती हूँ। मुईन बसीसो को तो कभी हन्नान अशरफ़ी को पढ़ती हूँ। इंडिया में हर दफ़ा और हर मुसीबत पर अरुन्धती रॉय और झुम्पा लाहिड़ी की वाक़िआती और अफ़सानों की नस्र दिल गुदाज़ करती है। शुरू-शुरू में आर. के. नारायणन और कमलादास की नस्र नहीं शाइरी अच्छी लगती थी। फिर वह बुर्क़ा ओढ़ने लगी, मालूम नहीं बाद में भी लिखा या नहीं, तस्लीमा नसरीन से आई.आई.सी. बार में कई दफ़ा मुलाक़ात हुई लेकिन कोई संजीदा असर नहीं छोड़ा। इन्दिरा गोस्वामी और कमलेश्वर की तहरीरें और चेरा गीता की तालीफ़कर्दा (सम्पादित) कहानियाँ मेरी पसन्दीदा हैं। सिमान द बोउवार, मेरी गुरु। अनाइसन निन अगरचे नॉवेल निगार नहीं मगर जवानी में जब उसकी याद्दाश्तें पढ़ीं तब अच्छी लगी थीं। पिछले तीन सालों से नोबेल पुरस्कार लेने वालों की तहरीरें कुछ मुतास्सिर (प्रभावित) नहीं कर रही हैं। ओरहान पामुक की तहरीर मुझ से ज़्यादा फ़हमीदा रियाज़ और आसिफ़ फ़र्रुख़ी को बहुत पसन्द थीं। क्लेज़ियो ने 2008 में नोबेल पुरस्कार हासिल किया। फ्रांसीसी ज़बान से नॉवेल 'सैलाब' का पीटर गोन ने तर्जुमा किया।

तवायफ़ के मौज़ू को मिर्ज़ा हादी रुस्वा ने अपने अन्दाज़ में और मंटो ने मुम्बई में रह कर जो कुछ देखा, 1985 ई. में जब मुम्बई गयी तो सागर सरहदी

के साथ मैंने भी वह खोलियाँ देखीं। जहाँ पसीना और सस्ती ख़ुशबू नाक बन्द करने पर मजबूर करती थी। दुनिया की हर ज़बान में यह मौज़ू पसन्दीदा रहा है। भले ही इस सुरंग से वह गुज़रे हों कि नहीं। मग़्रिब ने इन औरतों को शो केस में बिठा दिया है। थाईलैंड जो सब के लिए आम था, अब नहीं रहा। अगर आपने कोई औरत बुलाई है तो होटल वालों को बता दें। डॉक्टर चेक करेंगे कि उसे एड्स तो नहीं। फिर वह आपके पास आ सकती है।

थाईलैंड, फिलीपिंस और सिंगापुर में टूरिस्ट प्लेसस जैसा कि अफ्रीका में हैं, अमेरिकियों के ज़माने के अड्डे नहीं हैं सारे मार्केट औरतों से भरे हैं। वियतनाम में जहाँ आज़ादी के बाद सिर्फ़ साइकिल होती थी आज कपड़ों के एक्सपोर्ट में दुनिया के पाँच बड़े एक्सपोर्टर्स में है। दरिया से मछली पकड़ कर अँगीठी पर गरम करके चावलों पर डाल कर खाते हैं और इस तरह बचत और मेहनत करते हैं।

5

सारे मग़्रिब के बड़े लिखने वाले याद आये तो पलक झपके बग़ैर नवाल अल सादावी ने मुझे देखते ही आँख बन्द कर ली। वह 1985 ई. में मेरी दोस्त बनी थी। हम दोनों के दिल में एक ही दर्द था कि इस्लाम के नाम पर औरत को किस-किस नाम से पुकारा गया और सारी सज़ायें ही उसके नाम ख़ुदा ने कम और उसके बन्दों ने औरत को क़ैद में रखने के लिए मुल्कों-मुल्कों क़ुरआन और हदीसों को जैसा चाहा वैसा बरत लिया। तभी याद आया था कि अम्मा ने क़ुरआन शरीफ़ मआनी (अर्थों) के साथ पढ़ने को मना किया था। यह भी कहा था कि मआनी के साथ पढ़ोगी तो सवाब बर्बाद हो जायेगा। ऐसी परवरिश के बावजूद अम्मा के ज़ेहन में यह कसक थी कि बेटों को अलीगढ़ में पढ़ाया और बेटियों को बस क़ुरआन शरीफ़ और बहिश्ती ज़ेवर[1]। शायद इसी टीस को मिटाने के लिए अम्मा ने अब्बा और नाना के सख़्ती से मना करने के बावजूद जो इन्तिहा की थी कि लड़कियों को पढ़ाने की ज़िद पकड़

1. मुस्लिम महिलाओं के सभी मसअलों का हल बताने वाली किताब, जिसे अशरफ़ अली थानवी ने सम्पादित किया है।

ली। मैंने जब नवाल को अपना बचपन सुनाया तो उसने मुझे गले लगाते हुए हँस कर कहा शायद यह हमारी अम्मा की इल्म के लिए ज़िद ही थी कि हम पढ़ भी गये और उनकी तरह सिर्फ़ घर में शोर नहीं मचाते रहे। अमल भी किया, लिखा भी और बाक़ी दबी हुई औरतों की आवाज़ भी बने। मुझे तो वह इसलिए भी बहुत पसन्द थी कि उसे तो बच्चियों को सर्कमसिज़न (ख़तना) पे लगातार खिलाफ़ बोलने की वजह से जेल भी काटनी पड़ी थी। उसने अपनी मर्ज़ी से दो शादियाँ कीं। तक़रीबन पचास किताबें लिखीं। दुनिया भर में औरतों के हवाले से लेक्चर दिये। अमेरिका की यूनिवर्सिटियों में भी पढ़ाया। मैं जब भी नवाल से मिली मैंने उससे यह अहम् बात समझी कि अगरचे जामिआ अज़हर क़ाहिरा में है और वहाँ से बड़े आलिम भी निकले हैं मगर जिसे हम इज्तिहाद[1] कहते हैं वह मुस्लिम मुल्कों में कम-कम ही दिखाई देता है। मैंने जब उसे बताया कि जियाउल हक़ के ज़माने से हमारे देहातों में अरब और ईरान ने एक-दूसरे से मुक़ाबले में एक तरफ़ अगर अरबों के सरमाये से मस्जिद बनी है तो दूसरे गाँव में ईरान के सरमाये से मस्जिद खड़ी कर दी गयी है। अब इन दोनों तरह की मस्जिदों में एक-दूसरे के ख़िलाफ़ नफ़रतें फैलाने का काम इस क़दर किया और फिर यह सब तालिबान, ख़ासकर के पी और शिमाली (उत्तरीय) इलाक़ों में तो मुजाहिदीन तैयार किये गये कि जो अमेरिकी डिक्शनरी में रूसियों के ख़िलाफ़ लड़ने के लिए आये थे। अमेरिकियों ने ज़ियाउल हक़ के ज़माने में पाकिस्तान में डॉलरों की बारिश की। तालिबान ने औरतों को भी बुर्क़ों में सरेआम फाँसियाँ दीं और आपस में जंग करने वाले गिरोहों ने एक दूसरे पे बम मारे, मस्जिद में क्या और शादियों की तक़रीब में क्या, जनाज़ों तक पे गोले बरसाये। हमारी तारीख़ में यह अफ़सोस की बात भी लिखी जायेगी कि वही पाकिस्तानी वज़ीरे-आज़म जिसे दुनिया में पहली मुसलमान ख़ातून (महिला) वज़ीरे-आज़म होने का सम्मान हासिल था, उसने तालिबान की हुकूमत को तस्लीम किया। अब अमेरिका ने जिन्हें मुजाहिदीन कहा था, उन्हें तालिबान कह कर पाकिस्तान को रोज़ कहता रहा do more. मैं जज़्बाती

---

1. जहाँ क़ुरान और हदीस का हुक़्म साफ़ न हो वहाँ अपनी राय से मुनासिब रास्ता निकालना।

होकर बोले जा रही थी। नवाल ने मुझे टोका और पूछा। "फ़ातिमा मेर्निस्सी ने तो तारीख़ ख़ास मुसलमान तारीख़ में ख़ातून का सल्तनत का हुकमराँ होना साबित किया था। वह तो पाकिस्तान भी आयी थी।" मैंने फिर जज़्बाती होकर कहा, दुनिया के कई मुल्कों में, मैं और फ़ातिमा कॉन्फ्रेंसों में साथ रहे। अपनी-अपनी ज़िन्दगी की कहानी सुनाई। मैंने जब कहा कि 1984 ई. में शौहर के इन्तिक़ाल के बाद तन्हाई मेरी दोस्त हो गयी है। फ़ातिमा ने कहा कोई इश्क़ भी नहीं किया। मैंने कहा, किसी को ज़रा लिफ़्ट दो तो वह यह यक़ीन कर लेता है कि कल को मैं बहला-फुसलाकर इसका घर और जो कुछ भी है, अपने नाम करवा लूँगा। औलाद बाहर है। उन्हें कब माँ या उसकी तरफ़ तवज्जो देने की फ़ुरसत होगी। मैंने कहा सबसे पहले तो दोनों बेटों ने आपस में काना-फूसियाँ कीं, कहीं अम्मा दूसरी शादी तो नहीं कर रहीं। बड़े ने तो यह भी कहा कि आपको हमें जो देना है, वह अभी दे दें कि हमें कारोबार के लिए ज़रूरत है। फ़ातिमा ने मुझे गले लगाते हुए कहा, यार दुनिया की फ़िक्र नहीं, बच्चों की फ़िक्र हो ना बहिश्ती ज़ेवर की हीरोइन। उसने कहा, देखो मेरा एक दोस्त है। साल छह महीने में हम एक-दो बार कहीं किसी मुल्क में सैर को जाते हैं। वापस आकर फ्रेश अपना काम करते हैं। मैंने गर्दन हिलायी, सामने रखा गिलास हाथ में ले लिया। ठण्डी साँस लेते हुए इंकार में सर हिला दिया। फिर याद आयी 1976 ई. की जब बेनज़ीर भुट्टो की दावत पर इस्लामी मुल्कों की सियासी ख़्वातीन (महिलाओं) को पाकिस्तान बुलाया गया था। प्रोग्राम के साथ वह फ़ेहरिस्त भी थी जिसमें शिरकत करने वालियों के नाम थे। फिलिस्तीन का नाम आया तो मैं एकदम चौंक पड़ी। वहाँ लैला ख़ालिद का भी नाम लिखा था। जब साबिरा शतीला कैम्पों पे फ़िलिस्तीनियों पे लगातार हमले हो रहे थे, मैं उसमें शरीक होने की ख़्वाहिशमन्द थी। ख़ालिद हसन को लिखा कि सुना है लैला ख़ालिद की आपबीती और ख़ास कर उस ख़ातून का जहाज़ अग़वा करने का हंगामा तो मुझे बेचैन किये दे रहा है कि उसे उर्दू का जामा पहनाऊँ। फ़ौरन किताब भेजो। ग़ैर-मुल्कों में अपने दोस्तों से गुज़ारिश करती कि फ़लाँ किताब भेज दो तो चाहे मुहम्मद उमर मेमन की हो या सी.एम. नईम, ख़ालिद हसन, फ्रांस प्रीच्ड की सईद नक़वी, शहला नक़वी, लन्दन में साक़ी फ़ारूक़ी,

जावेद शेख़ की आमिर हुसैन या जब तक उबैद सिददीक़ी की वहाँ रहा। मैं किताबें मँगवाती रही। इफ़्तिख़ार आरिफ़ भी जब तक लन्दन में थे, मुझे हर नयी किताब भेज देते थे।

ख़ालिद ने लैला ख़ालिद की आपबीती मुझे भेजी। मैं एक-एक बाब (अध्याय) तर्जुमा कर के नियाज़ साहब को संगे-मील भिजवाती रही। दो माह में किताब तैयार हो गयी। नाम रखा "मेरे लोग जिन्दा रहेंगे।" लैला का नाम देखते ही मेरे अन्दर का बच्चा उससे मिलने के लिए तड़पने लगा। मैं चूँकि इस्तक़बालिया कमेटी में शामिल थी, सबको ग़ौर से देख रही थी, मैंने लैला को दूर ही से पहचान लिया। वह क़रीब आयी तो मैंने आगे बढ़ कर 'अस्सलामु अलयकुम' कहा। उसने मुस्कुरा कर देखा। मैंने झट से कहा, "आपने 'आपबीती' लिखी है।" इससे पहले कि वह जवाब देती, मैंने दुबारा कहा, "मैंने वह उर्दू में तर्जुमा की है।" यह सुनकर मुझे गले लगा कर एक तरफ़ खड़ी होकर कहा, "इस सेशन के बाद हम मिलकर बैठेंगे।" मैंने यह ख़ुशख़बरी पहले शहनाज़ वज़ीर अली को सुनायी और फिर हम दोनों ने बेनजीर को बताया। वह भी हमारी तरह उछल कर बोली, "उसे मेरे पास ज़रूर लाना" मैंने पूछ लिया, "कितने दिन का क़याम है?" उसने बताया, "चार दिन।" मेरी फ़िलिस्तीनी स्टूडेंटों और एम्बेसी से 1973 ई. से जान-पहचान थी कि वह स्टूडेंट और हमारे स्टूडेंट मिलकर फ़िलिस्तीन-डे मनाते, वे लड़के स्टेज पर डांस करते और सब लोग ख़ुशी से झूम उठते। फिर आ गया ज़ियाउल-हक़ का ज़माना। अरे! यह नाम बार-बार क्यों याद आता है। इसकी वजह यह है कि अमेरिका के हुक्म पर उन सारे फ़िलिस्तीनियों को वापस भिजवा दिया था फिर भी जब मैं पी.एन.सी.ए. की हैड बनी तो फिलिस्तीनी एंबेसेडर को ज़रूर बुलाती थी। फिर मैंने और मेरी दोस्त ताहिरा अब्दुल्लाह ने इस्लामाबाद होटल के मैनेजर से बात की और शाम बुक करवा दी। अख़बार में दो लाइन की ख़बर दे दी कि सौ-सौ रुपये देकर सब शामिल हो सकते हैं।

वह क्या शाम थी। बड़ा हॉल खचाखच भरा था। हर ख़ातून और मर्द और बच्चे अपने हाथ में लैला के लिए फूल और बेशुमार तोहफ़े लेकर आये थे। पाकिस्तान की तरफ़ से दानिशवर इक़बाल अहमद ने इंग्लिश और अरबी

में तक़रीर की। हर एक के चेहरे पर ख़ुशी झलक रही थी। लैला के साथ सीनियर लीडर भी थीं। वह जब बोलीं तब मेरे गले में फ़िलिस्तीनी स्कार्फ़ डाला फिर तो लोग खड़े होकर लगातार तालियाँ बजाते और पाक-फ़िलिस्तीन दोस्ती के नारे लगाते रहे। बड़ी मुश्किल से दो घण्टे बाद बाहर निकले। वह मुझे अपने साथ होटल ले गयी। अब न वह मुजाहिदा[1] थी और न मैं शाइरा। दो औरतें आपस की बातें कर रही थीं। अब भी कभी-कभी उसका मेल आता है और मैं भी उसका हाल पूछती हूँ मगर यह बातें नामुमकिन हो गयी हैं। अब लैला अपने दो बच्चों और शौहर के साथ जॉर्डन में हैं। इतना दिल तड़पता है बैतुल–मुक़द्दस (यरोशलम) जाने के लिए। क्या मुसीबत है यहूदी हज़रात मूसा की औलाद हैं। हम हज़रत मूसा को मानते हैं। यहूदियों को उनकी अपनी बदमिज़ाजी की वजह से नहीं मगर दुनिया भर के ईसाई मानने वाले, हमारे नबी पे नऊज़ु बिल्लाह[2] अगर कभी कोई छींट उड़ा दें तो हम ख़ास कर पाकिस्तानी मुसलमान तो सलमान रुश्दी को नहीं छोड़ा था, बाक़ी किस खेत की मूली।

वैसे तो दुनिया भर में लिखने वालियाँ अब तो नेट के ज़रिये मेरी बहुत प्यारी दोस्तें हैं। वैसे इसमें यह भी बताऊँगी कि लिखने वाले मर्द भी राबिते में हैं और एक-दूसरे के मुल्क की सियासी और समाजी हालात इसलिए भी पूछते हैं कि ख़ास कर ज़्यादातर इस्लामी मुल्क अब ज़रा आज़ादी के नाम को बरदाश्त करने लगे हैं। औरतें यूँ तो दुनिया भर में निशाना बनती हैं मगर मुसलमान मुल्कों जैसी अय्याशियाँ भी कहीं नहीं होतीं। उन पर वाक़िआती अफ़साना भी, उनके मुल्क में रहते हुए लिख क्या बोल भी नहीं सकते। अहमद फ़राज़ ने दुबई के किसी मुशाअरे में शहंशाहियत (साम्राज्यवाद) के बारे में स्टेज से कुछ कह दिया था। उसके बाद फ़राज़ को मुशाअरों में नहीं बुलाया गया।

मुन्नू भाई और जावेद शाहीन की दोस्ती दाँत काटी रोटी थी। जावेद शाहीन डिप्रेशन में बेज़ार होता जा रहा था। इसी तरह एक दोपहर सोते हुए चला गया। अशफ़ाक मिर्ज़ा ने मुझे बताया कि अभी एम्बुलेंस में लाहौर ले जाया जा रहा है। मैं और मिर्ज़ा निकलने लगे तो सामने मुन्नू भाई और इम्तियाज़ आलम

---

1. विधर्मियों से युद्ध करने वाली
2. हम ईश्वर से पनाह माँगते हैं।

नज़र आये तो उनको दु:ख भरे ख़ात्मे की ख़बर दी और फिर कहा चलो उसे रुख़्सत करने जा रहे हैं। मुन्नू भाई ने कहा, "हमारी इस वक़्त मुल्क के प्रेसीडेंट के साथ मुलाक़ात तय है।"

दोस्ती का यह अंजाम हुआ।

6

अजीब-सी बात है मगर जब पीछे मुड़ कर देखती हूँ तो बचपन से लेकर जवानी तक, हमारे घर में किसी कज़िन से मिलने की इजाज़त नहीं थी। मैं ज़रा चिनगारी थी। पाकिस्तान आने के बाद कोई दो साल तक पाँच या छह ख़ानदान उस दो-मंज़िला घर में थे। घर था ख़ाला जान का। उसमें हम दस बन्दों के ख़ानदान को एक बड़ा कमरा मिला। बस चारपाइयाँ-ही-चारपाइयाँ। एक कमरा एक मामू को, दूसरा कमरा दूसरे मामू को, ऊपर एक कमरा ख़ाला की ननद को। यूँ पाँचों ख़ानदान एक जगह थे। मजाल है कि हमें एक-दूसरे के साथ लतीफ़े सुनाने या कैरम बोर्ड खेलने या छत पर इकट्ठा होने की इजाज़त होती। सारी बड़ी औरतें हर वक़्त हम लोगों पे निगाह रखती थीं फिर भी मुझे मालूम था कि दो हमउम्र कज़िन मुझ से कभी इशारों, कभी सीढ़ियों पर और कभी किसी शादी पर आगे बढ़-बढ़ कर यूँ तो मेहमानों को खाने पे बुला रहे होते मगर इशारों-इशारों में अपनी रूदाद (कथा) और दोनों कज़िन एक-दूसरे से जलन भी नहीं छुपाते। मैं डरी हुई चिड़िया, अन्दर से मज़ा लेती मगर अम्मा की ख़ूनी निगाहें, वह घेरा कभी ख़त्म नहीं होता था।

अब शादी हो गयी और नौकरी भी मिल गयी जहाँ अपने से ज़रा बड़े मर्दों के साथ काम-काज करना होता। सबको मालूम था कि सूफ़ी साहब के कहने पर बॉस ने मुझे फ़ौरन नौकरी और यूनिवर्सिटी जाने की इजाज़त भी दे दी। बॉस आते-जाते रहे। मेरी सबसे दोस्ती इसलिए हो जाती कि मैं सारे बड़े अदीबों की लाडली थी। वह सब जलते तो थे, आपस में और अक्सर मेरे शौहर यूसुफ़ कामरान को ड्रंक होकर कहते, "तूने किश्वर नाहीद को बहुत आज़ाद छोड़ा हुआ है।" मेरी सास ने कभी ताना नहीं दिया। मगर शौहर जब तक ज़िन्दा रहा किसी का शेर पढ़ के, किसी नस्र का टुकड़ा सुना के, बहुत

कुछ जता जाता था। हम दोनों वक़्त की आँख पर पट्टी बाँध कर आँखमिचौली खेलते रहते थे। बच्चों को यह तमाशा अक्सर देखने को मिलता था।

दफ़्तर बदलते रहे। कलीग और बॉस भी बदलते रहे मगर रवैये वही रहे कि मेरे सामने बहुत इज़्ज़त और तारीफ़। बॉस भी कोई कम तो नहीं थे जाल फेंकने में, बहुत से बॉस तो घर तक छोड़ने के बहाने रास्ते भर कभी अपने और कभी माशूकों के क़िस्से सुनाते। घर पहुँच कर आवाज़, "फिर वह तुम्हें छोड़ने आया था?" "फिर कैसे आती? तुम्हारे बारे में तो कभी ख़बर ही नहीं होती कि जनाब का रूटीन क्या है।" यह कह कर दूसरे कमरे में चली जाती या कभी बच्चों के कमरे में चली जाती। फिर अगला दिन, फिर अगला साल "आज रात सरकारी डिनर है, तुम साथ नहीं जा सकते, बुरा तो नहीं मानोगे।" "क्या लोगों को मालूम नहीं है कि तुम शादीशुदा हो?" इसके बावजूद मूड ख़राब, इसका बदला ऐसे कि जब डिनर से वापस आती, देखती सिगरेट के बट्स बेपनाह, कमरा धुएँ से भरा, आँखें मेरा पीछा करती हुईं। अब इक और मंज़िल, मेरे साथ रिक्शे में बच्चे जा रहे हैं। दूसरी तरफ़ गाड़ी में उनका बाप और कोई ख्वातून है। वह ज़ोर से आवाज़ देते। मैं चुप कराती। ख़ामोश घर आ के, इनको सुला के, फिर क़लम और काग़ज़ की दोस्ती में पनाह लेती। मैं भी आहिस्ता-आहिस्ता मनमानी करने लगी। इसका फ़ायदा मुझे यह हुआ कि अख्लाक़ियात (नैतिकताओं) के लम्बे लेक्चर पर लापरवाह-सी बन जाती मगर रात को यह कसर निकल जाती कि बिस्तर बराबर हैं। मैंने एक दफ़ा कहा, आजकल डबल बेड का फ़ैशन है, हम भी ले लें। बात अभी शुरुआती मंज़िल पर थी कि क्वेटा टेलीविज़न और आर्टिस्ट काउंसिल से बुलावा आया। उस ज़माने में यूसुफ़ कामरान के 'सुख़नवर' और 'दास्तान गो' प्रोग्राम चल रहे थे और वह उस ज़माने की नौजवान लड़कियों का महबूब हीरो था। उस ज़माने में अहमद फ़राज़ का जादू इतना नहीं चला था। अता शाद हमारा मेज़बान था। बहुत प्यारा दोस्त, जिसने शराब को इजाज़त दी कि वह उसका ख़ून पी जाये। उसी आलम में वह एक दफ़ा बलूचिस्तान के गवर्नर बगटी साहब की गोद में बैठ गया। उसके साथ किसी भी शहर मुशाअरे में जाना क़यामत होती थी मेरे और परवीन शाकिर दोनों के लिए एक मुसीबत। ख़ैर! तो अता शाद ने हमें क्वेटा के बड़े होटल में ठहराया। कमरे में आकर डबल

बेड देखकर मैंने नारा मारा, "वाह! आज तो मज़ा आयेगा" आधी रात को उठ कर कभी यूसुफ़ के ख़र्राटे सुनती, मुँह पलटा कर दूसरी तरफ़ लेट जाती मगर जब ख़र्राटों ने बिल्कुल सोने न दिया तो मैंने अपना कम्बल उठाया और क़ालीन पर लेट गयी। सुबह हुई तो मैंने दुआ के लिए हाथ उठा कर के कहा, "शुक्र है अल्लाह मियाँ! हमारे घर में डबल बेड नहीं है" बात हँसी में आयी गयी हो गयी।

अता शाद का ज़िक्र थोड़ा और उसका पहला शेरी मजमुआ संगे-आब था, जिसका टाइटल सलीमा हाशमी ने बनाया था। वैसे मेरी भी कई किताबों के टाइटल सलीमा ने बनाये थे। फ़राज़, परवीन और मैं उसे 'क्वेटे का शाइर' कहकर तंग करते थे मगर शाइर वह कि जिसने फ़ारसी, बलूची, बराहवी और उर्दू शाइरी बहुत पढ़ी थी और बहुत अच्छा लिखता था। उसकी किताब के पहले पन्ने पर लिखा था, "मेरी ज़मीन पे एक गिलास पानी की क़ीमत उम्र भर की ग़ुलामी है।" उसे मरने की बहुत जल्दी थी। बीवी ने बच्चों को ऐसे ही सँभाला जैसे बर्रे-सग़ीर (उपमहाद्वीप) की माँएँ करती हैं।

अता शाद पे लिखते हुए मुझे शिकेब जलाली याद आ गया। वह मुझ से थोड़ा बड़ा था। शेर बहुत अच्छे कहता था। ज़िन्दगी ने उसे तंग भी नहीं किया था मगर ट्रेन के नीचे आकर ख़ुदकुशी कर ली।

ख़ुदकुशी का यह सिलसिला सारा शगुफ़्ता ने बढ़ाया। अच्छी शाइरा थी। ज़ेहनी तौर पर बिखरी हुई, अमृता प्रीतम उसकी बहुत तारीफ़ करती थीं। अज़रा अब्बास के घर वक़्त-बेवक़्त चली जाती और किसी का लिहाज़ किये बिना, अपनी प्यास, शायद अधूरी ही छोड़ कर रातों को भी अकेली निकल जाती थी।

एक-दो शादियाँ और न जाने कितने ताल्लुक़ात और दोस्तियाँ रखीं कि "जहाँ भी गये दास्तां छोड़ आये" वाला क़िस्सा था। वह ड्रग्स बहुत लेती थी। उसी आलम में ट्रेन के नीचे आकर ज़िन्दगी को अलविदा कहा। मगर सरवत हुसैन को तो रेल की पटरी से इश्क़ था। वह जिस शहर में भी प्रोफ़ेसर होकर जाता, वहाँ का रेलवे स्टेशन उसे अपनी तरफ़ खींचता। वैसे ज़िन्दगी में बहुत बातें करता, बहुत अच्छी नज़्में और ग़ज़लें लिखता। कई रेडियो-ड्रामे भी लिखे। एक दफ़ा ट्रेन के नीचे आने की कोशिश की, मगर सिर्फ़ पैर कटे। इलाज हुआ, आर्टिफ़िशियल पैर लगवाये और ख़ुश होकर दिखा कर चलता।

चलते-चलते फिर ट्रेन...और बस! उसका प्यारा जवान बेटा जो ख़ुद भी शाइर है, उसने कुल्लियात (समग्र-काव्य) मुरत्तब (सम्पादित) की, मुझे दी तो मैंने उसे बहुत प्यार किया। सलमान सरवत शेर कहते रहो।

इक़बाल साजिद बहुत अनोखा शाइर था और बहुत-सी ख़्वातीन को भी पैसे लेकर शेर देता था। सुबह से शाम तक उसका फेरा, इस दफ़्तर, उस घर, उस किताबों की दुकान, जब तक पैसे न मिलते, बैठा रहता। उस ज़माने में भुट्टो साहब ने कम क़ीमत पर फ़्लैट बनाये थे। उसकी बीवी और बच्चों को देखकर, मैंने सारे अफ़सरों और दोस्तों से उनकी हैसियत के मुताबिक़ पैसे माँगे। उस ज़माने में चालीस हज़ार का फ़्लैट मिल जाता था। सोचा था कि घर बन गया है तो अब सँभल जायेगा। मैं उस ज़माने में नेशनल सेंटर की डायरेक्टर थी। उसे कहा, "देखो! मेरे दफ़्तर की लाइब्रेरी की निगरानी पे लग जाओ। तुम्हें किताबें लेने-देने का काम होगा। तनख़्वाह भी मिल जायेगी। शाम को जहाँ चाहे मुशाअरा पढ़ लिया करना" बोला, "आप मुझे नौकरी ही देना चाहती हैं तो जिस जगह आप बैठी हैं, वह नौकरी मुझे दे दें।" मैंने ग़ुस्सा पी कर कहा, "इक़बाल साजिद! तुम ने मैट्रिक भी मेरे ज़ोर देने के बावजूद नहीं किया। ग़नीमत समझो मैं तुम्हें बाइज़्ज़त नौकरी का कह रही हूँ।" वह नाराज़ होकर चला गया। चार दिन बाद, फिर वही पैसे का तकाज़ा लिए आ गया। कच्ची शराब ने अपना असर दिखाया। वह जब गया तो हम सबने मिल कर उसकी आख़िरी मंज़िल तय करा दी। यहीं मुझे साग़र सिद्दीक़ी याद आ गया। ग़ज़ल का बहुत अच्छा शाइर। दाता दरबार और लोहारी के बीच की गलियों, छोटे रास्तों में ख़ुद को गुम करने के लिए पता नहीं क्या खाता था कि कभी-कभी होश में होता था। आईनए-अदब के मालिक सलाम साहब के पास जाता। उन्हें नयी ग़ज़ल लिखवाता। दस रुपये लेता और फिर यही सबक दोहराता रहा। गाने वाले उसकी ज़िन्दगी ही में गाते रहे। "बड़ा अँधेरा है" और वह सबसे बेपरवा काली चादर काले कम्बल में लिपटा किसी दीवार के साये में पड़ा नज़र आता। यूँ ही एक दिन वह ख़बर आ गयी जिसका इन्तज़ार था। साग़र सिद्दीक़ी की बरसी, हर साल अच्छा शूकरवाला, उसकी क़ब्र के पास उर्स इस तरह मनाता कि देसी घी में बिरयानी की देग बनवाता और लोगों में बाँटता। उस वक़्त यूनुस अदीब उसके साथ सरगर्म होता। हम सबको बुलाता और शरीक करता। कई दफ़ा मुझे यह इज़्ज़त मिली कि मुझे देग का मुँह

खोलने के लिए कहा गया। अब पता नहीं कि किसी को उसकी क़ब्र भी याद है या नहीं। अलबत्ता यूनुस अदीब और अच्छा शूकरवाला मुझे दोनों याद हैं।

लिटन रोड पर क़ब्रिस्तान की दीवार के साथ एक बड़ा-सा बोर्ड लगा हुआ है। उस पर वासिफ़ अली वासिफ़ लिखा है। उनका बाक़ायदा उर्स भी होता है। मेरी मुलाक़ात और हम सबको अशफ़ाक़ अहमद ने अपने घर खाने पर बुलाकर तआर्रुफ़ (परिचय) कराया था। फिर जब यूसुफ़ का इन्तिक़ाल हुआ तो उसकी लाश आने तक रोज़ ही एक आध घण्टे को आते। बड़े ख़ूबसूरत जुमले कहते। अशफ़ाक़ साहब ने हर ज़हीन लिखारी की तरह उनके कई फ़िक़रों को अपने ड्रामों में इस्तेमाल किया था। बस यहीं कहीं विष की पुड़िया घुल गयी। दोनों में फ़ासले हो गये। जाने उस शख़्स में क्या करामत थी कि एक मुद्दत तक तो उनकी कहीं बातों की किताबें बिकती रहीं। अब हर साल उर्स होता है।

7

अब माज़ी की तरफ़ पलटी हूँ तो सय्यद आबिद अली का जनाज़ा भी याद आ गया। उन्होंने उम्र के आख़िरी हिस्से में एक ख़ातून महबूबा का वायवा लेते हुए, ऐसा पसन्द किया कि शादी भी कर ली। जिस घर में पाँच ब्याहता बेटियाँ हों और सब आज़ाद ख़याल। माँ के होते हुए उन्हें बाप की यह हरकत पसन्द नहीं आयी। आबिद साहब हर छह घण्टे बाद ख़ुद को किसी नशे का इंजेक्शन लगा लेते थे। एक दफ़ा तो टी.वी. के मुशाअरे में जबकि रिकॉर्डिंग भी नहीं हुई थी। कैमरे से आँख बचा के इंजेक्शन लगा लिया। हम सबने कैमरामैन को कहा कि कुछ देर कैमरा उन पर मत ले जाना। ख़ैर! थोड़ी देर बाद, हँसते-खेलते जाग उठते थे। यही इंजेक्शन उनकी मौत की वजह बना कि उनको सख़्त इंफेक्शन हो गया था। अस्पताल में थे कि ज़िन्दगी की आख़िरी साँस के वक़्त दूसरी बीवी महबूबा पास थी। इन्तिक़ाल की ख़बर सबको हुई। वह सारी औलाद जो उनके ख़िलाफ़ थी, वह बाप की लाश लेने आये। आगे नहीं लिखूँगी कि किस तरह दोनों तरफ़ से पलंग खींचा जा रहा था कि अकेली औरत हार गयी और बेटियाँ जीत गयीं।

यूसुफ़ की मय्यत सऊदी अरब से बारह दिन बाद आयी थी। उस दौरान सारे ख़ानदान की मेज़बानी मेरे भाईजान इफ़्तिख़ार ज़ैदी करते रहे। उसको दफ़्न करते वक़्त पूरा शहर और बाद में पूरा मुल्क चाहे वज़ीर हो कि अदीब कि सियासत-दान, हर रोज़ घर उसी तरह भरा होता था जैसे उसकी ज़िन्दगी की शामें। मैंने पन्द्रह दिन बाद मुफ़्ती नईमी से फ़तवा लेकर दफ़्तर जाना शुरू किया और सुसराल वालों को अपने-अपने घर को रुख़्सत किया। फ़तवा इसलिए लिया कि जिन औरतों की ऑपरेशन से बच्चादानी निकाल दी गयी हो, उन पर इद्दत[1] फ़र्ज़ नहीं होती। इस पर एक तरफ़ बहुत-से हल्क़ों की जानिब से तूफ़ाने-बदतमीज़ी उठा तो दूसरी तरफ़ बहुत-सी औरतों ने लिखा कि हमें तो इद्दत के नाम पर घर में बन्द कर के सुसराल वाले घर-बर्तन सबका तिया-पाँचा कर लेते हैं।

उस ज़माने में मेरा बॉस मेरा बहुत अज़ीज़ दोस्त मुनीर शेख़ होता था। वह बहुत अच्छा अफ़साना निगार, ख़ूबसूरत आदमी और शख़्स कि उसने नुसरत से इसलिए शादी की कि वह ख़ूबसूरत एम.ए. पास लड़की जो पोलियो में एक टाँग ख़राब होने के बावजूद बसों में हँसती हुई चढ़ जाती है। एडवेंचर, मुनीर की ज़िन्दगी में जर्मनी से लेकर इंडिया तक उसकी ज़ात में शामिल था। कराची में उस ज़माने में दिल का कोई बड़ा डॉक्टर आया हुआ था। हालाँकि उसका ऑपरेशन हो चुका था मगर उसका जी चाहा कि उससे चेक करा लूँ। हँसता-खेलता ऑपरेशन थियेटर में गया। आधे घण्टे बाद नुसरत, बच्चों और दोस्तों के लिए आँसू ही आँसू छोड़ गया। वह कोई महीना भर पहले लाहौर आया था। उस दिन दीदी नूरजहाँ ने अपने घर बड़ा खाना रखा था। जिसमें सुलह के बाद शौक़त साहब भी पहली दफ़ा आ रहे थे। मुनीर शेख़ ने कहा कि मैं भी जाऊँगा। मेरे घर में मुन्नू भाई भी वहाँ जाने के लिए आये हुए थे। मैंने कहा, "मैं नहीं जाती, वहाँ रश होगा। तुम मुन्नू भाई के साथ चले जाओ।" वहाँ मुन्नू भाई ने उसका तआरुफ़ मैडम से कराया और बताया कि इनके दिल

1. मुसलमानों में पति के मरने या तलाक़ देने के बाद के सौ दिन का समय, जिसमें स्त्री, किसी पुरुष से नहीं मिल सकती है और न ही पुनर्विवाह ही कर सकती है, ताकि यह सुनिश्चित किया जा सके कि वह गर्भवती है या नहीं।

का भी ऑपरेशन हुआ था। मैडम ने पूछा, "डॉक्टर ने क्या एहतियात करने को कहा था?" मुनीर ने हँस के कहा, "बस कहा था झप्पी घुट के मत डालना" नूरजहाँ ने हँस कर कहा, "फेर झप्पी दा की फ़ायदा" हँसते और ख़ुश ये लोग वापस आये तो मैंने कहा, "चलो अब मुनीर नियाज़ी को नयी शादी की मुबारकबाद देने चलें" ऐसी ख़बर थी कि अशफ़ाक़ साहब ने बीवी के मरने के 30 दिन के बाद किसी कुँवारी से शादी करा दी है। मुनीर बहुत ख़ुश था। बीवी को बुलाया सबसे तआर्रुफ़ कराया और कहा, "चाय बनवाओ नौकर से" उसके जाते ही मुनीर बड़ी ख़ुशी से बोला, "अरे ये कुँवारी है कुँवारी।" मुन्नू भाई ने एकदम से कहा, "इंशा-अल्लाह वो रहेगी वी" सच्ची बात यह है कि नयी बीवी नाहीद ने उसकी हर बात मानी। रात को दो बजे कबाब माँगे, उसने बना के दिये। उसने ड्रिंक माँगी, वह फ़ौरन गिलास ले आयी। नाहीद का एक अरमान था जो आमतौर पर हर नयी ब्याहता का होता है और अब तो शादी को सात बरस हो गये थे। मुनीर ने मुझे कहा, "तू ही इसे समझा सकती है आ जा।" मैं गयी बहुत ही बोझल फ़लसफ़े के साथ मुहब्बत भरी बातों में उसे कहा कि तुम दोनों की मुहब्बत में कोई और शरीक हो, मुनीर को यह पसन्द नहीं। नाहीद हँस पड़ी मगर बाद में कभी अफ़सोस का इज़हार नहीं किया। मैं जब मुनीर को चैक देने गयी, उस दिन मुनीर ने मेरी बड़ी तारीफ़ें कीं। वरना नाराज़ होता, तो बस मत पूछें, किसको क्या नहीं कहता था। एक दफ़ा तो सुग़रा को मुझ से पर्दा करवाने का भी कह दिया था, जबकि मैं ही अकेली औरत थी जिसके साथ सुग़रा बातें करती, नये घर में फूल लगाती और सारा घर बार-बार देखती।

कोई दस साल पहले, असग़र नदीम सय्यद की बीवी, डॉक्टर के ग़लत इंजेक्शन से मिनटों में मर गयी थी। असग़र लन्दन में था और बेटा जो अभी पढ़ रहा था, दीवाना हो के हर चीज़ को तोड़ देना चाहता था। चीख़-चीख़ कर रोता, दूसरे दिन पिण्डी एयरपोर्ट पर असग़र को देखा तो उसका भी बुरा हाल था। मैंने लाहौर के टिकट लिए हुए थे। लाहौर में मेरा डाइरेक्टर नदीम गाड़ी ले के मौजूद था। दोनों छोटी बच्चियाँ बाप को देख कर ऐसे रोयीं कि दिल हिल गया।

कुछ महीने बाद फ़रज़ाना के ख़्वाब को पूरा करने के लिए सांधे का घर बेच कर के डी.एच.ए. में जगह ले ली और अब असग़र ने बेशुमार ड्रामे लिखे

कि घर की ईंटें तक बहुत महँगी हो गयी थीं। कुछ अर्से की क़लमी दोस्ती के बाद बच्चों की रज़ामन्दी से शीबा उस घर में वाक़ई बच्चों की माँ बनकर आ गयी। दोनों की ज़िन्दगी में एकदम एक धचका लगा। असग़र यूनिवर्सिटी से वापस आ रहा था कि किसी बन्दे ने तड़ातड़ उस पर गोलियों की बौछार कर दी। असग़र होशो-हवास कायम रखते हुए घर और दोस्तों को फ़ोन किये। अफ़ज़ाल अहमद संगे-मील से सीधा उठ कर अस्पताल पहुँचा। जो एडवांस चाहिए था वह जमा करा दिया। तीन हफ़्ते अस्पताल में असग़र और शीबा कभी घर कभी अस्पताल, शीबा का तो वज़न आधा हो गया था। उसी ज़माने में रज़ा रूमी की गाड़ी पर ऐसा हमला हुआ था कि उसका ड्राइवर मौक़े पर हलाक हो गया था। रज़ा ने अगले दिन ही अमेरिका का रुख़ किया। वह वहाँ पढ़ा भी रहा है और हर हफ़्ते बाक़ायदा टेली भी निकालता है। कई साल बाद अब तो पाकिस्तान आता रहता है कि माँ बिलक़ीस रियाज़ और बाप शेख़ रियाज़ रिटायर्ड चीफ़ जस्टिस, बेटे से ख़िदमत की ख़्वाहिश रखते हैं।

ये बाब अभी ख़त्म नहीं होगा कि भला सग़ीर जलाल और जमाल अहसानी तो जब तक जीते रहे, हमारे साथ ही रहे। सग़ीर को उल्टी-सीधी दवाएँ खाने का शौक़ था। बस एक रात बीवी को डॉक्टर बुलाने के लिए भेजा और चुपचाप चला गया। जमाल अहसानी को एम.क्यू.एम. ले बैठी। इतना जुनून था कि मैं कहती जाओ टैक्सी ले आओ? वह सड़क से गुज़रती किसी भी गाड़ी को हाथ देकर जय महाजिर कहता और वह गाड़ी फ़ौरन रुक जाती। यह था रोब उस वक़्त के एम.क्यू.एम. का। कमाल की बात यह है कि वह ख़ुद पंजाब का रहने वाला था। शाइरी भी भूल गया, जलसे-जुलूसों में गुम हो गया, कुछ दिनों बाद पता चला वह प्रॉपर्टी डीलर बन गया है। उसने अपना फ़्लैट भी ख़रीद लिया है, अलबत्ता पेट बहुत बढ़ गया है, बहुत पीने लगा है। शुक्र है शहर में फ़ातिमा हसन मौजूद थी, उसने जमाल को ज़मीन में दीये की तरह रख दिया। ज़ीशान साहिल, जिसका दिमाग़ के अलावा जिस्म का कोई हिस्सा सलामत न था। वह नस्री नज़्म का मुख़्तलिफ़ शाइर था। ओस के क़तरों में छुपी अपनी महबूबा को देख लेता और फूलों में सोने की तमन्ना करता था।

अहमद राही की शोहरत तरनजन से शुरू हुई। यह सिलसिला फ़िल्म 'हीर राँझा', 'वंजली दी मठरी तान' तक गली-गली, इंडिया पाकिस्तान में,

शोहरत राही के सर पर नहीं चढ़ी। फ़िक़रेबाज़ी जो वह कभी-कभी करता था, वह लाजवाब होती थी। इंडिया में अमृता प्रीतम जब भी मिलतीं हमेशा पूछतीं, "और तरनजन दे शाइर दा की हाल ऐ" अहमद राही 55 साल की उम्र तक वहीं कूपर रोड की कोठरी में रहते रहे। एक दिन अजब वाक़िआ हुआ बल्कि कहना चाहिए कि जज़्बाती इंक़लाब हुआ। लाहौर टी.वी. पर किसी रिकॉर्डिंग के लिए गये। वहाँ रिसेप्शन पर एक लड़की ने इस्तक़बाल किया। बस फिर क्या था। हमारे शाइर ने चन्द दिनों में उससे शादी कर ली। अब सवाल फिर रिहाइश का। मुझे तो अदीबों के लिए पैसे माँगने की आदत हो गयी थी। बहुत लोगों ने ख़ुशदिली से जेब खोली और उसको भी रीवाज़ गार्डन के फ़्लैट में मुन्तक़िल किया। उसका मस्अला यह था कि ज़िया उल हक़ के ज़माने में उर्दू फ़िल्में तो कम और पंजाबी फ़िल्मों में फ़हश (अश्लील) क़िस्म के मिसरे और अदाकारी, दोनों चलन में थे। अहमद राही ऐसे मिसरे लिखने के लिए तैयार नहीं हुआ। बहरहाल एक बेटा अभी एफ़.ए. में था कि राही साहब चले गये। नौजवान को अब कोई रोकने वाला नहीं था। हम सबने उसको टी.वी. मेकअप रूम में लगवा दिया। वह नौजवान सिफ़ारिशी था इसलिए चोर हो गया। कभी जाता, कभी न जाता, माँ पर भी हाथ उठाने से गुरेज़ न करता। माँ तंग आकर किसी हॉस्टल में मुंतक़िल हो गयी।

मुन्नू भाई को कॉलम निगारी की ट्रॉफी दी जा सकती थी कि उसकी क़लम में ग़म और ख़ुशी दोनों को बयान करने की सलाहियत थी। औरतों की बराबरी की बात भी करता था मगर जब उसकी बीवी को नौकरी मिली तब उसको यह कह कर रोक दिया, "अब तुम नौकरी करोगी तो बच्चों के पास मैं रहूँगा?" उसकी बीवी कभी ज़ोर से बोलती तो कहता, "तुम किश्वर नाहीद बनने की कोशिश मत करो" किसी दोस्त की मौत हो तो वह क़लम में आँसू भर कर लिखता था। सब कामों से फ़ारिग़ होकर वह बच्चों को थैलेसीमिया से बचाने की कोशिश में इतना डूब गया कि उसकी मौत की ख़बर भी वही बच्चे दे रहे थे जिनका मुन्नू भाई ने इलाज करवाया था।

कमाल अहमद रिज़वी जो चार आने पर किराये की साइकिल लेकर आता था, वह टी.वी. पे आने के बाद एकदम स्टार बन गया। उसने प्रोग्राम का नाम आग़ा नासिर से मश्वरा करके अलिफ़ नून रखा था। प्रोग्राम शुरू हुआ, लगा जैसे नया आसमान सामने आ गया। शोहरत और दौलत दोनों घर

में आयें तो दो तरह के अंजाम होते हैं। कोई औरत ज़िन्दगी में आ जाती है और कोई इश्क़। कमाल अहमद रिज़वी ने दो काम किये, शादी और घर दोनों बनाये, नन्हा ने ज़िन्दगी में पहला और आख़िरी इश्क़ किया। कमाल की शादी बहुत दिन नहीं चली। नन्हा के इश्क़ ने दुनाली बन्दूक़ को मुँह में रखा और पूरे इलाक़े में कोहराम मच गया। मेरा घर उसकी महबूबा से दो घर छोड़कर था। पल-पल की ख़बर आ रही थी। हम फ़िल्म सेंसर करने जाते तो नन्हा हीरो बना अजीब लगता मगर अंजुमन से लेकर पंजाबी फ़िल्मों की हर हीरोइन के साथ काम किया। बीवी और साले ने उसकी जेब ख़ाली कर दी और महबूबा ने इश्क़ को बज़ाहिर तूल देना चाहा। बेसब्रा नन्हा, ख़ुदा के पास और कमाल अहमद रिज़वी, मुस्तफ़ा क़ुरैशी की तरह, सुल्तान राही के जाने पे जोड़ी ख़त्म होने पै गवाची हुई गां, बन गया। दोनों ने घर बदल लिए कराची चले गये। कमाल की आख़िरी बीवी बिल्कुल राशिदुल ख़ैरी की हीरोइन की तरह और मुनीर नियाज़ी की भी आख़िरी बीवी की तरह बहुत ख़िदमत गुज़ार रहीं।

एम.क्यू.एम. ने कितने ही सालों तक ज़ुल्म की वह इन्तेहा की कि कराची जैसी मेट्रो सिटी में शायद ही कोई ख़ानदान था जो उनके हमलों, डाकों और ज़बरदस्ती के क़ब्ज़ों से बचा हो। एक और न कहने लायक़ वाली हालत यह थी कि जो कारकुन (कार्यकर्ता) तेज़ और होशियार निकलता, उसको मरवा दिया जाता और उसके नाम पर चौक बना कर कामयाब ठहरते। एक दफ़ा हद यह हुई कि किसी मुशाअरागाह से जोन ईलिया के बेसाख़्ता फ़िक़रों (बेतहाशा तंज़िया जुम्लों) पर ख़ुद को ज़िल्ले-इलाही समझने वाले साहब नाराज़ हो गये। उनको क़ुरबानगाह में लाकर लटका दिया गया। जमाल और दूसरे दोस्तों को पता चला भागते-दौड़ते पहुँचे, कहा यह तो शाइर है, अमरोहा से आया हुआ है। यहीं मुझे याद आया जब शादी के बाद जोन और ज़ाहिदा लाहौर आये और होटल में ठहरे तब मैं उन्हें अपने घर ले आयी। मैं एक दफ़ा मजनूं गोरखपुरी का इंटरव्यू लेने कराची गयी तो जोन को साथ ले लिया क्योंकि उसने तमाम मुस्लिम फिलासफ़रों को घोल कर पिया हुआ था कि घर में रईस अमरोही, डॉ. मुहम्मद तक़ी जैसे अदीब उनके बड़े थे। घर में ही इल्म का दरिया बह रहा था। शादी के बाद, मियाँ-बीवी ने 'आलमी डाइजस्ट' निकाला कि वह ज़माना ही डाइजस्टों का था। कहने को तो मियाँ-बीवी इकट्ठे काम करते थे मगर डाइजस्ट की हर तरह की ज़िम्मेदारी सिर्फ़ ज़ाहिदा

के सुपुर्द थी। शादीशुदा रिश्ते ने तीन बच्चों का इज़ाफ़ा और जोन की बेपरवाई का ऐसा नक़्शा खींचा कि डाइजस्ट बन्द और ज़ाहिदा बी.बी.सी. लन्दन रवाना हुई। फ़ासले बढ़ते गये और ज़ाहिदा ने बच्चों की मर्ज़ी से ख़ुल्अ[1] ले लिया। कमाने वाली कमाती रही और जोन भाई ने 18 साल की कुँवारी हासिल करने के लिए इंडिया में घोड़े दौड़ा दिये। मेरे जैसे दोस्त जो दोनों के दोस्त थे, अब जब भी मुझे देखते और कहते, "इस हर्राफ़ा[2] ने मेरी बीवी को भी बहका लिया है" कभी कहीं रहे, कभी कहीं रहे। बेहोशी की एक शाम वह ख़ुदा के पास चले गये, बक़ौल उनके "ख़ुद को तबाह कर लिया और मलाल भी नहीं।"

ज़ाहिदा जल्द ही बच्चों के पास वतन आ गयी थी। किताबें लिखने, अख़बारों में कॉलम लिखने और कुछ सियासी ताने-बाने में कुछ दिन तक नज़र आती रही कि जब वह लाहौर जाती, एक सरकारी गाड़ी उसे लेने के लिए आती। वह दिन भी बहुत जल्दी हवा हो गये। बच्चे, किताबें और क़लम ने बहुत साथ निभाया। अपनी अलगाव की ज़िन्दगी को बहुत हिम्मत से और ख़ुद्दारी के साथ आज तक निभा रही है।

एम.क्यू.एम. के ज़माने में बहुत से उर्दू बोलने वाले, ख़ानदानों वाले भी अधेड़ उम्र में ख़ुद को महाजिर कहने लगे। फ़हमीदा रियाज़, अजमल कमाल और आसिफ़ फ़र्रुख़ी ने कराची का रोना-पीटना किताबी शक्ल में लिखा।

कराची और सिंध को ख़ून में नहलाने वाला, लन्दन में हर ऐरे-ग़ैरे को हलीम खिलाता, सीनियर जर्नलिस्ट अहमद अली को धमकियाँ देता, आख़िर दीवानगी की इस मंज़िल पर पहुँचा कि न सिर्फ़ पाकिस्तान बल्कि ब्रिटेन की हुकूमत के बारे में उल्टी-सीधी बातें करता रहा। वह सारे चैनल जो घण्टों उसकी लानत-मलामत ब्रॉडकास्ट करते थे, ताइब[3] हो गये। जेल में रहने के बाद उसकी बोलती बन्द हो गयी। इसके बाद जो सियासत में होता है जूतियों में दाल बँटने लगी।[4] अच्छी बात यह थी कि महाजिर तो सारे हिन्दोस्तान से

1. मुसलमान स्त्री का अपने पति से तलाक़ चाहना
2. कुलटा, चालाक औरत
3. तौबा करने वाले
4. आपस में लड़ाई-झगड़ा होना

आये, हमारे मुल्क में जहाँ सर छुपाने की जगह मिली, रहने लगे मगर 'जय महाजिर' के नारे को क़ुबूल नहीं किया।

इधर, लाहौर में ज़िया और जमाअते-इस्लामी की धमकियों और महमूद आज़म फ़ारूक़ी के हुक्मनामे के मुताबिक़ मुझे ज़बरदस्ती छुट्टी पर भेज दिया गया। बच्चों को मार देने की धमकी ने मुझे बुज़दिल बना दिया। ख़ुदा भला करे अख़्तर ममूनका का जिन्होंने पासपोर्ट से लेकर टिकट तक, बच्चों को बाहर भेजने के इन्तज़ामात किये और अब मैं तन्हाई ओढ़कर घर में नहीं बैठी। मैंने बिज़नेस एंड प्रोफ़ेशनल वीमन के साथ काम करना शुरू कर दिया। जनरल अंसारी एल.डी.ए. के मैनेजर थे, जब उन्हें हमारे इरादों का पता चला, उन्होंने यक्की गेट में तीन कमरों वाला सेंटर हमारे इदारे के हवाले कर दिया। यूनीसेफ़ में पहले नाहीद अज़ीज़ ने, फिर बेला जमील ने, फंड इकट्ठा किये। लड़कियों की सेहत, तालीम और क्रॉफ़्ट, सेंटर में ब्लॉक प्रिंटिंग, टाई एंड डाई का काम दिन-रात होने लगा। अगरचे ज़्यादातर मेम्बर वर्किंग वीमन थीं मगर जो काम शुरू हो गये इस पर किसी ने भंवें चढ़ाईं तो कोई ख़ामोश और हैरान रहीं।

इस तरह शहर के सभी अन्दरुनी मुहल्लों तक हमारी पहुँच हो गयी। सारी औरतों ने ख़ुद भी काम सीखा और बच्चियों को पढ़ाने के लिए ले आयीं। साथ ही एक हेल्थ विज़िटर ज़च्चा औरतों को दवाएँ देती और उसके साथ दाई, जब शाम को वापस आयी तो रोने लगी, वजह पूछी, बोली, "आज मेरा बुरा दिन था। बहुत घरों में लड़कियाँ पैदा हुई हैं। मुझे किसी ने एक कौड़ी भी न दी।

8

अब एक और काम शुरू किया। मदीहा गौहर, फ़ैज़ान-पीरज़ादा, वसीम और क़ैसर फ़ारुक़ के ग्रुप्स के साथ मिल कर शहर के अन्दर मुहल्ले-मुहल्ले में नुक्कड़ नाटक किये। मौज़ू वही थे जो आजकल तक अज़ाब हैं। बच्चों की और लड़कियों की तालीम, सेहतो-सफ़ाई और लड़कियों की छोटी उम्र में शादी और दहेज के अलावा लड़कियों की मर्ज़ी से शादी करने जैसे टॉपिक पर ड्रामे पेश किये। फ़ौज़िया और शहनाज़ सिखाने और समझाने के लिए औरतों

और लड़कियों को घेर कर लाती थीं। अब हमारे भी पर निकल आये। हमने हव्वा के नाम से एन.जी.ओ. रजिस्टर कराई। पहला बुलावा और टिकट ट्रेनिंग और वर्कशॉप में शामिल होने के लिए, हम ओस्लो गये, अब यह क़ाफ़िला इतना तेज़ निकला कि सियासी पार्टियों की तरह, हमने उससे भी दूरी इख़्तियार कर ली। नये दफ़्तर और जोश के साथ लाहौर शहर के सारे सबसे ग़रीब इलाक़ों में औरतों और बच्चों की ट्रेनिंग के साथ रोज़गार के मौक़े भी पैदा किये। 1994 ई. में मेरी पोस्टिंग डी.जी.पी.-एन.सी.ए. की हो गयी।

लाहौर छोड़ना और इस्लामाबाद जाना, मेरे लिए कड़ा इम्तिहान था हालाँकि मेरा प्रमोशन हुआ था मगर लाहौर को हमेशा के लिए छोड़ना मुझे अजीब-सा लग रहा था। मैंने अपने घर में आम के पौधे, बेकयार्ड में सब्ज़ियाँ और लॉन में हर मौसम के फूल लगाये हुए थे। मैंने उस घर में पौधों से बातें करना सीखा था। दोनों बेटे इसी घर में अपना कमरा–जैसा था, वैसा ही छोड़ गये थे। यूसुफ़ के जाने के बाद मेरे साथ वाला ख़ाली बेड तकलीफ़ देता था। मेरे आसपास ऐसा कोई दोस्त भी नहीं था जिससे सलाह-मशविरा करती। शाम को इस्लामाबाद से सुबह के लिए टिकट आ गया था। आख़िरकार मजबूर होकर जाना पड़ा। मुझे इस परेशानी से गुज़रते हुए माइग्रेन हो गया। इस्लामाबाद पहुँची, ढोल वाले और बहुत-सी जानी-पहचानी शक्लों ने मुझे मुस्कराने पर मजबूर किया। अब रहने के लिए बाजी का घर था, मगर मैं भी कभी उनके घर रही नहीं थी। शायद रमज़ान ही का महीना था। मैं गुनाहगार, हर वक़्त पानी पीने वाली। दफ़्तर में कोई अजनबीयत नहीं थी क्योंकि ग़ुलाम रसूल को बतौर पेंटर जानती थी। इसी तरह हसन अब्बास और अहमद दाउद से पुरानी मुलाक़ात थी। इधर-उधर के दफ़्तरों में एक तरफ़ अहमद फ़राज़ और दूसरी तरफ़ इफ़्तिख़ार आरिफ़ थे। जितने आर्टिस्ट हर फ़ील्ड के मेरे दोस्त और जान पहचान वाले थे। चन्द दिन लगे नये घर और नये बिस्तर पर लेटने में और दफ़्तर के काम-काज में हर एक का जायज़ा लेने में। चूँकि मेरा इस क़िस्म का 20 बरस पहले का एक्सपीरिएंस नेशनल सेंटर लाहौर में ख़ूब मौज-मेला करने और उस ज़माने के सब नये सियासतदानों समेत मौलवियों को भी बोलने के लिए स्टेज अवेलेबल करने का पक्का एक्सपीरिएंस था। इसलिए घर तलाश करने और दफ़्तर की ठहरी कश्ती के मसअलों को हल

करने में कोई ख़ास दिक़्क़त नहीं हुई। शाम होती तो मैं आँखें बन्द करके कभी कृष्ण नगर वाले घर में चली जाती कि जिसके सहन में रखी टेबल टेनिस की मेज़ को सारे दोस्त आज़माते, बच्चों के मज़े थे। साथ ही बावर्चीख़ाना था। दस मुहर्रम को देग में हलीम को घोंटने के लिए कभी शुऐब हाशमी कभी मुन्नू भाई और सारे मेहमान उस दिन ही क्या हर शाम लुत्फ़ लेकर खाना खाते। बच्चों को यह देखने में मज़ा आता कि सबसे ज़्यादा बोटियाँ कौन अपनी प्लेट में डाल रहा है और कौन इस कोशिश में है कि सबसे ज़्यादा गिलास उसको मिलें। रोज़ शाम के सात बजे ज़ाहिद डार की एंट्री होती, बच्चे ख़ुश होते कि अम्मा से पढ़ाई वाली जान छूटेगी। सफ़दर मीर और ग़ुलाम अब्बास की एक शाम ऐसी नज़रियाती लड़ाई हुई थी कि मैं डर गयी थी। वैसे तो एबट रोड वाले घर में एक शाम फ़ैज़ साहब, सूफ़ी साहब और दूसरे दोस्त थे मैं खाना लगाने लगी तो दरवाज़े के अन्दर अहमद राही खड़े थे (उस ज़माने में घरों के दरवाज़े बन्द नहीं किये जाते थे) मुझे देखते ही बोले, "भाभी जी! (वह मुझे इसी नाम से पुकारा करते थे) बड़ी भूख लगी है।" उनके साथ हमेशा की तरह परवेज़ मसऊद के अलावा भी दो लोग थे। मैंने कहा, "अन्दर सूफ़ी साहब हैं" फ़ौरन सीढ़ियाँ चढ़कर, सूफ़ी साहब के पैरों को हाथ लगाते हुए राही साहब बोले, "ऐथे ते मेरे उस्तादवी ने जिन्हें सारी उम्र चंगा शेर नईं कहया" अब शामत प्लेटों की आ गयी। ख़ैर खाना दोनों कमरों में दोनों ग्रुपों के लिए कर दिया। सब लोग ख़ैर से अपने-अपने घर चले गये। ऐसे मंज़रों से बदमज़गी नहीं होती थी।

इतना सोचने के बाद नींद नहीं, सोचने का मज़ा आ रहा था। अब मेरे सामने इक़बाल टाउन वाला घर आ गया, जहाँ आम के पेड़ के नीचे शमीम हन्फ़ी और इन्तज़ार हुसैन बैठे हैं, स्टडी रूम में बाकर मेहदी लेटा और पूरे घर में ऐनी आपा[1] के तंज़िया जुमले गूँजते और हर ईद से अगले दिन हबीब जालिब और अहमद फ़राज़ का फ़्लश खेलना। ज़बानी-ज़बानी कोई लाखों हारता, कोई जीतता। जब तक मैं इस्लामाबाद में थी और जब तक फ़राज़ ज़िन्दा रहा उसका यही तरीक़ा रहा। दोपहर हो कि शाम, अपने घर की तरह

---

1. क़ुर्रतुल ऐन हैदर

आता। शाज़िया मेरी काम वाली बेटी को वह नाम लेकर कहता 'पराठा' अब नींद में, मैं कुछ हँसी या बड़बड़ाई तो आवाज़ आयी। "किश्वर ठीक तो हो?" बहन और बच्चियों की आव-भगत बहुत थी मगर मेरी एकलखोरी तबीयत को किताब और तन्हाई चाहिए थी। दो महीने किराये का मकान तलाश करते गुज़रे। डॉ. फ़ज़ली का घर 10-आग़ा ख़ान रोड पर था। वह शुऐब सुल्तान साहब के पड़ोसी थे। मेरे बारे में भी कुछ जानते थे। ऊपर का हिस्सा मुझे एक साल के लिए किराये पर दिया। सोचा चलो यहाँ आर्टिस्ट आते रहेंगे। किसी-न-किसी से रोज़ मुलाक़ात होती रहेगी। जो उन्होंने सोचा वह उन्होंने साल भर सच्चा कर के दिखाया कि हर मेहमान के साथ वह भी ऊपर आ जाते।

पी.एन.सी.ए. के दफ़्तर में वही हाल था जैसा कि तमाम सरकारी दफ़्तरों में होता है। कोई दस बजे आ रहा है, कोई हाज़िरी लगा के ग़ायब। किसी की हर चौथे महीने माँ मर जाती, किसी की बीवी, बच्चों की बीमारी वग़ैरह-वग़ैरह। मैं क्लर्क मिज़ाज औरत, दफ़्तर पहुँचते ही चपरासी मेरा बैग पकड़ने को दौड़ता। मैं मना कर देती, सेक्रेटरी दरवाज़ा खोले खड़ा होता, मैं इन सब बेहूदगियों को लाख मना करती मगर इनका सुलूक यही कि चाहे आबिदा परवीन हो या ज़हूरूल-अख़लाक़ सेक्रेटरी रोक लेता। मैं आख़िर शर्मिन्दा होकर ख़ुद बाहर जाकर उन्हें लेकर आती। सारा स्टाफ़ माफ़ी माँगते हुए बार-बार कहता कि हमारे सारे पहले वाले बॉस ऐसे तरीक़ों को पसन्द करते थे। ख़ैर! अब मुश्किल यह थी कि दिन में दफ़्तर का काम और शाम को कोई-न-कोई शाम। सेक्रेटरी अरशद समी थे। वह नाराज़ कि मैंने उनके बेटे को अवॉर्ड नहीं दिलवाया। ग़ुलाम रसूल यूँ नाराज़ कि मैं उसे और नाहीद को आर्टिस्टस की पेंटिंग ऊपर ही ऊपर बेचने की इजाज़त नहीं दे रही। कराची के ऑफ़िस वाले बहुत परेशान कि पहले तो हर शादी पर, शाम को ख़ुद भी मुआवज़ा हासिल करें और स्टाफ़ के डांसर भी यानी दो-दो नौकरियाँ। जब उनके रूटीन और रिहर्सल को चेक किया तो उनकी एक्स्ट्रा रोज़ी पर लात मार दी थी। ख़ैर! सारी शिकायतों के बावजूद हर साल कम-से-कम 20 थियेटर और वह भी तीन जगहों यानी लाइब्रेरी, नेफ़ डेक के सिनेमा और लियाक़त हॉल पर रोज़ाना, दस दिन तक होते रहे। हर दो महीने बाद नये और पुराने आर्टिस्टों की नुमाइश और हर दूसरे महीने किसी बड़े आर्टिस्ट जैसे–उस्ताद

शौक़त का तबला...लोग इक़बाल बानो को सुनना चाहते थे। वह भी कमाल आर्टिस्ट थी जो घण्टों गाकर भी थकती नहीं थी और फिर हम सब का प्यारा मुईन अख़्तर, जब उसका प्रोग्राम किया या फिर रूही बानो का प्रोग्राम किया तो सैंकड़ों लोग हॉल के अलावा दीवार के साथ लगे और ज़मीन पर बैठे भी ख़ुश रहते थे। चार साल के क़याम के दौरान दो इंटरनेशनल म्यूज़िक कॉन्फ्रेंस कीं और सारी महफ़िल लाहौर क़िले के ख़ास दरबार में और आख़िरी जलसा शालीमार में वाक़ई लाखों लोगों की मौजूदगी में हुए। लुत्फ़ की बात यह थी कि शालीमार इन्तज़ामिया के पास कोई बजट नहीं था। हमने अपने इदारे के पैसों से जनरेटर के लिए तेल मँगवाया। सुबह तीन बजे तक मौजूद सारी दुनिया पुर सुकून रही। यह तो बताया ही नहीं कि नवाज़ शरीफ़ के दौर में भी, मुझे उखाड़ा नहीं गया। मैंने मल्हार शाम, सावनी धानी दुपट्टों के साथ और फिर एम.क्यू.एम. के सख़्त ज़ालिम ज़माने में डांस फेस्टिवल कराची में किया। हमारे मिनिस्टर के कोई ख़ास दोस्त एक दिन अन्दर हॉल में न आ सके। बस आलीजाह का मूड ऑफ़। इससे पहले कि वह अपनी मशहूर बदज़बानी पे उतरते, मैंने इस्तीफ़ा दिया लेकिन घर नहीं आयी, सीधी कम्प्यूटर सेंटर गयी। बेचारा सियालकोट से आया हुआ ट्रेनर था। मुझे देख कर घबरा गया। मैंने उसे तसल्ली दी कि मैं आपकी शार्गिद बनने आयी हूँ लेकिन इस शर्त पर कि मैं तीन माह की फ़ीस दूँगी मगर सारा कोर्स एक माह में इसलिए पूरा करूँगी क्योंकि मेरा घर पास है। दिन में दो-तीन दफ़ा आऊँगी। वाक़ई बहुत मुश्किल लगा जब सिर्फ़ टाइपिंग ही सीखी, हाथ दर्द करने लगे।

मैंने रिटायरमेंट के लिए मुशाहिद हुसैन के पास पेपर भेजे। वह ज़िद करें कि रिटायर न हों मगर मुझे भी जुनून चढ़ा हुआ था। मैंने कहा, "मैं रिटायर इसलिए होना चाहती हूँ कि आज़ाद होकर सारी दुनिया में घूमूँ।" इस तरह मेरा पासपोर्ट बदल जायेगा। ख़ैर! चूँकि हर महकमे में अपने ही ग्रुप के लोग थे इसलिए रिटायरमेंट की फ़ाइल ही पूरी नहीं हुई। मुझे जी.पी. फंड भी मिल गये। मैंने शाहिद रशीद से एक ऑफ़िस उसी रकम से ख़रीदा। उन दिनों डॉ. क़दीर और उनके साथ रख़्शन्दा बहुत ज़ोरों से अपना एन.जी.ओ. चला रहे थे। औरतों की सिलाई-कढ़ाई के लिए प्रोजेक्ट का सवाल आया तो डॉ. साहब ने रख़्शन्दा से कहा कि उस वक़्त सारा काम उनकी निगरानी में होता था। यूँ

हमारे मास्टर साहब दस साल तक सबसे ज़्यादा ग़रीब औरतों के ग्रुप तीन-तीन माह में पास-आउट करते रहे। कुछ औरतों के पास मशीनें थीं और कुछ को रख़्शन्दा और डॉ. साहब ने मशीनें ख़रीद कर दीं। इसके बाद हुकूमत ने डॉ. साहब पर हमला बोल दिया, टेलीविज़न पर उनसे माफ़ी मँगवायी। इसी दौरान डॉ. साहब ने बिना किसी नोटिस के, ज़िन्दगी और साशे एन.जी.ओ. से रख़्शन्दा को निकाल दिया। वह लड़की बड़े हौसले वाली थी, डॉक्टर थी, टी.वी. कम्पेयरिंग की, शेर लिखे और अपनी एन.जी.ओ. बनायी जो दहेज के ख़िलाफ़ मुहिम थी।

अब मुझे अंग्रेज़ी में प्रपोज़ल बनाने का गुर आ गया था। इस्लामाबाद का काम देखकर बहुत-से फंडिंग इदारों ने मदद को हाथ बढ़ाये मगर सबसे ज़्यादा यानी ग्यारह खड्डियाँ और जैकार्ड सिस्टम लगाने के पैसे इलेक्शन एड के इदारे फ़ौज़िया सईद ने दिये। पाकिस्तान के हर सूबे के सबसे पिछड़े इलाक़ों को चुना। यूँ हर दो साल में ट्रेनिंग की जगह और फंड देने वाले बदलते गये। इस दौरान मेरे पैर पर पलस्तर चढ़ा था और मैं जहाज़ से राजनपुर जा रही थी। मेरी कलाई पर पलस्तर चढ़ा था मगर मैं कोहाट जा रही थी। मेरे घुटनों में बहुत दर्द था मैं कीज के इलाक़े में औरतों की वर्कशॉप कर रही थी। हर दो साल बाद ट्रेनिंग की जगह भी बदल जाती। इस तरह मॉडल टाउन, सब्जी मंडी, शाद बाग़, जौहर टाउन, टाउनशिप यानी लाहौर की सबसे ज़्यादा ग़रीब बस्तियों में काम करती रही। नवेद लाहौर ऑफ़िस का निगहबान, फाइनेंस मैनेजर और सारे काम बहुत अच्छे ढंग से अंजाम देता। 2016 ई. में यह मसरूफ़ीयत भी इसलिए ख़त्म हुई कि हुकूमत ने फंड के लेन-देन ही पर पाबन्दी लगा दी। कोई छह महीनों तक मैंने अपनी बचत से यह इदारा चलाया फिर दिल न चाहते हुए भी सारी मशीनरी बेच कर स्टाफ़ और ट्रेनिंग लेने वाली औरतों में वह पैसे बाँट दिये। लाहौर यूनिट बन्द कर के पछताई नहीं बल्कि एनालाइज़ किया कि आख़िर हुआ क्या। तीस साल के एक्सपीरिएंस ने यह बताया कि लड़कियाँ अपने छोटे घरों में खड्डियाँ लगा ही नहीं सकतीं। अब तो खादी और दूसरे इदारे आ गये मगर उनका प्रॉडक्शन यूनिट एक जगह ही होता है। हमारे पास ट्रेनिंग लेने वाली लड़कियाँ शादी होने के बाद बहुत कम

अपना काम जारी रखती थीं। खड्डी पर गरम और ठण्डी चादरें पूरा ख़ानदान बनाता था।

बिज़नेस एंड प्रोफ़ेशनल वीमन की हैड की हैसियत से यूनिसेफ़ ने मुझे बहामास भेजा कि दुनिया भर की औरतों को हुनर सिखाने की कितनी ज़्यादा ज़रूरत है। यक्की गेट के सेंटर को बतौर नमूना यूनिसेफ़ ने चुना। मुझे आने-जाने और रहने के लिए एक हज़ार डॉलर दिये। होटल पहुँचे तो वहाँ पहले ही इतना रश था कि हम बहुत-सी औरतों को डबल ठहरना पड़ा। कॉन्फ्रेंस के दौरान कहीं जाने की फ़ुरसत भी नहीं मिलती थी और हर शाम मैनेजमेंट कमेटी की तरफ़ से म्यूज़िकल, ड्रामे और कॉमेडी के प्रोग्राम पेश किये जाते थे। होटल ने लिखकर दिया था कि आप जिम जायें कि मसाज करायें कि स्विमिंग कितनी बार इस्तेमाल करें। रिहाइश-पज़ीर[1] लोगों के लिए फ़्री है। हम सारी मिडिल क्लास और इसी उम्र की औरतें थीं। कॉन्फ्रेंस ही में लगी रहीं। रवानगी के दिन बिल देखा तो सब की सब सिटपिटा गयीं। हमारे पास तो एक हज़ार डॉलर थे। बिल में हर चीज़ दर्ज थी। लाख कहा हमने कुछ भी इस्तेमाल नहीं किया। खाना भी कॉन्फ्रेंस का खाया मगर होटल वाले पाकिस्तानी तो थे नहीं कि हम बहस करते, मजमा इकट्ठा हो जाता, लाचार हर औरत ने अपने कपड़े बेचने के लिए लॉबी में रख दिये। मेरे कढ़ाई, कामदानी के कपड़े और शॉलें फ़ौरन बिक गयीं। यूँ ख़ुदा-ख़ुदा कर के बिल अदा हुआ।

अब औरतों में नये मंसूबे बनाने और काम करने के शौक़ बढ़ रहे हैं इसलिए शैफ़, ब्यूटी पॉर्लर्स, ज्वैलरी बनाने और टैक्सी ड्राइवर बनने जैसे ख़यालात वाली औरतों की तादाद हर शहर में बढ़ रही है। बलूचिस्तान में कई औरतें ऊँटों पर किताबों के स्टॉल्स बनाकर गाँव के बच्चों को पढ़ाने के लिए कोशिश कर रही हैं। मेडिकल और इंजीनियरिंग के एडीशनल फ़ील्ड में औरतें मुस्तैद नज़र आ रही हैं। पूरे पाकिस्तान में चाहे चिलास हो कि कोहाट या सियालकोट, औरतें डिप्टी कमिशनर, पुलिस ऑफ़िसर, बम डिस्पोज़ल एक्सपर्ट और एयर पायलट सिर्फ़ चन्द नहीं काफ़ी बढ़ रही हैं। देहातों में हर तरह के खुस्से मर्दाना और ज़नाना के ऊपर तले का काम। मुल्तान, डी.जी.

---

1. रुके हुए या ठहरे हुए।

ख़ान और बहावलपुर में औरतें इसी तरह एक्टिव हैं, जैसे गर्मियों में कच्चे टाँके और शेडो वर्क में सूट और दुपट्टे बना कर बच्चियों को पढ़ाने में अपनी कमाई ख़र्च करती हैं। यहाँ कराची में एक औरत आज के ज़माने में तीन रुपये में एक आदमी का खाना पिछले 20 बरस से बना रही है। कश्मीरी औरतें और मर्द, कच्चे का काम, बेड कवर, टी कोज़ी और कुशन बेचते मरी, मुज़फ़्फ़राबाद और नथया गली में नज़र आते हैं। स्वात, इस्लामकोट में पूरा ख़ानदान खड्डी पर चादरें बुनते हैं। देहात में औरतों और बच्चियों को मिडिलमेन क़ालीन तैयार करने का काम दे जाते हैं। बच्चियों और औरतों को मज़दूरी मिलती है। औरतों को काम करते देखने की लगन अब तक ज़िन्दा है।

पाकिस्तान में जब बेपनाह सैलाब आये तो दुनिया भर के इदारों ने गाँव-गाँव जाकर मदद की। एनजेलिना जोली ने भी सिन्ध के अन्दर और पंजाब में बहुत काम किया। वापस जाने से पहले यूसुफ़ गिलानी वज़ीरे-आज़म ने उन्हें खाने पर बुलाया। वह देहातों में मिट्टी के प्यालों में पानी पीती आयी थी। यहाँ मेज़ पर सोने के डिज़ाइनों से सजे हुए बर्तनों को देख कर मुँह से कुछ न बोली लेकिन वापस जाकर ये भी बताया कि जहाज़ भर के गिलानी साहब का ख़ानदान मुल्तान से फोटो खिंचवाने आया था।

कहानियाँ बताने को कुछ कम तो नहीं। कोई दो साल पहले बाबा फ़रीद की एक मुरीद औरत नंगे पाँव मज़ार की तरफ़ बढ़ रही थी और पूरे थाने का अमला देखता रहा।

9

लाहौर छोड़ने के बाद इस्लामाबाद में बहुत-से नये दोस्त बने। सारे मुसव्विरों (चित्रकारों), सारे आर्टिस्टों और म्यूज़िक से मुताल्लिक़ बड़े-बड़े फ़नकार तो लाहौर ही से मेरे दोस्त थे। इसलिए नौकरी करने में मुश्किल पेश नहीं आयी। अलबत्ता अदीबों को और मुझे भी तिश्नगी रहती कि हम लोग आराम से मिल कर बैठ नहीं पाते थे। जिस आर्टिस्ट के साथ शाम मनायी जाती, उसके बाद मेहमान और दूसरे दोस्तों के साथ मेरे घर खाने में अदीब भी शामिल हो जाते थे।

नौकरी के बाद भी हर महीने यह सिलसिला यूँ चला कि हम औरतें तय करतीं कि वह कौन-सी डिश लायेंगी और अगली दफ़ा किसके घर बैठेंगे। यह क़बीला भी बहुत मुख़्तसर था कि मेरा एक क़बीला वीमन एक्टिविस्ट का भी था। ताहिरा अब्दुल्लाह से तो पहले से मुलाक़ात थी। इसी तरह ज़रीना सलामत और नसरीन से भी मगर इस्लामाबाद की सारी प्रोग्रेसिव वीमेन 12 फ़रवरी... पाकिस्तानी औरतों का दिन और 8 मार्च आलमी औरतों का दिन बाक़ायदगी से मनाती रही हैं। शाम को मशाल जुलूस जिसकी ख़ास बात यह थी कि हम डी.सी. को बस इनफॉर्म कर देते थे, इजाज़त नहीं माँगते थे और सच्ची बात है औरतों का हुजूम देख कर पुलिस ख़ुद रास्ता बनाती और हम लोग डी. चौक में जलसा और छोटे-छोटे ड्रामे, औरतों की शाइरी मिलकर पढ़ी जाती और डिक्लेयरेशन पढ़ा जाता सो अलग।

घरों में खाना करने वाले अदीबों में मंशा याद और शबनम शकील थे, जो अक्सर महफ़िलें सजा लिया करते थे। इफ़्तिख़ार आरिफ़ और फ़तह मुहम्मद मलिक को इस्लामाबाद क्लब में मेज़बानी की आदत थी। अहमद फ़राज़ हर शाम इस्लामाबाद होटल में बैठता फिर उसे कोई फ़ैन अपने साथ ले जाता। मेरे घर खाने पर तो बिन बुलाये भी आ जाता मगर इफ़्तिख़ार आरिफ़ हो कि कोई और जिसे वह पसन्द न करता उसके बारे में ऊँची-ऊँची कड़वी बातें करता कि इधर मैं खाना जल्दी लगा देती या फिर वह शरीफ़ लोग चले ही जाते। ऐसा करना उसका रूटीन था। इस्लामाबाद में हमारा एक ग्रुप बन गया जिसमें डॉ. नाज़िर-सनोबर, हारिस-शबाना, डॉ. बोधियो-रज़िया, हमीद शाहिद-यासमीन, शकील और शबनम–यह तो सारे कपल्स थे। इसमें नीलोफ़र इक़बाल, शमीम इकरामुल हक़, मलका और ताहिरा अब्दुल्लाह भी हमारे ग्रुप का लाज़िमी हिस्सा थे। बिल्कुल इसी तरह फ़रुख़यार और सोबिया भी ज़रूर आते। आरिफ़ और नजीबा बहुत बादाम खिलाते।

जर्नलिस्टों का अलग ग्रुप बनाने में डॉन के अलवी साहब और पी.पी. आई. के अबसार रिज़वी पेश-पेश होते। कभी ए.बी.एस जाफ़री आये हैं तो मेरे घर खाना है। कभी आसिमी कराची से आये हैं तो फ़रीदा हफ़ीज़ के घर खाना। ज़रूरी यह था कि ड्रिंक्स वह लायेंगे और खाना हमें बनाना होता। कभी-कभी राजा साहब की बेगम खाना बनाने वालों में शामिल हो जातीं। अलबत्ता हमारे

छोटे यानी इस्हाक़ चौधरी, मुबारक विर्क हमारे बुलाने पर और कभी बिन बुलाये आ जाते, हम सबको अच्छा लगता यह दोनों ग्रुप कभी काफ़ी बड़े हो जाते कि 25 के क़रीब मेहमान हो जाते और कभी हम दस-पन्द्रह ही रहते। शाइरी, सियासत और ग़ीबत (पीठ-पीछे बुराई करना) पर गुफ़्तगू में बक़ौल यूसुफ़ी साहब[1] शाही टुकड़े की तरह शामिल होते। अब याद भी करते अबसार को, जाफ़री साहब, अलवी साहब, शैला नक़वी, मुशीर अनवर और मलका को कि पार्टियाँ करने वाले कम होते गये। पिछले साल से कोरोना ने यह तहज़ीब भी फ़ना कर दी है। ग़नीमत है कि हम दो-चार अब भी मिल लेते हैं।

मेरे मुँह बोले भाई इरफ़ान सिद्दीक़ी और अख़्तर...यह हमारा बिल्कुल अलग ट्रायंगल था। अख़्तर की ज़िद पर हम हर नये होटल का खाना चखते। हफ़्ते में एक दफ़ा तो यह लाज़िमी था। अब जब से अख़्तर गयी है इरफ़ान भाई अकेले हो गये हैं। बाहर निकलते ही नहीं और महफ़िलें भी अख़्तर के साथ ही चली गयीं।

मेरा एक ग्रुप इन सबसे अलग कैथी और पाशा के साथ महीने दो महीने बाद फ़ॉरेन और पाकिस्तानी जर्नलिस्टस के साथ महफ़िल जमती। अपनी पसन्द के लोग अलग-अलग चौकड़ी जमाते, कभी लॉन में, कभी स्टडी रूम में। सारे मज़े भी कैथी पर काबुल में हमला होने और दो साल तक अलग-अलग अमेरिकी अस्पतालों के चक्कर की वजह से ज़िन्दगी ने यहाँ भी नक़्शा बदल लिया। उसके दोनों हाथों पर बहुत-से माँस के टुकड़े 18 दफ़ा लगाने के बाद और अभी तक एक हाथ पर बेंडेज के बावजूद इस मक़ाम पर हैं कि अस्पताल से लेकर पाकिस्तान, अफ़ग़ानिस्तान तक का काम पूरी तवज्जो से कर के दुनिया में अपना नाम पैदा कर लिया है। कोरोना ने हमारी उन बैठकों को भुला हुआ क़िस्सा बना दिया है।

इस्लामाबाद में दो सौ के क़रीब काउंसलेट और एम्बेसीज़ हैं। वहाँ साल में एक या दो दफ़ा पार्टियाँ होती थीं जिसमें सरकारी नौकरी करने वाले, शहर के मशहूर लोग और जर्नलिस्ट बुलाये जाते थे। मुझे लगता है, इन सब लोगों के घर शाम का खाना पकता ही नहीं था। अब मौलवी साहब की तरह घर

1. उर्दू के प्रसिद्ध हास्य-व्यंग्यकार मुशताक़ अहमद यूसुफ़ी

का खाना हलाल करना पड़ रहा है कि कोरोना की वजह से हर तरह की पार्टी बन्द, होटल बन्द, रेस्टोरेंट बन्द। बस घर है जिसमें बीवी से लड़ कर भी घर में ही रहना पड़ता है।

इस्लामाबाद में ख़ुदा न करे आपको प्रेसीडेंट हाउस प्राइम मिनिस्टर हाउस या अमेरिकी एम्बेसी की दावत में जाना पड़े। एक हफ़्ते पहले गाड़ी का नम्बर, ड्राइवर का नाम, अपने शिनाख़्ती-कार्ड की कॉपी भेजी जायेगी फिर पहले से तय एक जगह पर यानी कनवेशन सेंटर के सामने गाड़ी पार्क करना होगी फिर रिलेटेड डिपार्टमेंट की गाड़ी में जाना और वापस आना होगा। ध्यान रहे कि बैठते वक़्त और वापसी में वापस यह सारी प्रेक्टिस रखनी होगी। माफ़ी चाहती हूँ, हमारे जाने-माने राइटर ये सारे अज़ाब न सिर्फ़ सह जाते हैं बल्कि थैला भर कर अपनी किताबें पेश करने के लिए भी ले जाते थे।

बहुत-से सीनियर सरकारी ऑफ़िसर पहले तो 60 साल के होते हुए भी यह कहकर अपना शिनाख़्ती-कार्ड बदलवाते थे कि मेरी उम्र ज़्यादा लिखी हुई है। मेरी तो अभी नौकरी के पाँच साल बाक़ी हैं। हमारा एक कलीग था, उसने तीन दफ़ा अपना शिनाख़्ती-कार्ड बदलवाया, नतीजतन वह छोटे भाई से भी छोटा हो गया। यह ख़ूबी ख़ास मर्दों में बहुत ज़्यादा पायी जाती है।

नौकरी करने वाले लोगों की उम्र को 60 का फुल स्टॉप लग जाता है। कुछ लोग ख़ुश होते हैं कि सुबह उठकर तैयार होने, दफ़्तर में अल्लम-ग़ल्लम करने से निजात मिली। औरतें भी उन्हीं की तरह कुछ अरसे तो घर को रिसेट करने, अलमारियाँ ठीक करने में गुज़ार कर, उसके बाद दोस्तों से मुलाक़ात के बहाने को कई पार्टियों में बदलती रहती हैं। बेगमात की एक अलग क़िस्म होती है। वह क्लब जाती हैं, ब्रिज खेलती हैं, लंच फिर स्विमिंग और रात को तम्बोला। अक्सर यही मामूलात (रूटीन) होते हैं। कुछ वालिदैन पोते-पोतियों की आया बन जाते हैं, कभी ख़ुशी से और कभी नाख़ुशी से और जिन्होंने नौकरी में रहते हुए अपनी पॉज़िशन के सहारे बच्चों को बाहर भेज रखा हो, वह उनके पास जाते हैं मगर जल्द लौट ही आते हैं कि वहाँ न तो माई होती है, न कुक। बहुत-सी अम्माएँ अकेली होने के बावजूद वापस वतन आकर ही मुत्मइन रहती हैं। मेरी जैसी माँएँ दफ़्तर-दीवानी होती हैं। वह अपना मामूल

दफ़्तर वाला रखते हुए कहीं-न-कहीं काम में बिज़ी रहती हैं, मर्द भी इस तरह करते हैं। बहुत-सी औरतें मज़हब की बरकतें समेटने के लिए (इनमें मर्द भी शामिल हैं) दर्स, ख़त्मे-क़ुरआन[1] तो ख़ुसूसी तौर पर करते हैं। मर्द दाढ़ी रख कर ही इमामत कर सकते हैं (यह क़ानून नहीं है मगर हमारे मुल्क में है), बहुत-से तेज़-तर्रार लोग पीर और पीरनी बन कर (जिसमें जाहिलों की तादाद ज़्यादा होती है) हमारे मासूम और कमज़ोर अक़ीदे वाले लोगों की जेबें साफ़ करते हैं। ख़ुदा न करे कोई लम्बी बीमारी या अपाहिजपन का शिकार हो जाये। फिर हर तरफ़ दुआएँ, अल्लाह उसकी मुश्किल आसान करे। बहुत कम औलाद नाम का रिश्ता काम आता है। यही दुनिया भर में होता है। अकेले बूढ़े वालिद या वालिदा को अगर मग़्रिब (पश्चिम) में बहू या बेटी कॉफ़ी बनाकर पिला दे तो वह ख़ुश होकर कई दिन तक सुनाती रहती है। मगर मग़्रिब में बूढ़ों की देखभाल और ख़िदमत के लिए मुहल्ले की कमेटियाँ होती हैं, जिन्हें इलाक़े की हुकूमत ओनोरेरियम के अलावा दवाएँ, खाना और हफ़्ते में एक शाम उन्हें बाहर सैर के लिए लेकर जाना भी फ़र्ज़ होता है।

सरकारी नौकरी में साल-के-साल आप का अफ़सर आपकी ACR लिखता है। कुछ लोग अपने अफ़सर की ख़ुशी की ख़ातिर कभी शिया से सुन्नी और सुन्नी से शिया होकर अफ़सर की नज़दीकी और A CLASS रिपोर्ट के ख़्वाहिशमन्द होते हैं। सीनियर सरकारी अफ़सर तो पहले भी यह करते थे कि फ़ाइल पर अपनी तरफ़ से कोई कमेंट नहीं लिखते थे बल्कि as purposed लिखकर जान छुड़ाते थे। अब तो नेब और पासा पलटती हुई हुकूमत के डर से यह भी नहीं लिखते हैं। बेचारे क़ैदी हैं। अपनी मर्ज़ी से कोई टूर निकाल कर किसी शादी या सुसराल भी नहीं जा सकते हैं। सिर्फ़ 'इस्लामाबाद क्लब' जा सकते हैं। अब तो सरकारी रेस्ट हाउसेज़ में भी किराया देना पड़ता है। अब तो बेगम के इस्तेमाल के लिए, बच्चों को स्कूल-कॉलेज से लाने के लिए और बॉस बुलाये तो ख़ुद के जाने के लिए भी गाड़ी नहीं क्योंकि एक अफ़सर के पास इतनी गाड़ियाँ कैसे, इतनी गाड़ियाँ तो मिनिस्टर के पास होती हैं। बेचारे क्या करें। अपने मातहत जितने महकमे हों उनकी बस एक-एक गाड़ी मँगवा कर काम चलाया जाता है। साथ ही किसी एम्बेसी के ज़रिये एक पक्का वीज़ा

1. शुरू से आख़िर तक पूरा क़ुरआन पढ़ना

लगवा लिया जाता है। ख़ुदा सभी को बुरे वक़्त से बचाये अगर एम्बेसी में पोस्टिंग है तो उनमें से ज़्यादातर पहले ही अपनी सिटीज़नशिप का इन्तज़ाम कर लेते हैं। वापस आकर कौन भुगते नेब या दूसरी हुकूमत को। ख़ुदा न करे कि आप किसी मुल्क में अपने मुल्क की एम्बेसी की तरफ़ देखें। वहाँ रोज़ के रोज़ वज़ीरे-आज़म (प्रधानमन्त्री) और सद्र (राष्ट्रपति) की तक़रीरों के पम्पलेट जैसे बंधे हुए ले जाते हैं वैसे ही पड़े रहते हैं। पाकिस्तान में भी हर इदारा (संस्था) ऐसे पम्पलेट शाया (प्रकाशित) करके अपने होने का सबूत देता है। इधर सरकार बदली उधर वह सारे आर्ट पेपर पर छपे सारे मुसव्वदे किसी कारख़ाने की भट्ठी में उसी दिन ख़ाक करवा दिये जाते हैं। एक और बात याद रखिए अगर आप 21 ग्रेड के अफ़सर हैं और बात 22 ग्रेड वाले अफ़सर से करनी है तो चाहे वह आपका दोस्त हो, पहले लाइन पर आप आयेंगे वरना जैसे फ़राज़ मुझ से और इफ़्तिख़ार आरिफ़ से लड़ पड़ता था कि तुम पहले लाइन पर क्यों नहीं आते मैं तुम से बड़ा अफ़सर हूँ। ज़्यादातर अफ़सर रिटायरमेंट के बाद एक स्टेनो को अपने ज़माने की बातें और अपनी जुरअत की मिसालें लिखवाते, उरा गर एक दो जर्नलिस्टों से सनसनीख़ेज़ मज़मून लिखवा देते हैं और फिर सारे पुराने अफ़सर किताब को पढ़ने के लिए नहीं बल्कि यह देखने के लिए ख़रीदते हैं कि कहीं मेरे नाम के साथ कुछ लिख तो नहीं दिया। मिसाल के तौर पर आज भी रूदाद ख़ाँ की शगुफ़्ता-बयानी और दूसरे जरनेलों की फ़तह के क़िस्से सुनिए। लगता है यह तो नौकरी और ज़िन्दगी में फ़रिश्ते ही रहे। वैसे मीडिया भी बड़ा ज़ालिम है। अय्यूब ख़ाँ जो फील्ड-मार्शल बने थे, जब उनका इन्तिक़ाल हुआ तो रेडियो और टी.वी. पर कहा गया, "एक साबिक़ सद्र (भूतपूर्व राष्ट्रपति) का इन्तिक़ाल हो गया" आप आज की असेम्बली की ख़ास तौर पर फ़ीमेल मेम्बर्स ऑफ़ पार्लियामेंट से पूछ लें। "आज जो क़ानून पास हुआ है उसके बारे में आपकी क्या राय है?" अव्वल तो वह कहेंगी, "मैं तो बाहर थी, मैंने सुना ही नहीं" या फिर "अभी उस पर बहस होगी फिर बताऊँगी" आज पोस्टिंग के सिलसिले में किसी का फूफा रिटायर हुआ तो दोबारा कॉन्ट्रेक्ट पर रख लिया जाता है। अगर किसी की बेटी या बेटा हो तो नेकी तो घर से शुरू होती है। पहले तो नोटिस के साथ नौकरी से निकाला जाता था। अब अगर आलीजाह नाराज़ तो जाइए अपने

घर। फ़ोन पर वह भी अपने किसी छोटे से इत्तिला करायी जाती है। पहली दफ़ा हुआ है कि पिछले दो साल से किसी अफ़सर ने ख़ुद फैसला नहीं लिया। साफ़ कह देते हैं, "कौन पड़े नेब के चक्कर में।"

अब तो कोरोना की वजह से डेढ़ साल से ग्लोबल मीटिंग्स भी ज़ूम पर होती हैं। अब तो अदबी बहसें, ख़्वातीन के मुज़ाकिरे (चर्चाएँ), मुशाअरे और हद तो यह हो गयी कि जापान के लोग वर्ल्ड ओलम्पिक भी ज़ूम पर देख रहे थे। ज़ूम पर इंटरनेशनल डांस और म्यूज़िक फ़ेस्टिवल भी आम बात हो गयी है।

मेरे दोनों बेटे बाहर हैं। मुझे अपने मुल्क में रहते हुए लिखना बहुत पसन्द है। कहीं दूसरे मुल्कों में लिखने के लिए बुलायी जाऊँ तो वह मुद्दत भी दो हफ़्ते से ज़्यादा बरदाश्त नहीं होती। साल में एक मर्तबा किसी कॉन्फ्रेंस के टिकट में दूसरा मज़ा बच्चों से मुलाक़ात का मिल जाता है।

10

बुलन्दशहर में हमारे घर में ग्रामोफ़ोन था और मामू के घर में रेडियो था इसलिए कभी-कभी हम रेडियो सुनने मामू के घर जाते थे। जैसे ही कोई बड़ा आता, हम पलंग के नीचे छुप जाते। मैंने 25 साल की उम्र में यही मंज़र अपने मुल्क के देहातों में देखा। लड़कियाँ अगर रेडियो सुनतीं तो उनको कौन मारता था, बड़े भाई या अब्बा। हमने बचपन में अम्मा को डोली में बैठ कर नानी अम्मा के घर जाते देखा। 25 साल की उम्र तक देहातों में बैलगाड़ी, रेहड़ी और ताँगे चलते, शहरों में भी ताँगे चलते थे। सवारी वाले और सालिम ताँगे। चंग ची[1] ने सवारी वाले ताँगे की जगह ले ली है। देहातों के आज तक रंग-ढंग वही हैं। बच्चे गलियों में मिट्टी-धूल में खेल रहे हैं। बलूचिस्तान में सूखी रोटी मुँह में डाल कर पहले मुँह में घोलते, फिर खा लेते हैं। बचपन में हम ज़िद करते थे कि लाला जी की दुकान से सौदा लेने हम जायेंगे। ज़िद की वजह क्या थी कि लाला सारे बच्चों को झंगा देते थे जिसे हम 'अल्लाह भाऊ' कहते

1. एक मोटर साइकिल रिक्शा, जो चारों तरफ़ से खुला और हवादार होता है।

थे। ज़िद यह भी होती थी कि दही लेने मैं जाऊँगी। रास्ते में उसकी मलाई मैं खा जाती थी। घर में डाँट पड़ती मगर वह तो हर बात पर पड़ती थी। बचपन में रामलीला देखने नीचे कोट जाते थे, वहाँ मीठे खिलौने खाने को मिलते थे। तमाम मजलिसों और जुलूसों में शामिल होते थे। सब मिल कर रोज़े रखते थे। यह अलग बात कि मैं सख़्त गर्मियों में स्कूल आकर, भूख-प्यास मिटाने के लिए कुछ उल्टा-सीधा खा के अल्लाह मियाँ से माफ़ी माँग लेती थी। बचपन में अम्मा लकड़ियों पर रोटी, हँडिया बनाती थीं। चूल्हा जो मिट्टी का होता था वह भी ख़ुद बनाती थीं। चूल्हे के पीछे ओला होता था जिसमें लकड़ी आगे कर के आँच पहुँचायी जाती थी। अम्मा लकड़ियों की राख पर रोटी रखकर, सब कुछ हाथ से करती थीं। पता नहीं उनके हाथ क्यों नहीं जलते थे। हमने अपने ज़माने में लकड़ियों पर, अँगीठियों पर, बारह बत्ती वाले चूल्हे, तेल के चूल्हे देखे फिर गैस आ गयी, मगर देहातों में अब तक वही हाल है। कहीं-कहीं यह तरीक़ा है कि सुबह-सुबह खाना बना के चूल्हों पर पोंछा मार के और कच्चे फ़र्श पर हाथ से लिपाई करके औरतें भी खेतों में चली जाती हैं। अब यह देखा कि शहरों में लोग मकानों से फ्लैट तक आ गये। देहात में अब घरों में टीन के दरवाज़े, कहीं-कहीं ईंटों वाले फ़र्श और बाथरूम भी बन गये हैं जो सरकार ने नहीं देहातियों ने ख़ुद ही बनाये हैं।

शहरों में फ़्लैटों से पहले छतों पर छिड़काव कर के पहले तो नंगे पलंग पर सोते थे फिर खेस बिछा कर और सख़्त गर्मी में खेस गीला करके पंखा लगा कर सोते थे मगर उससे भी पहले अम्मा के ज़माने में फ़र्शी पंखा होता था। जाज़म पर दोपहर में सब सोते थे और पंखा कभी अब्बा के पैर के अँगूठे से चल रहा होता था तो कभी कोई कहारन चला रही होती थी। जब सब बच्चे अपने-अपने ख़ानदान के साथ अलग-अलग रहने लगे, तब अगर घर में बरामदा होता तो वह भी बड़ी नेमत समझी जाती। अब फ़्लैटों में सारी दुनिया रह रही है, जबकि देहातों में जिनके बच्चे दुबई गये हुए हैं, उनके घर में बड़े सन्दूक पर फ्रिज और डिब्बे में बन्द ए.सी. रखा होता है। अलबत्ता हर घर में टी.वी. है थरपारकर से लेकर शिमाली (उत्तरी) इलाक़ों में भी बीबीसी या फिर इंडियन चैनल जिन पर फ़िल्में चल रही हों, वह बिना झिझक मौजूद हैं। शहरों में जब वी.सी.आर. पर फ़िल्में चलती थीं तब डी.सी. की बेगम फ़ोन

करके कहती थीं, "ज़रा मैं बच्चे को पोटी करा लूँ, फ़िल्म रोक दें" अब तो यूट्यूब पर जो चाहो और जब चाहो देख लो। पहले घरों में नेमतखाने होते थे उसको डोली भी कहा जाता था। खाना सँभाला जाता था। फिर फ्रिज आ गये और अब फ्रिजर है। चाहो तो महीनों तक क़ुर्बानी का गोश्त सँभाला जाता है। देहात में ईद-बक़रीद को जाओ तो वही रूटीन की ज़िन्दगी अलबत्ता जिन घरों में बच्चे दूसरे मुल्कों से वापस आकर त्योहार मनाते हैं, चिड़ियाघर जाते हैं, शहर के बाग़ों में बैठ कर पतीले खोल कर खाना खाते हैं। शहरों में बच्चा बोलना बाद में सीखता है पहले चिप्स, फिर बर्गर से कम पर तो ठहरता ही नहीं। पहले कोई मर जाता तो सारा कुनबा शहर में और देहाती तो चालीसवें तक बैठे रहते थे। अब तो शहरों में लोगों ने कल से लेकर जुमेरातें, दसवाँ, बीसवाँ और चालीसवाँ तक छोड़ दिया है। पढ़े-लिखे घरानों में सब लोग ख़ुद सिपारे[1] पढ़ते, चाय पीते और जाने वाले के लिए अच्छी-अच्छी बातें करते हैं मगर ऐसे घराने आटे में नमक के बराबर हैं।

पहले घरों में पानी माशकी (मशक से पानी भरने वाले) लाते थे फिर सरकारी नल आ गये तो सुबह और शाम पानी आने लगा, ऊपर के घरों में बाल्टियाँ भर-भर कर ले जायी जाती थीं। हफ़्ते में एक दिन बाक़ायदा नहाने, सर धोने की इजाज़त होती थी। दोपहर को बैठे लोग जिस्म पर से मल-मल के मैल उतारते रहते। अभी भी दुकानों में सेल्समैन हों या घरों के नौकर या ड्राइवर रोज़ नहाने की ताकीद की जाती है। पहले दूध छत से लटके छींकों में रखा जाता था। उस ज़माने में दूध को जाग लगायी जाती, सुबह-सवेरे माँ या नानी दूध बिलो कर मक्खन और छाछ अलग-अलग कर देतीं जो पूरे मुहल्ले में बाँटी जाती थी फिर डालडा क्या आया, जिस वक़्त कोई औरत छाछ बिलो कर मक्खन निकालती थी, उसी वक़्त डालडा का टीन खोल कर उसमें डाल दिया जाता, बाद में दोनों को चूल्हे पर रख कर अलग कर दिया जाता, यूँ नकली देसी घी तैयार हो जाता। आज तक टी.वी. की टीमें बेकरियों और होटलों पर छापे मार कर, सड़ा हुआ गोश्त, मरे हुए बिल्ली, चूहे और कॉक्रोच निकालती हैं। फिर भी हम घर के खाने पर होटल की मुर्ग़-कड़ाही या टकाटक पसन्द करते हैं। अब मकई की रोटी-साग फ़ैशन बन गया है। घरों में तन्दूर

1. क़ुरआन के तीस हिस्सों में से एक हिस्सा

लग रहे हैं, मेरे घर में भी तन्दूर है। फ़ैशन जो हुआ। बेसनी रोटी और आलू के पराँठे फ़ैशन, थरपारकर के देहातों में आज भी जौ की रोटी, लाल मिर्च की चटनी और बकरी का दूध पिया जाता है। अब तो शहर में भी दाल फ़ैशन बन गयी है। पहले लोग पैबन्द लगे कपड़े घरों में पहनते थे। जब मर्दाने या ज़नाना कपड़े फटने लगते थे तो उसके बावर्चीख़ाने के रूमाल या तकियों के अन्दर के ग़िलाफ़ बना लिए जाते थे। अब पाकिस्तान क्या दुनिया भर में फटी हुई जींस सबसे महँगा फ़ैशन है। रल्ली[1] को सिन्धी कल्चर से छुड़ा कर क़मीज़ों और दुपट्टों पर अमीर घरानों ने बदल कर रख दिया है। देहातों में आज भी लड़की के दहेज के लिए एक दर्जन रल्लियाँ, एक दर्जन बिस्तर बनाये जाते हैं मगर ऐसा तो ज़मींदार घरानों में होता है। बाक़ी लोग गेहूँ झड़ने के बाद जो गेहूँ मिट्टी में मिले रह जाते सारे ग़रीब उसमें से रोल करके दाने उठा लेते हैं और अपने घरों में इस्तेमाल करते हैं। पहले तमाम घरों में बासी रोटी कभी तेल लगाकर गरम कर के और कभी बचे हुए सालन के साथ खा ली जाती थी। फिर बाज़ार से कुलचे और दही से नाश्ता होने लगा। अभी फिर शहर और गाँव में पराँठे चलन में आ गये हैं। वरना बन्द, डबल रोटी और रस चाय के साथ खाये जाते हैं। जो लोग अपने फिगर का बहुत ख़याल करते हैं, वे न सिर्फ़ जिम जाते हैं बल्कि रोटी की जगह विटामिन की गोलियाँ और सलाद खाते हैं। वैसे गली-मुहल्लों में आज भी भुने हुए मकई के भुट्टे और दाने, ताज़ा मूलियाँ और गाजर, नमक लगा के बर्फ़ पर रखी गंडेरियाँ अगर ढक कर न रखी जायें तो मक्खियाँ ही नज़र आती हैं। फ़ालूदा, रबड़ी और क़ुल्फ़ी भी फ़ैशन में आ गयी हैं। ग़रीब सड़क पर भुनती कलेजी, फेफड़ा और मेथी के साथ भुनी ओजड़ी और सिरी भी खाते हैं, जबकि छोटे और बड़े पाये भी फ़ैशन में आ गये हैं। हर क़िस्म का पास्ता, लज़ानिया और चाइनीज़ डिशेज़ औरतें घरों में बना लेती हैं। कोरोना के बाद बहुत-सी औरतें घरों में ऑर्डर पर खाना बना कर बेचती हैं जैसा कि सोबत डेरा और पेशावर के इलाक़ों में मुर्ग़ी बहुत-से शोरबे के साथ उसमें पतली रोटियाँ डाल कर सारे मेहमान हाथ से उठाकर खाते हैं। अब प्लेटों में डाल कर खाने का फ़ैशन भी आ गया है, पुलाव बहुत कम लोगों को बनाना आता है, बाज़ार से सिन्धी या बम्बई मसाले के पैकेट लाकर चावलों में डाल के बिरयानी बना लेते हैं। देगची में बिरयानी

1. अलग-अलग रंग के कपड़ों के टुकड़ों को जोड़कर बनाई जाने वाली चादर

बनाकर मटका बिरयानी और शाही बियानी कह कर खा लेते हैं मगर जो चीज़ अमीर-ग़रीब दोनों में ख़ूब चलती है, वह सड़क पर बैठे दाल-चावल, छोले और वैगन में रखी देग में बिरयानी है जो हर शख़्स पेट भर कर खा लेता है। अब सारी दुनिया गोलियाँ और कैप्सूल छोड़ कर हल्दी खाने, कवार गन्दल (एलोविरा) किसी भी शक्ल में खाने, इसबग़ोल का छिलका, तुख़्म मलंगा (बापची), कोल्ड ड्रिंक्स की जगह गन्ने का रस, इमली, आलू बुख़ारे का शरबत, केरी का पन्ना और दही की लस्सी हर मौसम का फ़ैशन हो गया है, अब दुनिया सत्तू और कच्ची लस्सी की तरफ़ जा रही है।

दुनिया भर में नयी पब्लिश होने वाली किताबें लाहौर में तो ज़ाहिद डार, अनवर सज्जाद, अनीस नागी, सलाहुद्दीन महमूद और जमीला हाशमी थे, लन्दन में जब तक इफ़्तिख़ार आरिफ़ रहा नयी किताबें बेदार बख़्त की तरह भेजना, सारी दुनिया की किताबों की दुकानों और लाइब्रेरियों में वक़्त गुज़ारना। पिछले तीस बरस से आसिफ़ फ़र्रुख़ी से किताबों की बातें, तर्जुमा और ख़ालिदा हुसैन तक से तर्जुमा कराना, हम दोनों की ज़िम्मेदारी रही। अब सईद नक़वी मुश्किलतरीन नॉवेलों का तर्जुमा कर रहे हैं। इस्लामाबाद में पुरानी किताबों की दुकानें एम्बेसीज़ के बल पर चल रही हैं।

मेरी दुनियावी, माली और दफ़्तरी प्रॉब्लम को मिनटों में हल करने के लिए शुऐब सुल्तान ख़ान और राशिदा बाजोह ने नईम और मंसूर नाम के दो फ़रिश्तों को लगाया हुआ है।

11

लाहौर में मालरोड पर पैदल चलना, पढ़े-लिखे लोगों का तरीक़ा था। मौलाना सलाहुद्दीन अहमद कोट पेंट और टाई के साथ रीगल चौक के पास चहलक़दमी करते। बहुत लोग क़दमबोसी (चरण स्पर्श) के लिए आते। इसी तरह सूफ़ी साहब ख़ानाए-फ़रहंगे-ईरान[1] से निकलकर शाम को मालरोड की सैर करते। उस ज़माने में तो जज साहिबान भी मालरोड पर घूमते नज़र आते थे। बहुत लोग लॉरेंस गार्डन में सैर करते। इन्तज़ार हुसैन भी कितने ही साल इसी तरह सुबह की सैर में बहुत-से लोगों से मिलते रहे। इसीलिए वह इन्तज़ार

1. ईरानी-संस्कृति के घर

हुसैन जो गूँगे का गुड़ खा के बैठे रहते थे, वह तो अब फ़ौरन और बेधड़क इतना ख़ूबसूरत बोलते कि हम सब ही यह तब्दीली नोट करते। ज़ाहिद डार तो पैदा ही पैदल चलने के लिए हुआ था। मुस्तंसर, नईम ताहिर और बहुत-से दोस्त मॉडल टाउन पार्क में सैर करते। वैसे हर शहर में हमारे प्रोफ़ेसर और अदीब सैर को ज़रूर निकलते थे। वह ज़माने और थे, आलूदगी (प्रदूषण) नहीं थी। ट्रांसपोर्ट और आदमज़ाद बेशुमार नहीं थे।

लाहौर में सिर्फ़ सैर करना ही काफ़ी नहीं था। ईद, बक़रीद पर अदीबों की सारी फ़ेमिलियाँ कभी जल्लो पार्क, कभी लॉरेंस गार्डन पहाड़ी के पास कुछ नहीं तो शिज़ान कॉन्टिनेंटल में चाय पर इकट्ठे होते। अब दोनों शिज़ान ही नहीं रहे।

मुल्तान जब भी जाती, अज़ीज़ मरहूम के घर डॉ. अनवार और मुल्तान यूनिवर्सिटी के लेक्चर इकट्ठे होते। बहालपुर में एन.आर.एस.पी. के गेस्ट हाउस में ठहरते और वहाँ के डाइरेक्टर ज़हूर कभी द्रविड़-फ़ोर्ट की सैर, कभी नवाब ऑफ़ बहालपुर के ख़ानदानी महलों, जिनमें चन्द अभी भी अपनी शान के साथ मौजूद हैं। उनको देखकर इबरत हुई कि ख़ानदानी झगड़ों की यह शक्ल हो जाती है। ज़हूर मुझे लाल सहारना भी दिखाने ले गया और चौदहवीं के चाँद की रोशनी में, रेत में छुपते टायरों और दूर-दूर झाँकते टिमटिमाते दीयों को रोही की ज़िन्दगी समझ लेते, सहरा में कहीं-कहीं, खेत देखकर पूछा, "यह कैसे?" कुछ लोगों को पानी मिल गया। यही काफ़ी था।

अगर आपने उच शरीफ़ अभी तक नहीं देखा तो बहुत तारीख़ी टाइल्स आप से पोशीदा रहीं। हमारे मासूम लोग बेशुमार टाइल्स चोरी कर चुके हैं फिर भी उसकी शान सलामत है। रहीमयार ख़ान में दुबई के बादशाह का महल नहीं, भूंग की मस्जिद देखने मैं कई बार गयी। बड़ी हैरान करने वाली बात यह है कि मस्जिद पचास बरस तक बनती और टूटती रही क्योंकि ख़ानदानी बुज़ुर्गों में यह बात यक़ीन की हद तक घर कर चुकी थी कि जिस दिन मस्जिद पूरी बन गयी, बुज़ुर्ग मर जायेंगे। ख़ैर! बुज़ुर्ग मरते रहे, मगर 50 साल तक यह काम जारी रहा। आग़ा ख़ाँ फ़ाउंडेशन ने इस मस्जिद को आर्ट का बेहतरीन नमूना क़रार दिया और उस वक़्त से लोग मस्जिद देखने ज़रूर आते हैं।

और फिर नये अदबी स्कैंडल या ताज़ा नज़्मों पर बहस, दुनिया की नयी तहरीरों का जायज़ा। यूँ तो कराची मेरे रिश्तेदारों से भरा हुआ है। सब के पास पैसा और मोटापा बहुत है। किताब से रिश्ता तो मेरी बहन के बच्चों का भी नहीं। बड़ी बहन बूढ़ी और कमज़ोर हैं, उन्हें देखने चली जाती हूँ। पास ही शीन फ़र्रुख़ का घर था, वह चली गयी। मैं अब उस गली से भी गुज़रूँ तो किसके लिए। गुड्डू दुबई चली गयी कि इक़बाल हैदर गुज़र गया था। मेहर अफ़रोज़, रस्साम, नीलोफ़र और नाहीद रज़ा जैसे पेंटिंग आर्टिस्ट ऐसे दोस्त हैं जो मुहब्बत से मेरी किताबों के टाइटल बनाते हैं। क़ुद्दूस मिर्ज़ा बहुत ही प्यारा दोस्त लाहौर में रंगों और लफ़्ज़ों से खेलता है। ठट्टा में शाही मस्जिद के अलावा क़ब्रिस्तान भी है, जिसमें हज़ारों क़ब्रें और सिन्धी रहनुमाओं की आख़िरी आरामगाह भी यहीं है। उसका शुमार दुनिया के बड़े क़ब्रिस्तानों में होता है। यहीं कींझर झील भी है, जिस पर दुनिया भर के परिन्दे आकर बैठते थे। अब पोल्यूशन की वजह से परिन्दे भी वह पानी नहीं पी सकते। अभी सिन्ध की ज़मीन आपका हाथ पकड़े चौखण्डी के क़ब्रिस्तान में ले जाती है। हमारे मुल्क की और दूसरे मुल्कों की औरतों ने यहाँ की नक़्शकारी की तस्वीरें उतार कर ब्लॉक प्रिंटिंग शुरू की। लोगों ने बहुत बर्बाद करने की कोशिश की मगर उसका हुस्न सलामत है। कराची जाओ तो वहाँ बहुत तरह-तरह के मज़हब और कल्चर के नमूने उनके लिबासों से ज़ाहिर होते हैं। आज से 20 बरस पहले तक जब भी कराची गयी और दिन इतवार का होता तो अली इमाम साहब की बैठक और बी.एम. की गैलेरी में शहर के आर्ट लवर्स, अदीब शाइर और मौसीक़ार (म्यूज़िशियन) इकट्ठे हो जाते थे। बातें, क़हक़हे, गिलासों की खनक, कहीं सलामत गा रहा है, कहीं अहमद फ़राज़ सुना रहा है। अक्सर दफ़ा अच्छे दिनों में बेगम भुट्टो, बीबी बेनज़ीर को साथ बी.एम. की गैलेरी में लाती थीं। मेरी उनकी बहुत दोस्ती थी। एक दिन मुझ से कहने लगीं, "मैं पिंकी को साथ इसलिए लाती हूँ कि इसे भी फ़नकारों से मिलना आ जाये" मगर उसकी दोस्ती तो अधूरी प्राइम मिनिस्टरशिप, बाप की कोठरी और सक्खर की कोठरी की सलाख़ों से हो चुकी थी। जब कभी विक्टोरिया शेफ़ील्ड ने बेगम भुट्टो से या कभी ख़ुद बेनज़ीर से पूछा, "तुम इस शादी के लिए राज़ी कैसे हुई थीं" दोनों ने हमेशा टाल दिया मगर जब पहली हुकूमत ख़त्म हुई तो

एयरपोर्ट पर बेगम भुट्टो, ज़रदारी साहब से नाराज़ होकर बोलीं, "यह सब तुम्हारी वजह से हुआ है।" उनको भी शायद अन्दाज़ा नहीं था कि पाकिस्तान में अय्यूब ख़ान के ज़माने से पर्दे के पीछे से कोई और ही हुकूमत कर रहा होता है। यह सिलसिला सियासत में बेनज़ीर के बग़ैर भी रुखा-सूखा जारी है।

कराची में मेरी कभी भी कोई शाम दोस्तों के बग़ैर नहीं गुज़री। कभी डॉ. हारून ने समुन्दर के किनारे एक हट अलॉट करा ली है और शाम की जाती रोशनी में सुबह की आती रोशनी को मुस्कुराते हुए देखा। डॉ. सरवर और ज़किया के घर तो फ़ैज़ साहब, सिब्ते-हसन, फ़हमीदा रियाज़ के अलावा बहुत दोस्त होते। रोशन अली, भीम जी के घर हों कि शीन-फ़र्रुख़ के घर, चाँदनी रात समझते हुए ख़ुश मगर कब तक! जब तक कराची उनके हाथ में नहीं था, जो पतंग के साथ कलाश्निकोव लिए फिरते थे और अब तो कोरोना ने हर घर पर पहरा देते हुए, अज़ीज़ दोस्तों को सिर्फ़ स्काइप से चन्द लम्हों के लिए गुफ़्तगू की इजाज़त है।

मेरी दोस्तों के बहुत ग्रुप्स थे। एक तो फिमेल राइटरों का ग्रुप जो अक्सर शीन या अनीस के घर होता था। फिर जर्नलिस्टों के ग्रुप्स छापरा, मुजाहिद से लेकर आसिमी तक। यह बैठक कभी प्रेस क्लब और कभी आसिमी के घर क्योंकि आसिमी रिटायरमेंट के बाद घर से नहीं निकलता था। अब वह नहीं तो अब फ़ाज़िल जमीली और वुस्अतुल्लाह ख़ाँ, प्रेस क्लब में नशिस्त (गोष्ठी) करते हैं। सबसे बढ़कर अहमद शाह किसी शाम को उदास गुज़ारने नहीं देता है। बिल्कुल अलग तरह की नशिस्त अज़रा अब्बास, अनवर, तनवीर अंजुम और अफ़ज़ाल के घर अचानक हो जाती है। अज़रा के घर के मूली के पराँठे और ढेर सारी चटनी दोपहर के लिए यही क़ीमती खाने होते हैं।

लाहौर की अदबी मजलिसों और घरों की महफ़िलें, वह भी उजड़ गयीं। इन्तज़ार साहब के घर कूण्डों की शाम होती थी। हम तब फ़ैज़ साहब और इन्तज़ार हुसैन के साथ क़ज़लबाश की हवेली से ज़ुलजनाह[1] निकलते और मजलिस में शरीक होते थे। अब हर तरह पुलिस के घेरे में ईदमीलाद[2] और मजालिसे-अज़ा[3] होती हैं।

---

1. हज़रत इमाम हुसैन का घोड़ा
2. पैग़म्बर मुहम्मद (स.अ.व.) के जन्म की ख़ुशी में की जाने वाली सभा
3. मुहर्रम की मातमी सभाएँ।

12

जब भी मूड बदलना हो तो ग़ालिब के ख़ुतूत, मंटों और इब्ने-इंशा के ख़ुतूत पढ़ कर मेरे मुँह पर हँसी आ बैठती है। फिर मुझे याद आता है कि जब मैं 'माहे-नौ' निकालती थी, उस ज़माने में रोज़ सुबह दो घण्टे आने वाले ख़तों के जवाब लिखने होते थे और सीनियर अदीबों से अपनी तख़्लीक़ात (रचनाएँ) भेजने की गुज़ारिश करनी होती थी। मुझे यह भी याद है कि कुछ कमज़र्फ़ अदीब अपनी मेज़ पर शीशे के नीचे मेरा ख़त रखकर लोगों को बताते भी थे कि किश्वर नाहीद ने मुझे ख़त लिखा है। मानो मेरा अरीज़ा (प्रार्थना पत्र) न हुआ सफ़िया के ख़ुतूत हो गये। हमारे अब्बा के ज़माने में सिर्फ़ पोस्टकार्ड लिखे जाते थे। डेढ़ हिस्सा पैग़ाम लिखने के लिए और बचा हुआ आधा पते के लिए। हमारे अब्बा ख़ते-शिकस्ता (टेढ़ी-मेढ़ी लिखावट) में बुज़ुर्गों की और इतना बारीक लिखते थे कि मौसम के हाल से लेकर पूरे ख़ानदान को दर्जा-बदर्जा दुआ-सलाम होता था। हमारी जवानी में मुहब्बतनामे लिखने की नौबत ही नहीं आयी कि जब पैर घर से निकला तो यूनिवर्सिटी के डिबेट्स शहर-शहर लिए फिरते थे। उस वक़्त तो कभी-कभी मुशाइरा भी पढ़ा, लेकिन बाक़ायदा मुशाइरे तो यूसुफ़ से शादी के बाद पढ़े वह भी इसलिए कि घर के लिए चूल्हा और फूँकनी चाहिए थी, जो दफ़्तर की तनख़्वाह में नहीं आ सकती थी। बच्चे, नौकरी और मुशाइरे यह तिकोन नहीं चल सकती थी कि शेर तो कभी हँडिया भूनते हुए कभी गाड़ी चलाते लिखे जाते। एक और ज़रिया एक्स्ट्रा इनकम का निकल आया था। वह पहले था रेडियो कि सुबह सात बजे से साढ़े आठ बजे तक रोज़ाना लाइव प्रोग्राम जो कि अक्सर बिना स्क्रिप्ट, बग़ैर सोचे हाथों-हाथ होता था और कभी स्क्रिप्ट ज़रूरी होता, अब टी.वी. का दरवाज़ा खुल गया। टी.वी. की ज़िन्दगी में लाइव इंटरव्यू जिसमें ग़ुलाम रसूल मेहर, उस्ताद शरीफ़ और हफ़ीज़ जालन्धरी भी शामिल थे। अफ़सोस यह है कि उसी ज़माने की क्या, किसी भी ज़माने की रिकॉर्डिंग महफ़ूज़ नहीं रखी। ज़िया के ज़माने में जब ये दोनों दरवाज़े हम पर बन्द हुए तो कॉलम लिखना शुरू कर दिया। सीखा इब्ने-इंशा से था कि वह आधे घण्टे में इतना ज़बरदस्त कॉलम लिख लेता था। मुझसे बातें भी कर रहा है और कॉलम भी लिखा जा

रहा है। अब मैं अपने क़लम से पिछले 35 बरस से दिल के फफोले फोड़ती रहती हूँ कि इन 73 सालों में न भट्ठा मज़दूरों के दिन बदले, न खेतों में गर्मी और पानी में दोहरी खड़ी हो चावलों की पनीरी लगाती औरतें, वह कम नहीं ज़्यादा ही हुई हैं, बल्कि इन चालीस बरसों में ज़िना (व्यभिचार या बलात्कार) का लफ़्ज़ कभी क्या रोज़-रोज़ एक दफ़ा नहीं कई दफ़ा मासूम बच्चे-बच्चियों से ज़्यादती को वहशत और दिमाग़ी दीवालियापन की शक्ल में पढ़ती, सुनती और देखती हूँ। पहले बहुत-से लोग जिनमें शाइर भी शामिल थे, लौंडेबाज़ होते थे, मगर छुपाते थे। ग़ालिब ने भी हल्का-सा इशारा किया है और शाइरी में आज के बुज़ुर्ग शाइरों जिनमें जोश साहब, फ़िराक़ साहब के अलावा छोटे बुख़ारी का भी नाम इशारों के लिए इस्तेमाल होता है। अब तो बेतौफ़ीक़िये लोग बक़ौल इफ़्तिख़ार आरिफ़, 'ख़ुदा के लहजे में' बोलने की जुर्रत करते हैं। अब तो ज़ुल्मते-शब[1] में अहमद फ़राज़ की तरह अपने हिस्से की शमा जलाने वाले भी नहीं रहे। बढ़ोतरी हुई तो लड़कियों, घरों, गाड़ियों और मस्जिदों, गिरजाघरों और मन्दिरों में ख़ुदकुश (आत्मघाती) हमले, तेज़ाब की बोतलें, पोर्नोग्राफ़ी की फ़िल्मों का बिज़नेस और क़त्ल भी ग़ैरत के नाम पर। अब तो मैं किसी घर पर माशाअल्लाह लिखा देखती हूँ तो रिश्वत का हर्फ़ मेरी ज़बान को डसने लगता है।

अब तो न डाकिया कोई ख़त लेकर आता है। अलबत्ता बिल लेकर आता है। टेलीफ़ोन, पहले ताला लगा कर रखे जाते थे। अब टेलीफ़ोन का रिसीवर मोबाइल के हाथों मात खा चुका है। लिखने लिखाने की जगह ट्विट ने ले ली है। पाकिस्तान में भी रोबोट ज़ाहिर हो चुका है। बाहर से आये हुए बच्चे, माँ या बाप मरे तो गोरकन[2] को पूरे पैकेज के पैसे थमा कर जहाज़ से चले जाते हैं। वह माँएँ भी नहीं रहीं जो पोते, नवासे पालती थीं। रातों को बच्चों को कहानियाँ सुनाती थीं। अब तो दूध पीता बच्चा भी कार्टून देखते हुए ख़ुद ही बोतल पकड़ लेता है। कमाऊ पूत भी नहीं रहे कि हर एक का ख़र्चा आमदनी से ज़्यादा है, क्यों है, इसकी कोई नौजवान जाइज़ वजह नहीं बताता है। मुल्कों में जब

---

1. रात का अँधेरा
2. क़ब्र खोदने वाला

किसी चीज़ की क़ीमत बहुत बढ़ जाये तो लोग ख़ुद-बख़ुद वह चीज़ लेनी कम कर देते हैं या फिर बिल्कुल नहीं लेते। मगर हमारे यहाँ चाहे कोई क़ीमत हो टमाटर, प्याज़, लहसुन और अदरक ज़रूर-ज़रूर लेंगे, जबकि इन तमाम चीज़ों के बग़ैर भी सलीक़ामन्द औरतें आख़िर खाना बनाती थीं। टमाटर की जगह मेथीदाना, प्याज़ की जगह चावल या दाल का आटा, लहसुन, अदरक की जगह सोंठ और बघार में हींग का इस्तेमाल कर लेती थीं। गेहूँ में भूसी मिलाकर या जौ का आटा मिलाकर शुगर वालों को आज तक दिया जाता है। चीनी नहीं तो गुड़ या शक्कर इस्तेमाल करें। वेजिटेबल ऑयल के बहुत ब्रांड हैं। उन सबको छोड़ कर सरसों का तेल इस्तेमाल किया जाये, कम ख़र्च बालानशीं[1] और सेहत के लिए भी मुफ़ीद है मगर यह सब पढ़ कर लोग भूल जाते हैं कि लोग क्या कहेंगे बिल्कुल उसी तरह जैसे हमारे बचपन में सब घर वाले डालडा का डिब्बा कपड़े के थैले में छुपा कर लाते थे।

महँगाई और वह भी दूसरे वर्ल्ड वार के बाद हमारा बचपन हर चीज़ राशन पर, मोटे मलमल की साड़ी भी मिलती थी। सारे ख़ुशहाल और मिडिल क्लास के लोग घर के अन्दर पैबन्द लगे पाजामे पहनने में ज़रा भी हल्कापन महसूस नहीं करते थे। अलबत्ता घर से बाहर टोपी, पम्प शूज़ और चिकन या डोरिये का कुर्ता पहना जाता।

ईद पर नये कपड़े और जूते ज़रूर मिलते थे मगर फिर बारी अगली ईद पर आती थी। आजकल शादियों में लड़की ब्यूटी पार्लर से लाख रुपये ख़र्च और पाँच लाख का जोड़ा पहन कर निकलती है। वह जोड़ा फिर कभी नहीं पहना जाता। यही हाल मेहमान लड़के-लड़कियों का है। वह भी दूल्हा और दुल्हन की तरह सजे आते हैं। मेरे बेटों की मग़्रिब में शादी हुई है वहाँ हर मेहमान का होटल में जो पर हैड ख़र्चा आता है, बता दिया जाता है। हर मेहमान किसी तोहफ़े के अलावा लिफ़ाफ़े में पैसे रख कर लाता है। यह सेरेमनी दोपहर से शुरू होकर शाम तक चलती है। हर मेहमान के सामने मटन लेग, सूप, बहुत से सलाद, ब्रेड और वाइन की बोतल रख दी जाती है। जब बिल का हिसाब करो तो कुछ कम या कभी कुछ ज़्यादा का बिल होता है।

1. प्रतिष्ठित, मान्य

वहाँ दहेज की प्रॉब्लम नहीं, अलबत्ता अगर पेरेंट्स या वे दोनों कुछ लेना चाहें तो इसमें कोई हर्ज नहीं। इंडिया और पाकिस्तान में कम-से-कम सात दिन का प्रोग्राम इसके अलावा है कि दोस्तों और रिश्तेदारों के यहाँ ढोलकी रखी जाती है। ज़िन्दगी की सच्चाइयाँ और सख़्तियाँ चाहे मरने पर हों कि शादी पर, पढ़ी-लिखी लड़कियाँ भी मुँह से माँग कर सब कुछ यह कह कर लेती हैं कि भाई हमें जायदाद में हिस्सा नहीं देंगे। फिर मिडिल क्लास घरानों में भी आधी लड़कियों की ख़ानदान भर को खिलाते-खिलाते शादी की उम्र निकल जाती है। यही हाल हमारे गाँवों में भी है।

आपस में कज़िंस की शादियाँ करने को अब तो मौलवी भी मना करते हैं। कभी बचपन की मंग कहकर और कभी बचपन की ज़बान दी हुई कह कर अब तक कज़िन-शादियाँ हो रही हैं। ख़ानदान में फिर एक बच्चा ख़ुदानाख़्वास्ता अपंग पैदा हो तो बजाय इसके कि अपने ख़ुद के टेस्ट कराये जायें उल्टा यह होता है कि जल्दी दूसरा बच्चा पैदा करो और फिर यह ट्रेजडी भी सामने आती है कि जितने बच्चे होते हैं वे किसी-न-किसी नामालूम बीमारी के पैदाइशी शिकार होते हैं। वे बच्चे पलंग पर पड़े-पड़े ज़िन्दगी में तरस खाते हुए मर जाते हैं। निकाहनामे में तलाक़ के कॉलम को मनहूस समझ कर मर्द ख़ुद ही काट दिया करते थे। अब शुक्र है कि लड़कियों के अलावा होने वाला शौहर और वालिदैन भी इसको ज़रूरी क़रार देने लगे हैं। कज़िन-शादियों से थैलिसीमिया ग्रस्त बच्चे पैदा होते हैं। ये इत्तिला हमारी ज्वाइंट फेमिलीज़ को देनी चाहिए।

13

मुझे बुढ़ापे ने बहुत तंग नहीं किया। इसकी वजह यह हैं कि रिटायरमेंट के बाद भी लगातार काम करती रही, फ़ील्ड में जाती, ग़रीब औरतों के काम में मदद करती और फिर सबसे बढ़कर ख़ुदा का करम कि काग़ज़ और क़लम की दोस्ती मेरे दिमाग़ के साथ इश्क़ की हदें पार कर चुकी है। दूसरी शादी न करना, मेरी शख़्सियत को और मज़बूत और पुर-एतिमाद रहने में मददगार साबित हुआ है। बुढ़ापे में औरतें नमाज़, तस्बीह इतनी ज़्यादा करती हैं, दिमाग़

से काम नहीं लेतीं। मर्दों का भी यही हाल होता है जिनके बच्चे साथ रहते हों वह भी आते-जाते हाल पूछ कर बस फ़र्ज़ अदा कर देते हैं। हमारे बहुत-से पढ़े-लिखे लोग अकेली माँ या अकेले बाप को पिछला कमरा देकर ख़ुश रहते हैं। ओल्ड एज होम तो हैं नहीं, मिसाल देकर बताती हूँ। लन्दन में हमारी दोस्त सहाब क़ज़लबाश जो शाइरा, बीबीसी की रिपोर्टर और प्रज़ेंटर थी। जब दो कमरे के घर में एक कमरा शौहर और एक बच्चे की फ़ेमिली के पास चला गया, सहाब ने ओल्ड एज होम में कमरा अलॉट करा लिया कि जो लोग ठीक हों और अलग रहना चाहते हों, उनको बेडरूम, किचन और बाथरूम अलग दिया जाता है। हम सब दोस्त अहमद फ़राज़, साक़ी फ़ारुक़ी, गंडी और मैं उससे मिलने, उसके ओल्ड एज होम में गये। शाम का वक़्त था। हमने कहा बहुत भूख लगी है। सहाब ने हँसते हुए डीप फ्रिजर खोला बिरयानी, भुना हुआ गोश्त और कबाब निकाले। अब वह माइक्रोवेव में गर्म करती जाती और हम मज़े लेकर खाते जाते। वह साथ-साथ हँसते हुए कहती जाती, "शुक्र है साल भर से बिरयानी पड़ी थी, छह महीने से गोश्त और कबाब पड़े थे।" हमने सुनी-अनसुनी कर दी। मज़े लेकर खाया। वह जो हम फ़ीमेल फ्रेंड की आदतें हैं, जंगल में भी मंगल कर लेती हैं। बस इंग्लैंड के हर शहर में हम लोग जहाँ जाते दोस्तों से मुलाक़ात होती। अलबत्ता सहाब बहुत जल्द चली गयी।

साक़ी फ़ारूक़ी ने बहुत दफ़ा वाइन छोड़ी और फिर लगातार पीने की हरकतें बार-बार दोहरायीं। सिर्फ़ डॉ. जावेद वह शख़्स थे कि जिनकी नसीहत वह सुन लेता था। जब वह रिटायर होकर घर में रोज़ यही काम करता था, अब गंडी ने दोहरी ज़िम्मेदारी महसूस की। गाड़ी की जगह वह मोटरसाइकिल पर जाने लगी। सात बजे शाम को वापस सीधे किचन में। वैसे अच्छे दिनों में कभी-कभी साक़ी खाने और लोकल ज़ायक़ों को मिलाकर ख़ूब अच्छा खाना बनाते थे। जब लन्दन में गंडी भी रिटायर हुई, पता चला कि उसका कैंसर फैल चुका है। बेटी अपने घर थी। गंडी ने ओल्ड एज होम में दाख़िला ले लिया। चन्द महीनों बाद वह ज़िन्दगी से चली गयी। साक़ी ग़म के मारे बीमार और फिर वह भी बूढ़ों के घर में कोई एक महीने रहा और फिर दुनिया से मुँह फेर लिया।

लन्दन क्या, पूरे इंग्लैंड और पाकिस्तान में जो दोस्त बीमार हो उसका मसीहा डॉ. जावेद होते हैं। उनकी बेगम हसीना, अगरचे गिलगित की रहने वाली हैं मगर इश्क़ ने डॉक्टरी पढ़ते हुए (निकाह के) दो बोल पढ़वा लिए। इतनी अनथक मेहनती कि अस्पताल से शाम को या दोपहर को आकर लन्दन में जावेद को गरम फुल्का बनाकर देती है। मैं हमेशा डाँटती हूँ, वह फिर अगले दिन 20 लोगों की दावत का इन्तज़ाम कर लेती है।

यह ख़राबी मेरे सारे दोस्तों और उनकी बीवियों में है। न्यूयॉर्क में सईद नक़वी और समरीन, आये दिन आने वालों की मुश्किल दावतें, मसलन निहारी, पाये बनाने, कबाब पराँठे बनाने, उनके क़रीब यानी कोई 30 किलोमीटर पर शहला नक़वी शाइरा और प्रोफ़ेसर और उनसे भी 20 किलोमीटर दूर ताहिरा नक़वी कोफ़्ते और हलीम मज़े से बना लेती हैं। हमारी डॉ. अज़रा भी तो न्यूयॉर्क में है। कैंसर स्पेशलिस्ट हैं। बस पता चल जाये कि कोई शाइर दोस्त आया हुआ है, 50 लोगों के खाने का इन्तज़ाम और लोगों की पसन्द की ड्रिंक्स के साथ, इक बेसाख़्तगी के साथ वह ख़ुद भी अनीस का कलाम सुनाती जाती हैं, कभी ग़ालिब, कभी मीर और फिर उसके साथ मशरिक़ी तहज़ीब पर भी फ़र-फ़र गुफ़्तगू करती हैं।

ह्यूस्टन में डॉ. शगुफ़्ता नक़वी, उनके शौहर रियाज़ साहब दोनों कैंसर स्पेशलिस्ट हैं। फ़हमीदा रियाज़ की मौत पर सारी दुनिया सोगवार थी। डॉ. शगुफ़्ता ने मुझे फ़ोन किया, "हमने फ़हमीदा को खो दिया, आपको खोना नहीं चाहते। मैं आपकी सहूलत के मुताबिक़ टिकट भेजती हूँ और आपके सारे चेक अप मैं अपनी निगरानी में कराऊँगी। सारा दिन वह मेरे हर तरह के चेकअप में साथ रहती और शाम को रियाज़ साहब मज़े के खानों के डोंगे उठाये टेबल लगा देते। अहमद मुशताक़, बापसी सिधवा, इशरत आफ़रीं, ग़ज़नफ़र हाशमी सब मौजूद, शेरों और क़हक़हों में आधी रात गुज़र जाती। सात बजे सुबह मियाँ-बीवी दोनों अस्पताल चले जाते। इशरत आफ़रीं और उसके शौहर जो सरदार जाफ़री के भतीजे हैं, उनकी कोशिश होती कि मैं अमेरिका में जहाँ जाऊँ, वह भी जायें। सईद नक़वी भी स्पेशलिस्ट डॉक्टर हैं, बीवी बैंकर है। सईद ने क्लासिकी अदीबों टोनी मोरिसन और यहूदी साइंटिस्ट्स के तर्जुमे इस

तेज़ी और सफ़ाई के साथ किये कि तमाम किताबों के अगले एडिशन भी आ चुके हैं।

इटली में, रोम में तो बहुत यूनिवर्सिटियाँ हैं। एक यूनिवर्सिटी में मारा माता भी पढ़ाती थीं। उसने बांग्ला सीखी, वहाँ वॉलियंटरली काम भी किया। इसी तरह चीन, भूटान और इंडिया में पढ़ा भी और पढ़ाया भी। कई जगहों पर ज़िन्दगी बहुत मुश्किल थी। कई दफ़ा सख़्त बीमार हुई। उसका एक गुर्दा भी निकाल दिया गया। उसने और सीलिया ने मेरी नज़्मों के तर्जुमे करने शुरू किये। एक पागल एजाज़, जो मुझे ढूँढ़ कर पढ़ता था और एक और दीवाना इतालवी शख़्स जो कई साल इंडिया में रह कर आया था। उसने पब्लिशिंग की ज़िम्मेदारी ली। इतालवी में शेरी मजमूआ तैयार हो गया और मुझे इनॉगरल फंक्शन में शिरकत का बुलावा आया। 10 डॉलर किताब की क़ीमत रखी गयी। इनॉगरल और यूनिवर्सिटी के फंक्शन में पाँच सौ किताबें बिक गयीं। पब्लिशर और ट्रांसलेटर वे सारे पैसे मेरे पास लाये और ज़िद की कि मैं रॉयल्टी समझकर क़बूल कर लूँ।

फ्रांस में यूनिवर्सिटी में अंग्रेज़ी पढ़ने वाली चार लड़कियों ने पाकिस्तान की एम्बेसी से तर्जुमे के लिए मुश्किल अल्फ़ाज़ की मदद ली। अपनी थीसिस में पेश कीं। मुझे भी जिल्द करवा कर भेज दीं। अफ़सोस कर रही थीं कि टिकट नहीं दे सकतीं। वह किताब भी मेरा सरमाया है।

जापान में यमाने ने तो मेरी सारी शाइरी की और दूसरी किताबें क्लास में पढ़ाई भी, तर्जुमे भी किये। बिल्कुल इसी तरह चीन में ख़ास कर बीजिंग और हांग चू में बहुत-से चीनी शाइरों और शाइराओं से मुलाक़ातें, तर्जुमे, मेरी लाइब्रेरी का हिस्सा हैं।

हमारे मुल्कों में काई को बुरा समझा जाता है। जब चीन, जापान या कोरिया जाओ तो सब लोग सोचिशी में लिपटे बिस्कुट खाते हैं। हर तरह के नमक में सूखी हुई काई के टुकड़े होते हैं, खाने में मज़ेदार होते हैं। काई है क्या और क्यों खायी जाती है। कहने को तो कहने वाले यह भी कहते हैं कि उन इलाक़ों के लोग रेंगने वाली हर चीज़ खा जाते हैं। काई असल में समुन्दर के किनारे जमने वाले झाग, काई कहलाती है। उसको उन मुल्कों के लोग

बाक़ायदा साफ़ करके सुखाते और फिर उसको खाने में इस्तेमाल करते हैं। इसका फ़ायदा यह है कि काई, आपके बालों को काला रखती है। मैदे की गन्दगी को दूर करती है और ज़ायक़े में क्रेकर की तरह मालूम होती है।

इस तरह ताज़ा कच्ची मछली, जो आपको बर्फ़ पर रख कर दी जाती है। उसमें आप सोया सॉस डाल कर या कुछ भी न डालें, खायें तो बहुत लुत्फ़ देती है। इसी तरह थाई फूड के मसाले, सालन को इतना मज़ेदार बनाते हैं कि सादा चावलों के साथ, हमारे दाल-चावल जैसा ज़ायक़ा होता है। हमारे सरहदी इलाक़ों में परात में मुर्ग़-शोरबे के साथ पतीली रोटियाँ डाली और सब मेहमान परात में हाथों से खाते हैं। इस डिश को सोबत कहा जाता है।

ऑस्ट्रेलिया में दोस्तों को हर साल अगर फंड मिल जाये तो ठीक वरना लोग तो अपना टिकट ख़र्च कर के, पहुँचने को तैयार रहते हैं। उसकी बीवी यूनिवर्सिटी से शाम सात बजे आती और वह भी हसीना की तरह ताज़ा फुल्के और पराँठे मुस्कुराते हुए बनाती। यूरोप में लक्समबर्ग, ऑस्लो और वियाना में औरतों से मुतल्लिक़ कॉन्फ्रेंस में बहुत-सी लेडीज़ एक्टिविस्ट से मुलाक़ात हुई। हर जगह बात इस पर ख़त्म होती थी कि किस दिन जाके मर्द emancipate होंगे कि वे तो औरतों के बढ़ते शऊर (consciousness) को क़बूल भी कम ही करते हैं बल्कि आपस में बैठें तो अपने-अपने डरों का इज़हार करते हैं। बहरहाल, यह बहस जब मैं यूनिवर्सिटी में थी, उस वक़्त चली थी, मेरे अपनी मर्ज़ी से यूसुफ़ से शादी करने के हवाले से और अब तक...वरना ग़ैरत के नाम पर क़त्ल।

कनाडा तो ख़ैर मिनी पाकिस्तान है। वहाँ आपको जितने पाकिस्तानी, उतने ही सरदार जी नज़र आते हैं। अशफ़ाक़ हुसैन अकेला ऐसा आदमी है जो शाइरी करता, नस्र (गद्य) लिखता, नौकरी करते हुए कभी-कभी शेरी नशिस्त करता है। अहमद सुहैल ने सारी उम्र पढ़ाने और लिखने में गुज़ार दी। ख़ालिद ने साइकलॉजी के अलावा भी कई सब्जेक्ट्स को अपने लिए सलेक्ट किया। मगर बेदार बख़्त ने शाइरी का तर्जुमा करने में इतनी जान लड़ाई कि सब छोटे-बड़े उसके पास पहुँच गये। मेरी अपनी पसन्द की नज़्मों का ताज़ा कलेक्शन संगे-मील ने पब्लिश किया है। बेदार बख़्त, दुनिया भर में जो बुर्ज मनाने के माहिरीन माने जाते हैं, वह उनमें से एक हैं। पाकिस्तान आने से तौबा उन दिनों

में की, जब पतंग वाले लोग दिन-दहाड़े लूट लेते थे। वह तो चार दिन के लिए आया था, उसके बाद पाकिस्तान न आने का पक्का इरादा कर लिया। मेरे बहन-भाइयों के ख़ानदान-दर-ख़ानदान अरसे से बाहर रहते हैं, ख़ुदा का शुक्र है शाइरी से दूर हैं।

एक कॉन्फ्रेंस के सिलसिले में हम तीन लोग मॉरीशस गये। फ़तेह मुहम्मद मलिक, अहमद फ़राज़ और मैं। यह एक टापू है जहाँ लोग अमीर हैं और पूरे आइलैंड में गन्ने की खेती होती है। हिन्दू सेंटर, इन्दिरा सेंटर और संगीत के कई सेंटर हिन्दुओं ने बनवाये और मुसलमानों ने और एम्बेसी में सिर्फ़ मस्जिदें बनायी हैं। वहाँ पहुँचते ही पता चला कि फ़राज़ का सामान नहीं आया, एयरपोर्ट वालों को रिपोर्ट लिखवायी। फ़राज़ ने कहा, "मैं क्या पहनूँगा?" उन्होंने उसी वक़्त दो सौ डॉलर पकड़ाये। हम रवाना हुए। उसका सामान दो दिन बाद आया मगर वह सय्यद पठान अकेली कमीज़ को रोज़ धोकर पहनता रहा। दो सौ डॉलर सलामत रहे।

स्पेन एक तरह से मेरा समधियाना है। बड़े बेटे मीज़ू ने स्पेन के साउथ-ईस्टर्न शहर अल्बासेटे में क्या क़दम रखे, एक, दो, तीन और बस शादियाँ... काम पाकिस्तानी छुरी-चाक़ुओं के कार्टन बहुत मक़बूल, वही वज़ीराबाद, वही सियालकोट, वही फ़ैसलाबाद, उसके बिज़नेस सेंटर रहे। कारोबार करने की धुन उसे हमेशा से थी। उसके उतार-चढ़ाव का अन्दाज़ा होने के बावजूद उसी कारोबार को ज़िन्दगी बनाये रखने पे ज़िद।

पहली दफ़ा जब मैं उसके मुल्क स्पेन गयी तो वह पहली और आख़िरी ट्रिप थी। जब उसने मुझे आधा स्पेन दिखा दिया। हमने ग़रनाता से शुरू किया। वह उजड़ा शहर और साथ-साथ नया शहर, छह सदी पहले की गवाही दे रहा था। मस्जिदे-क़ुरतुबा का इश्क़ मुझे बेताब किये हुए था। सब टूरिस्ट किसी गाइड के साथ थे। मेरा गाइड मेरा बेटा जो स्पेनिश और उर्दू साथ-साथ बोल रहा था और बता रहा था कि कैसे इस मस्जिद की शक्ल ख़राब करने के लिए सात गिरजाघर बनाये गये, मगर सच है, अल्लामा इक़बाल ने अज़ीम नज़्म इसे देखकर ही लिखी और नमाज़ के बारे में, किसी को ख़बर नहीं कि वहाँ मुसलमानों की हुकूमत के ख़त्म होते ही जो मुसलमान बचे थे, उनके लिए

कोई बुनियादी हुक़ूक (फंडामेंटल राइट्स) नहीं थे। अब मैंने कहा, "यहाँ एक शहर है जहाँ सारे मुसव्विरों (पेंटिंग आर्टिस्ट) के स्टुडियो या गैलेरी हैं।" हम तोलेदो पहुँच गये। पुराने ज़माने के शहर में वही पुराने ढंग की गलियाँ और सब बाज़ार भी पेंटिगों से भरे हुए। अब चले तो थोड़े फ़ासले के बाद एक लटका हुआ शहर नज़र आया। बताया कि पहले यह शहर दरिया के साथ था जैसे रावी बादशाही मस्जिद के साथ बहता था। उसकी हल्की-सी झलक बूढ़े रावी में है। "मगर ये लटके हुए क्यों हैं?" यह घर दो सदियों से अपनी जगह पर हैं। दरिया ने रुख़ बदला तो इन घरों को छेड़ा न गया। अब इस शहर क्यूएनका के मंज़र देखने दुनिया आती है। अब तो बोतलों, वाइन और पत्थर के नमूनों में यह शहर हर जगह मौजूद है। एक और शहर जहाँ सारे शहर में सड़कों के दोनों तरफ़ खजूर के दरख़्त हैं। बेटे ने बताया वह मुसलमानों के ज़माने का शहर बनाम अली कान्ते है। उसके साथ लगे समुन्दर पर बहुत ज़्यादा हुजूम रहता था मगर इस कोरोना ने टूरिज़्म का सत्यानाश कर दिया है, वरना मुल्क की दो-तिहाई आमदनी टूरिज़्म से होती थी। घर वापस आये तो मीज़ू की सास ने पाटिया बनाया हुआ था। यह एक तरह की बिरयानी है जो सोलह बत्तियों वाले चूल्हे पर चौड़े तबाक़ में बनायी जाती है जो चिकन, ख़रगोश, झींगा, चावल और बहुत तरह के मसालों के साथ बनती है। उसके साथ सिर्फ़ सलाद ही खाया जाता है। पहले तो मेहमान के जाने वाले दिन बनती थी मगर अब ख़ुश-आमदीद कहने के लिए बनती है।

मुझे ठरक है कि शाम को कोई थियेटर, डांस या कुछ और लोकल कल्चर के नमूने दिखाओ। मैंने पाकिस्तान में स्पेन एम्बेसी को कह कर फ्लेमें को डांस का बाक़ायदा शो कराया था। उस ताइफ़े ने कहा कि आपके यहाँ क़व्वालियाँ होती हैं, आप एक क़व्वाली पार्टी बुला लें। हम उनके साथ डांस करेंगे। फ़ौरन फ़ैसलाबाद से क़व्वाल बुलाये। सारी एम्बेसियों के लोग मौजूद थे। क़व्वाली की थाप पर क्या कमाल डांस किया और उनको ताल भी दी। उस ट्रिप के बाद अगरचे साल में दो मर्तबा किसी कॉन्फ्रेंस से लौटते हुए चार दिन के लिए मीज़ू के पास जाती हूँ। उन चारों दिन, मीज़ू का सुसर मुझे तरह-तरह के खाने खिलाता है और सफ़र तमाम होता है। इन्तिहा तो यह है कि किसी को आर्ट से कोई दिलचस्पी नहीं।

हमारे एन.आर.सी.पी. के क़ाफ़िले ने ट्रेन के ज़रिये पूरे यूरोप में सफ़र किया। एक स्टेशन, एक रात यूँ ट्यूरन से ज़्यूरिच तक शुऐब सुल्तान और राशिद बाजवा की अगवानी में, हर मुल्क की आर्ट गैलेरियों और वहाँ के खाने और ड्रिंक्स से लुत्फ़-अन्दोज़ हुए।

यूँ तो वियतनाम से लेकर कम्बोडिया, फिलीपिंस और थाईलैंड में कई कॉन्फ्रेंस और वर्कशॉपों में शाम को कुछ वक़्त निकाल कर वहाँ के मसाज बाथ में भी झाँका। उन इलाक़ों को भी देखा जहाँ हमारे लोग एक या आधी रात की अय्याशी के लिए जाते हैं। ऐसे ही इलाक़े डेनमार्क और नार्वे में भी देखे थे। हर जगह शो केस में बैठी बुलावा दे रही होती थीं। वही इलाक़े जो अमेरिकी फ़ौजियों का शिकार होते थे, वहाँ औरतें फैक्ट्रियों, दुकानों, सड़कों के किनारे फ्राइड झींगें बेचती नज़र आती हैं। वियतनाम में हो ची मिन्ह के मक़बरे, जिसको कि फंडिंग एजेंसी ने बनाया है, इलाक़ाई हुकूमत टूरिस्टों को नहीं जाने देती है। ऐसा ही मॉस्को में है कि लेनिन के मज़ार पर क़तारों के बावजूद, सरकारी प्रोग्राम में तो लेनिन और माओ के मज़ार पर जाना भी एक तरह से मना है। मैं हर जगह ज़िद कर के पहुँचती रही।

इस तरह 1973 ईस्वी में अफ्रो-एशियन राइटर्स कॉन्फ्रेंस में मुझे फ़ैज़ साहब और शहाब साहब ने मौक़ा दिया। उस ज़माने में अश्काबाद से शुरू कर के समरक़न्द, बुख़ारा, ताशक़न्द, अलमाते, मेशकिक और दुशम्बे में मस्जिदें और मज़ारात खुलने शुरू हुए थे। ऐसी कॉन्फ्रेंस में हर मुल्क के डेलिगेशन का ऐलान के साथ और तालियों के साथ इस्तक़बाल होता था मगर जब पाकिस्तानी डेलिगेशन, फ़ैज़ साहब की अगवानी में दाख़िल हुआ तो तालियाँ बहुत ज़ोर से बजनी शुरू हुईं। फिर ऐलान हुआ, जनाब यह पाकिस्तानी डेलिगेशन आया है। यहीं सज्जाद ज़हीर, अमिताभ के वालिद बच्चन साहब, ज़ुल्फ़ीद ख़ानम, वज़े सेंसकी और रूस के बेशुमार लिखने वालों से मुलाक़ात हुई। उस ज़माने में हर रोज़ मेरी किसी नज़्म का, ग़ज़ल का सूटेबल मुआवज़ा मअ अख़बार के मिल जाता था। उस ज़माने का फ़ैशन शशलिक खाना था। मैं मुआवज़े की रक़म सब मक़ामी दोस्तों पर ख़र्च करती और वह कहते, "ख़ुद को ग़रीब मुल्क की औरत कहती है।"

पाकिस्तान के तो पूरे मुल्क के सब गाँवों और शहरों, मज़ारों और महलों का ज़िक्र तो कर चुकी, चलो अब कुछ इंडिया के तारीख़ी मक़ामात (ऐतिहासिक स्थलों) की बात करते हैं जिनको लोग देखने नहीं जाते क्योंकि वह तो ताज-महल देख कर ही इंडिया फ़तह कर लेते हैं मगर मैं तो हिना को ब्याहने रंजीत की बारात लेकर आगरा गयी थी। मुझे और सलीमा हाशमी जैसे दोस्त अजन्ता, एलोरा, खजुराहो, शिमला, भोपाल, नैनीताल, कोलकाता में टैगोर साहब के शान्ति निकेतन, ग्वालियर में तानसेन का घर, बम्बई में चाल और धोबी घाट, जो सदियों से ऐसे ही हैं। लखनऊ जिसका कोना-कोना तारीख़ी है और गोमती के किनारे सूरज डूबने का मंज़र। ऐसे इलाक़ों को, शीबा, असग़र, सलीमा हाशमी और हम सभी ने कभी अकेले और कभी इकट्ठे देखा है। शख़्सियतों का ज़िक्र तो पूरी किताब बन जायेगा। मुल्क राज आनन्द, इस्मत आपा, आले अहमद सुरूर और जज़्बी साहब के पास मुझे शहरयार लेकर गया और क़ुतुबमीनार पर मैं अपनी भांजी हिना को लेकर गयी। बाक़ी आई.आई.सी. में डॉ. नारंग, मनोरमा, उबेद सिद्दीक़ी और रंजीत बाक़ायदगी से अदबी मौज़ूआत पर गुफ़्तगू होती थी। मुझे आई.आई.सी. की पनीर की भुजिया बहुत पसन्द थी। सबा शमीम के हाथ का बना हुआ चने की दाल का हलवा और ज़ुबेर रिज़वी की लायी हुई निहारी नहीं भूलती है। अक्सर दिल्ली में शाम को शमीम के घर बहुत-से मिलने वाले आ जाते थे।

तो क्या मैं अहरामे-मिस्र, बाहामाज़ का टापू, मालद्वीप कि जहाँ जहाज़ एक टापू पर उतरता है और शहर दूसरे टापू से शुरू होता है। ग्वालियर में झाँसी की रानी का मुजस्समा[1], पेरिस में सारी आर्ट गैलरियाँ ख़ूब हैं मगर मोनालिसा, उसको मैं पूरे हॉल में चक्कर लगा कर बार-बार मुड़ कर देखती, मुझे हमेशा यही लगता रहा कि वह मेरे साथ-साथ मुस्कुराती हुई चल रही है। मुझे श्रीलंका में पहाड़ पर आदम के पैर का निशान, दरियाए-नील पर क्रूज़ और बहुत-से दुनियाभर के अजूबों में, अपने मुल्क के हड़प्पा, तख़्ते-बाही, मोहनजोदड़ो, मेहरगढ़, ख़ैबर दर्रा, ग्वादर, जब उसको ख़रीद कर आग़ा ख़ान ने पाकिस्तान को तोहफ़ा देकर, हमें एक और बन्दरगाह, जहाँ के लव बस्टर, मशरूम और सी-पैक का ख़्वाब अच्छा लगता है। मुझे अजूबों में नजीब महफ़ूज़ जैसे अदीब भी, ख़ूबसूरत मुलाक़ात की तरह याद हैं।

---

1. प्रतिमा

मैंने देखा कि ग्वा की साहिली पट्टी पर रोज़ाना 50 प्राइवेट जहाज़ उतरते हैं। टूरिस्ट फेमिली और फ्रेंड के ग्रुप सारा दिन धूप में केनोपी के नीचे लेटे, कभी बीयर, कभी कॉफ़ी और कभी-कभी तो खाना भी वहीं खाते हैं। शाम को बार में चले जाते हैं। ग्वा में हर नस्ल और मज़हब के लोग रहते हैं। वहाँ वेटरों का काम ज़्यादातर बिहारी मुसलमान लड़के करते हैं। एक सुबह मैं उठी और नाश्ते की तलाश में होटल-होटल झाँकती रही। एक होटल से तिलावत[1] की आवाज़ आ रही थी। मैंने वहाँ रुककर कहा, "मालिक से मिलना चाहती हूँ।" एक गोरा-चिट्टा बीच की उम्र का आदमी आया। मैंने सलाम किया, उसने हैरानी से पता पूछा। उसने बताया कि वह कश्मीरी है, सर्दियों के छह माह यहाँ होटल चलाता है, बाक़ी वक़्त कश्मीर में यही काम है। हम दोनों ने कोई एक घण्टा, कश्मीर, मुसलमानों का हाल, पाकिस्तान का हाल बयान करते और परौंठा आमलेट खाते गुज़ारा। मैंने आख़िर में सवाल किया, "तुम रोज़ सुबह तिलावत लगाते हो?" बोला, "पन्द्रह बरस हो गये" काश इंडिया में ग्वा की तरह सारे मज़हबों की इज़्ज़त हो।"

अब पिछले कई साल से मज़हबी जुनूनियत से पूरे हिन्दोस्तान का सेक्यूलर कल्चर ख़त्म कर दिया है। सुना है अब भी तानसेन के मज़ार पर ग्वालियर में उनकी बरसी पर क़व्वाल और गायक ख़ुद-ब-ख़ुद आते हैं। मुझे लगता है दुनिया फ़ासिस्ट तानाशाहों और सफ़ेद रंग के जाल में आ जायेगी। बिल्कुल इस तरह जैसे मौसम ने आधी दुनिया के जंगलों को भस्म कर दिया है। गर्मी, आफ़तों और सैलाब के बावजूद साउथ इंडिया में अभी ओडिसी और भरतनाट्यम के शो हो रहे हैं। पहले लोगों ने दरख़्त काट कर बिल्डिंगें बनायीं। अब दरख़्त लगाने का वज़ीफ़ा पढ़ा जा रहा है।

14

नेशनल सेंटर्स के एडमिनिस्ट्रेटर पीर अली मुहम्मद राशिदी थे। 1977 ई. में वह दोहरे असरदार हो गये थे कि मौजूदा हुकूमत के किसी मिनिस्टर के नाम और अपोज़िशन के किसी शख़्स के नाम से तक़रीरें बना कर भेज देते थे। यही

1. क़ुरआन का सस्वर-पठन

काम कौसर नियाज़ी भी करते थे। ये तक़रीरें मेरे दफ़्तर को 'नवाए वक़्त' के एडीटर तक पहुँचानी होती थीं।

मौलाना कौसर नियाज़ी ने जोश साहब के ज़िम्मे अपने पब्लिश्ड शेरी मजमूए को ठीक करने और तबदीलशुदा ग़ज़लों को यूसुफ़ नगीना, जो शेर की किताबत (लिखाई के काम) में मशहूर था, उसको पहुँचाना मेरा काम था। मैं भी बड़ी बेवक़ूफ़ थी, वरना उसकी कॉपी करा लेती, मगर उस वक़्त यह सिस्टम नहीं था।

अरशद समी सेक्रेटरी कल्चर और मैं उनके मातहत, हुक्म हुआ कि अदनान, ज़ैबा और उनके सारे साज़िन्दे दौरे पर जा रहे हैं (मुल्क का नाम मुझे याद नहीं)। उनके लिए टिकटों का इन्तज़ाम करके भिजवा दो (यह उस ज़माने की बात है, जब ज़ैबा[1] और अदनान[2] इस्लामाबाद में साथ थे) एक हफ़्ते बाद हुक्म आया कि कलाकारों की टोली वापस आ गयी है। उनके नाम के चेक बना कर भेज दिये जायें। तामील हुई, कुछ दिनों बाद पता चला कि ज़ैबा तो गयी नहीं। मैंने ठीट बनते हुए सेक्रेटरी साहब को फ़ोन किया चूँकि ज़ैबा गयी नहीं, इसलिए उसकी टिकट और चेक वापस भिजवा दें। उनकी और मेरी नौकरी तक कुछ भी वापस नहीं आया।

मुशाहिद हुसैन सय्यद, हमारे मिनिस्टर थे। हर वज़ीर और सेक्रेटरी जॉइन करने से पहले मालूम कर लेते थे कि उनके मातहत कितने महकमे, कितनी गाड़ियाँ और चाय-पानी के लिए कितनी रक़म हर महकमे को ख़र्च करने की इजाज़त है। अब होता यह था कि मुशाहिद खुले-डुले आदमी थे। हर वक़्त उनके दफ़्तर में मजमा होता था। अब प्राइवेट सेक्रेटरी साहब हर हफ़्ते के बाद पाँच हज़ार ख़र्चे की पर्चियाँ सारे मातहत दफ़्तरों को अदायगी के लिए, पेट्रोल के बिल इसके अलावा भिजवा देते थे। तामील करनी पड़ी थी।

एक दफ़ा 14 अगस्त के लिए फ़नकारों के नाम चुनने थे। पेश किया गया अदनान सामी का नाम, वालिद साहब उठकर बाहर चले गये कि तुम लोग ख़ुद फ़ैसला करो। मैंने अपनी बारी पर कहा, "अभी उसकी उम्र ही क्या है, चन्द साल ठहर के देखा जाये" उनके कानों में यह ख़बर पहुँची तो उन्होंने

---

1. ज़ैबा बख़्तयार

2. अदनान सामी

मेरी ACR इतनी ख़राब लिखी। डॉ. अख़्तर उनकी जगह चार्ज ले चुके थे, उन्होंने हमदर्दी दिखाते हुए मुझे वह रिपोर्ट भेज दी। उस दिन शहनाज़ वज़ीर अली चार्ज छोड़ रही थीं, मैं रिपोर्ट लेकर उनके घर पहुँची। लाहौल[1] पढ़ते हुए उन्होंने मेरी रिपोर्ट सही कर दी।

नौकरी ने वह दिन भी दिखाये कि हमारे सेक्रेटरी और ज्वाइंट सेक्रेटरी... दोनों पुलिस सर्विस से थे। अब मीटिंग से पहले उनकी कामयाबियों के क़िस्से सुने जाते। मीटिंग ख़त्म हो जाती। एक दफ़ा किसी जलसे की सदारत के लिए आसिफ़ ज़रदारी साहब को आना था। अब दोनों हज़रात को भी हाज़िर होना पड़ा। ज़रदारी साहब का इन्तज़ार करते हुए सेक्रेटरी साहब ने ज्वाइंट सेक्रेटरी से कहा, "यह बताओ क्या यह जलसा किश्वर ने हम से पूछकर रखा है।" मातहत बोले, "यह तो कभी भी नहीं पूछतीं।" सेक्रेटरी साहब ने फ़ौरन हुक्म दिया, "ईदे ख़िलाफ़ पर्चा कटा दे।"

नेशनल सेंटर हैड ऑफ़िस में डाइरेक्टर एडमिन, मैं थी और मेरे पास एजाज़ फ़ारूक़ी (शाइर) थे। उन्हें किसी दूसरे शहर जाना था। हुक्म दिया कि बताइए इन्फॉर्मेशन के ज्वाइंट सेक्रेटरी के लिए ऐसी सीट हो कि space हो और रॉयल हो। मैंने दिल में कहा, "इस्लामाबाद ज्वाइंट सेक्रेटरियों के रेवड़ से भरा है। यह अपने आपको क्या समझ रहे हैं। इस्लामाबाद में नेशनल सेंटर के एक बॉस, हर फाइल पर Put up previous papers लिखते थे। मैं बहुत तंग थी। अगर किसी की छुट्टी की दरख़्वास्त होती, उस पर भी यही नोट आता। एक दिन मैं तीन चपरासियों के कन्धे पर ढेर सारी फाइलें रखवा कर उनके कमरे में गयी। परेशान होकर बोले, "क्या हुआ, क्या हुआ?" मैंने कहा कुछ नहीं, आपने प्रीवियस पेपर माँगे थे, ये सारे हाज़िर हैं।" यह कह कर कमरे से निकल आयी। फिर उस शरीफ़ आदमी ने दोबारा ऐसा रिमार्क नहीं लिखा।

मेरे ख़िलाफ़ गुमनाम ख़त और कॉलम पब्लिश कराने वाले भी बहुत थे। एक साहब कॉलम लिखकर दफ़्तर आकर पूछते थे। "मैडम ने पढ़ा?" एक दफ़ा उन्होंने मेज़ के शीशे के नीचे ख़ुद आकर अपना कॉलम रख दिया। फ़ंक्शन ख़त्म हुआ। मेहमान मेरे कमरे में आये। मैंने देखा वह भी आ रहे हैं।

---

1. घृणा और उपेक्षा-सूचक एक वाक्य

मैंने शीशे के नीचे से हाथ बढ़ाकर फाड़ते हुए कहा "कौन मेरे दफ़्तर में यह चीथड़ा लाया है?" वह ज़ालिम फिर भी बस नहीं हुआ, मर कर ही हुआ।

चलिए अब सरकारी बातों से अदब की बातों की तरफ़ आते हैं। एक साहब बहावलपुर में डाइरेक्टर सेविंग थे। उन्होंने मुशाइरा ऑर्गेनाइज़ किया। फ़ैज़ साहब की सदारत और ज़हूर नज़र की निज़ामत में मुन्तज़िम साहब बार-बार ज़हूर नज़र को चिट भेजते रहे कि मुझे फ़ैज़ साहब से पहले पढ़ाया जाये। ज़हूर नज़र अपने ढंग का नकचढ़ा था। उसने डाइरेक्टर साहब को पढ़वाया ही नहीं। मुशाइरे के ख़त्म होने का ऐलान कर दिया। इधर लोग जाने लगे, दूसरी तरफ़ स्टेज पर अफ़सर कोट की जेबों में हाथ डाले ज़ोर-ज़ोर से कह रहा था, "पैसे तो मेरे पास हैं।" उस ज़माने में ट्रेन से ही आना-जाना होता था। उस वक़्त डेढ़ बज चुका था। फ़ैज़ साहब ने हँसते हुए मुझे कहा, "मुशाइरा दोबारा तुम शुरू करो" मैं स्टेज से सर्कस वालों की तरह ऐलान कर रही हूँ। "दोस्तो, वापस आइए, फ़ैज़ साहब से हम और शेर सुनेंगे" फिर मैंने अपनी ग़ज़ल सुनाई, एक आध और शाइर को बुलाया, फिर फ़ैज़ साहब से पहले, उन डाइरेक्टर साहब से शेर पढ़वाये। फिर ख़ैर से वापसी की ट्रेन मिल गयी।

वही साहब एक दफ़ा लाहौर आये हुए थे। इत्तिफ़ाक़ से अहमद फ़राज़ मेरे घर में मौजूद थे, यूसुफ़ फ़राज़ ने उनसे पूछा, "मैं आपको लेने के लिए कहाँ आऊँ?" बोले, "मुग़लपुरा थाने के साथ वाली गली में, मैं मुनव्वर सुल्ताना के घर पर हूँ। मैं बाहर निकल कर खड़ा हो जाता हूँ।" अब यूसुफ़ और फ़राज़ दोनों को मज़ाक़ करने की सूझी। दोनों ने थाने में फ़ोन करके कहा कि "आपके थाने के बाहर एक शख़्स खड़ा लड़कियों को छेड़ रहा है, ख़ुद को शाइर कहता है।" हँसते बातें करते कोई दो घण्टे बाद उनका फ़ोन आया। यूसुफ़ ने कहा, "आप कहाँ थे?" बोले, "यह बेहूदा थाने वालों ने डेढ़ घण्टे तक बेकार बैठाये रखा। अब मैं ख़ुद आता हूँ।" मैंने ग़ुस्से से कहा, "घर पर नहीं, आप लक्ष्मी चौक में उसे मिलें, शेर सुनें जो मर्ज़ी करें मैं तो सोने जा रही हूँ।" फिर रावी[1] लिखता है कि रात के साढ़े ग्यारह बजे वह रिक्शे से उतरे। उन दोनों ने दुकानों के नौकरों से कहा, "ओ मुण्डियो! वेले हो गये

1. किसी बात को ज्यों-का-त्यों दूसरों तक पहुँचाने वाला।

हो। चलो तुम्हें शेर सुनवायें।" यूँ बेचारे की दुर्गत बनायी। चाय भी उससे पी और वापस हो गये।

शाइरों और मुशाइरों के तो इतने लतीफ़े हैं ख़ासकर मुनीर नियाज़ी के हैं वह अगर सुनाने लगूँ तो एक नयी किताब बन जाये मगर यह सब मुझे बहुत अज़ीज़ थे और शाइरी के ज़रिये अज़ीज़ ही रहेंगे।

1974 ई. में लेनिनग्राद (जिसे अब पीटर्सबर्ग कहते हैं) में यूथ कनवेंशन था। मुझे दावतनामा मिला। मैंने सेक्रेटरी साहब को दिखाया। वह बहुत ख़ुश हुए, हौसला-अफ़ज़ाई की और इजाज़त का ख़त भी दे दिया। घर जाकर तैयारी की। यूसुफ़ और बच्चे जहाज़ पर चढ़ाने के लिए साथ आये। जहाज़ घण्टेभर बाद चलने वाला था कि पी.आई.ए. का एक अफ़सर भागते हुए आया, दिखाया दो लाइन का ख़त लिखा है। "किश्वर नाहीद मुझ से इजाज़त लिए बग़ैर पीटर्सबर्ग जा रही है। उसे नीचे उतार लें।" ख़ैर! सामान के आने और मेरे घर पहुँचने में दो घण्टे लगे। घर पहुँची तो बच्चे और यूसुफ़ परेशान से मुझे देखने लगे। कौसर नियाज़ी के हुक्मनामे का बताया, तो तीनों ने मुझे झप्पी डाली, हम सब आइसक्रीम खाने चले गये।

जिस ज़माने में जोश साहब के सही किये हुए कौसर नियाज़ी के शेरों के प्रूफ पढ़ रही थी, हर पन्द्रह दिन बाद उनको दिखाने भी पड़ते थे। कातिब[1] के लिए मैंने साइड नोट लिखा था, "मिसरों के बीच फ़ासला कम करो" यह पढ़कर नियाज़ी साहब ने हाथ मेज़ से आगे बढ़ाते हुए कहा, "फ़ासला कैसे कम हो, जब तुम्ही ना चाहो।" यह सुनकर मैं ग़ुस्से में बाहर निकल गयी। अगले दिन नौकरी से बर्ख़ास्त होने के ऑर्डर जारी हो गये। अहमद फ़राज़ ने भी टी.वी. पर एक नात[2] पढ़ी थी। ख़ुदा से कई गिले किये थे। नियाज़ी साहब के लिए यह बहाना काफ़ी था। उन्होंने फ़राज़ को भी बर्ख़ास्त कर दिया। अख़बारों में बहुत लिखा गया। मिर्ज़ा अदीब ने तो राइटर्स गिल्ड को हम दोनों को डेढ़ सौ वज़ीफ़े का ख़त भी लिख दिया था। कौसर नियाज़ी अपने

---

1. लिखने वाला

2. पैग़म्बर मुहम्मद (स.अ.व) की प्रशंसा में लिखी कविता

फ़ैसले पर डटे रहे। आख़िरकार बात भुट्टो साहब तक पहुँची। उन्होंने फाइल मुझे पकड़ाई। लिखा था I reinstate both the oscar winners of Pakistan.

15

जब से घर से निकलना और लाइब्रेरी का बहाना कारगर हुआ, तो मौजूद लाइब्रेरियों और कॉफ़ी हाउस और टी हाउस के अलावा क़दम आर्ट्स काउंसिल की तरफ़ बढ़े। वह भी इसलिए कि चुग़ताई साहब की ज़िन्दगी में उनकी पेंटिंग की नुमाइश आर्ट्स काउंसिल में शामियानों में लगायी गयी थी। शाकिर अली से तो पहले से मुलाक़ात थी। अब चुग़ताई साहब के रावी रोड वाले घर, मैं और जलालुद्दीन अहमद जो प्रिंटिंग सेक्शन में मेरे मैनेजर थे, हम दोनों हमेशा उनसे कुछ-न-कुछ माँगने और बातें करने जाते थे। वैसे उनके छोटे भाई रहीम साहब, कोई मिलने आ जाये तो ख़फ़ा होकर कहते, "उनकी तबीयत ठीक नहीं है" मानो कह रहे हों कि आप तशरीफ़ ले जाइए। एक दफ़ा रहीम साहब घर पर नहीं थे। हम मज़े से चुग़ताई साहब के पास बैठे थे। मैंने उन्हें अपने पहले शेरी मजमूए का नाम बताया। सुनकर कि लबे-गोया नाम है, वह बस मुस्कुरा दिये थे। इस दफ़ा हमें उन्होंने हिन्दू देवी-देवता के बेशुमार आर्ट पीसेज़ दिखाये जो उन्होंने बनाये थे मगर 1965 ई. की जंग के बाद सरहदें बन्द हो गयी थीं, वह दिखाने के बाद मेरे हाथ में लबे-गोया के लिए डिज़ाइन पकड़ाया। मैं ख़ुशी से निहाल हो गयी। मैं और जलाल साहब सीढ़ियों से उतर रहे थे कि रहीम साहब आ गये। मेरे हाथ से वह डिज़ाइन ज़ोर से खींचा और बोले, "ए की लै जारी एँ।" मैंने ख़ुशी से कहा, "चुग़ताई साहब ने दिया है।" वह डिज़ाइन हाथ में पकड़े ऊपर जाते हुए बड़बड़ाये। "जाने क्यों चीज़ें बाँटते रहते हैं।"

चुग़ताई साहब अक्सर एक पेंटिंग के दो प्रिंट बनाते। मेरा ख़याल है उस ज़माने में प्रिंट बनाना बाक़ायदा शुरू नहीं हुआ था। मेरे दफ़्तर में एक दफ़ा आर्ट के बहुत आशिक़ सेक्रेटरी मसऊदुर्रऊफ़ आये, कमरे में आते ही उनकी नज़र चुग़ताई साहब की पेंटिंग पर पड़ी तो बैठते हुए गहरी साँस लेते हुए कहा,

"यह तुम्हारे दफ़्तर में कैसे?" मैंने पलटकर कहा, "क्या आपके पास भी ऐसी ही है?" "हाँ हाँ, मैंने ख़रीदी है।" मैंने हँस कर कहा, "पिकासो कहा करता था, अपनी आर्ट की नक़ल मैं ख़ुद बनाता हूँ।" चुग़ताई साहब की वफ़ात से पहले उनका बेटा पेरिस से पढ़कर और प्रिंट बनाना इस सलीक़े से सीख़ कर आया था कि नक़ल पर भी असल का गुमान होता था। इसीलिए सारी दुनिया ने कहा कि चुग़ताई साहब मरने के बाद ज़्यादा पेंटिंग बना रहे हैं।

शाकिर अली ने चूँकि स्लेट स्कूल और पेरिस से बक़ौल उनके और डॉ. अजमल के, कि हम होटलों में बर्तन धोकर अपनी फ़ीस जमा करते थे। दूसरी वर्ल्ड-वार के हवाले से पेंटिंग बनायी, जिसका उन्वान 'Lida Swan' था। उसको आलमी ख़ुसूसी इनाम मिला था। मुल्तान टेक्सटाइल वाले नसीर शेख़ ने वह पेंटिंग ख़रीद ली मगर कमरे में लटका कर उस पर कपड़ा डाल दिया था। मैंने पूछ ही लिया, बोले "घर में बच्चे और बीवियाँ हैं।"

इस्लामाबाद में बहुत बड़ा कनवेंशन सेंटर है जिसमें हज़ारों लोग बैठ सकें। ख़ालिद खरल ने बहुत पैसा लगाया, सुना है। मगर एक भी पेंटिंग नहीं ख़रीदी। अलबत्ता इनॉग्रल फंक्शन के दिन गुल जी और ज़ोर, अपनी पेंटिंग लाये, अपनी मर्ज़ी से लगा दें, उनको कौन रोक सकता था। जैसे बेनज़ीर ने कहा कि प्रेसीडेंट हाउस ख़ाली-ख़ाली पड़ा है। उसमें पाकिस्तान के तारीख़ी क़िलों और मक़ामात की पेंटिंग्स, पाकिस्तान के सारे बड़े आर्टिस्टों से बनवायें। प्रेसीडेंट लग़ारी साहब थे, उन्होंने एक तुग़रा[1] पसन्द किया, सारी पेंटिंग्स C.D.A. के कबाड़खाने में गयीं या कहाँ गयीं। मुझे तो तलाश के बाद भी कोई सुराग़ नहीं मिला।

यूँ बेनज़ीर के दूसरे दौर में मिसेज़ क्लिंटन अपनी बेटी के साथ पाकिस्तान आयीं। बीबी बिल्कुल सादा-सी सफ़ेद सलवार, सफ़ेद दुपट्टा और रंगदार कमीज़ पहने हुए थीं। यहाँ उन्होंने सारी अहम् लेडीज़ अफ़सरों, शाइरों और आर्टिस्टों को बुलाया था। दोपहर का खाना और उसके बाद नाहीद सिद्दीक़ी का डांस रखा था। पी.एम. हाउस में नीचे हॉल था। नाहीद सामने आयी, डांस शुरू किया, फूल फेंके। अभी आलाप पर वह डांस कर रही थी कि अभी सलामी भी नहीं ली थी, बीबी ने मुड़ कर देखा। शहनाज़, राना और मैं खड़े

---

1. एक प्रकार की लिपि, जिसमें कोई शक्ल बना देते हैं।

थे। हमने एक-दूसरे को इशारा किया। मत देखो उनकी तरफ़। दो मिनट बाद वह खड़ी हो गयीं। हम अभी तक दीवार से लगे खड़े थे। उन्होंने चलना शुरू कर दिया। नाहीद सलाम क़रती हुई पीछे चली गयी। मिसेज़ क्लिंटन और बेटी खड़े तो हो गये मगर तरीक़ा तो यह होता है कि फ़नकार से मेहमान हाथ मिलाते हैं। शहनाज़ और राना तो बीबी के साथ चल दीं, मैं स्टेज पर गयी। नाहीद की आँखों में मोटे-मोटे आँसू थे। मैं हाथ पकड़ कर नीचे लायी। मिसेज़ क्लिंटन ने न सिर्फ़ हाथ मिलाया, बल्कि तस्वीर भी खिंचवायी।

अलबत्ता एक बात है चूँकि वह बेगम के साथ बी.एम. की गैलरी जाती रही थीं, उन्हें ख़बर लगी कि बी.एम. को लगातार हिचकियाँ आ रही हैं, किसी डॉक्टर से इलाज नहीं हो रहा है। उन्होंने ऑस्ट्रेलिया में बी.एम. के लिए पोस्ट निकलवायी। उसको इलाज के लिए वहाँ भेजा। मैं जब सिडनी पहुँची तब मेरा इस्तक़बाल करने वालों में हमारा दोस्त बी.एम. भी था। पूछा, "टेस्ट करा लिए?" गले मिलते हुए और हिचकियाँ लेते हुए बोला, "चलो बताओ खाने के साथ कौन-सी ड्रिंक लोगी?" "मगर तुम..." मेरा जुम्ला पूरा नहीं होने दिया। इलाज भी नहीं होने दिया। वहाँ पेंटिंग भी नहीं की। साल-डेढ़ साल बाद वापस आ गया। पाकिस्तान के सारे इलाक़ों की औरतों के चेहरों के पोर्ट्रेट बनाये। कराची में उसका ऑपरेशन किसी और चीज़ का हुआ। ऑपरेशन से एक दिन पहले मैं अस्पताल पहुँची, देखा बी.एम. कुर्सी पर बैठा वोदका पी रहा है। मैंने ग़ुस्से से डॉ. अदीब रिज़वी को बुलाया। मेरी हँसी पर वह भी मुस्कुरा कर मुझे गले लगाते हुए बोले, "भई वोदका से उसके ज़ख़्म बहुत जल्द ठीक हो रहे हैं।" अब बी.एम. ने एक फ़्लैट ख़रीदा। उसमें वही करता रहा जो काम जारी था। एक दिन सुबह वह नहीं था।

सादिक़ैन अजीब शख़्स था। पेरिस से लौटा, कराची में ग़ालिब के सौ साल पर सेलिब्रेशन होने वाला था। फ़ैज़ साहब ने कहा, "कुछ कमाल तुम भी दिखाओ ना" उसने ग़ालिब के शेरों पर इतनी पेंटिंग्स बनायी, चुग़ताई साहब का मुरक़्क़ाए[1]-चुग़ताई भी भूल गया। दिन-रात हाथ में ब्रुश, कपड़े कभी मैले, कभी सने हुए। हर मुमकिन लेडी ने पराँठे खिलाने के नाम पर अपनी पोर्ट्रेट बनवायीं। यह अलग बात कि वह पराँठे हम लोग खा जाते थे। लॉरेंस गार्डन

---

1. अलबम, चित्रावली

की पहाड़ी को अपना घर और फिर लाहौर म्यूज़ियम के तहख़ाने में, उसने म्यूज़ियम की सारी छत, इसी तरह फ्रंटियर हॉल कराची की सारी छत कमाल पेंट की। सूरह-रहमान[1], म्यूज़ियम की सारी महराबों पर ख़त्ताती (सुन्दर लिपि में लेखन) की। इंडिया गये तो हैदराबाद, भोपाल और दिल्ली में, ख़ताती (कैलिग्राफ़ी) के नमूने छोड़ आये। कराची में उन्हें गैलेरी बनाने के लिए ज़मीन दी गयी, उनके मरने के बाद मेहरबान रिश्तेदारों ने उस पर मेरिज हॉल बनाया। जब शोर मचा तो पहले स्कूल फिर कैलिग्राफ़ी सेंटर बनाया गया। कॉफ़ी टेबल बुक भी पब्लिश की। बहुत से अफ़सरों और उनकी बीवियों ने खाल पर और दूसरी ख़त्ताती बेच कर के अपने पीछे आने वाला बुढ़ापा सँवारा।

हुसैन साहब[2] आलमी सतह पर आर्टिस्ट ऐसे कि उनकी हर पेंटिंग लाखों में बिकती, मगर लन्दन के जुहू के किनारे कि लाहौर की तपती सड़कों पर नंगे पैर घूमते थे। बर्फ़ पड़ रही हो, तब वह जूते पहन लेते थे।

लाहौर में नुमाइश की। सारी पेंटिंगें बिक गयीं। एक सरमायादार ने कहा कि हुसैन साहब मेरे दफ़्तर में आयें तब मैं पैसे दूँगा। कई दिन गुज़र गये। रज़ा काज़िम ने राय दी कि चलो उसकी ज़िद पूरी कर दो। उसका दफ़्तर ड्यूस रोड पर था। इत्तेफ़ाक़ से मैं दफ़्तर से निकली तो देखा, हुसैन साहब चिलचिलाती धूप में तेज़-तेज़ चल रहे हैं। मैंने गाड़ी रोकी, फ़ौरन बैठ गये। रमज़ान थे। मैंने पूछा, "खाना खाने किस होटल में चलें?" ग़ुस्से से बोले, "बस चलो, प्यास बहुत लगी है।" हम पी.सी. पहुँचे। क़ासिम जाफ़री वहाँ मैनेजर थे। उनको बताया। वह ख़ुद आकर ऑर्डर दे रहे थे कि हुसैन साहब ने कहा, "ठण्डी लस्सी मँगवाओ" अब ज़रा वह सुकून में आये, खाना खाते गये और मालदार आदमी की असलियत बताते रहे कि 5 हज़ार या 10 हज़ार कम कर दें। वह पेंटिंग वहीं छोड़कर चले थे कि मैं रास्ते में मिल गयी।

हुसैन साहब को इंडिया में फ़िल्म एक्ट्रेस माधुरी इतनी पसन्द आयी कि उसके पोर्ट्रेट के अलावा, उस पर फ़िल्म भी बनायी जो बुरी तरह पिट गयी। इसी धुन में देवी-देवताओं के आदमक़द पोर्ट्रेट बनाये। अभी हिन्दू भूत बाहर नहीं आया था मगर हमारे जुनूनियों ने उन्हें इस क़दर तंग किया कि वह लन्दन

---

1. क़ुरआन की एक सूरत
2. एम.एफ. हुसैन

जा रुके। फिर क़तर के बादशाह ने उन्हें शहरियत[1] और इज़्ज़त भी दी। उन्होंने अपनी ज़िन्दगी की कहानी भी लिखी जिसे ज़ोहरा आपा ने मुरत्तब[2] किया। मैं बहुत अमीर हूँ मेरे पास उनकी दो पेंटिंग्स हैं। अपनी दौलतमन्दी की तफ़सील बताऊँ। कॉलिन डेविड ने मेरा पोट्रेट कपड़ों समेत बनाया वरना उसकी पेंटिंग्स में तमाम औरतें न्यूड होती थीं। बी.एम. ने मुझे चारकोल चौखटे में ऐसे ही फिट किया जैसा कि वह मुझे सिडनी एयरपोर्ट पर हँसते हुए मिला था। पहला पोट्रेट बनाने की हिम्मत हमीद शाहिद की बहू समीआ ने की। अभी ब्रुश और रंग उसके साथ खेल रहे हैं।

वैसे तो LUMS[3] के नौजवानों और ख़ास कर लड़कियों ने बहुत से पोर्ट्रेट बनाये, फ्रेशर्स थीं, सिर्फ़ अक़ीदत में दिखा रही थीं। इतना प्यार...हर जगह से बस लिखने की तौफ़ीक़ ने दोस्तियाँ और इज़्ज़त बनायी।

16

1988 ई. में बतौर डाइरेक्टर पब्लिकेशन लगाया गया। 'माहे-नौ' और 'पाक जम्हूरियत' दोनों मैगज़ीनों की ज़िम्मेदारी दी गयी। यह वह रिसाला था कि जिसे अस्करी साहब और वक़ार अज़ीम साहब जैसे धुरन्धर स्कॉलर मुरत्तब करते थे। अब था इम्तिहान जज़ा और सज़ा का कि ज़माना था मार्शल लॉ का। हर चीज़ सेंसर होती थी। क़ुरआन की आयतें तक सेंसर सेक्शन वाले बहुत दफ़ा काट दिया करते थे। फिर इदारिया[4] हो कि मज़मून[5] कटा-फटा, अख़बार और रिसालों में छपता था। मुझे अपने सारे सीनियर शाइरों और अफ़साना-निगारों की मदद हासिल थी। नौजवान लिखने वालों और मेरे हमअस्र[6] दोस्तों ने हिन्दोस्तान, पाकिस्तान और बंग्लादेश से तमाम उर्दू में लिखने वालों की

---

1. नागरिकता,
2. संकलित
3. Lahore University of Managemet Sciences
4. सम्पादकीय,
5. निबन्ध
6. समकालीन

तहरीरों के साथ चूँकि मुल्क का नाम नहीं दिया जाता था, इसलिए वह ग़रीब सेक्शन अफ़सरों को पता ही नहीं चलता था। उस ज़माने में हमारी दिल्ली और ढाका की एम्बेसियों ने भी बड़ी मदद की, यानी सरकारी किताबचे (बुकलेट) तो पड़े रहते थे मगर अदीबों की तहरीरें भिजवातीं और उन सबको हर महीने पर्चा (अंक) भी पहुँचाया करतीं। हम सबने हुकूमतों को बेख़बर रखने में ही राहत समझी। मजलिसे-इदारत[7] में कोई छह माह सिराज मुनीर ने भी काम किया। उसके पास दाढ़ी वाले बहुत लोग आते थे चूँकि मेरे कमरे के सामने से गुज़रना होता था, इसलिए सारे मेहमान गाड़ियों के पीछे छुपकर मुझ से बाला-बाला[8] आते रहे। फिर जब मैंने ज़रा तनाबें खींची[9] तो सिराज मुनीर काम से फ्री हो गया और मेरे साथ क़ाइम नक़वी और सफ़दर बलोच ने बोझ को सँभाल दिया। 1947 ई. के बाद 1987 ई. में 'माहे-नौ' और पाकिस्तान के 40 साल पूरे हुए थे। सरकार से कोई एडवांस नहीं लिया! सेक्रेटरी साहब के ख़ुफ़िया अकाउंट से पाँच हज़ार रुपये, कातिबों को देने के लिए माँगे। छह हफ़्ते तक कातिब और बाक़ी स्टाफ़ मेरे कमरे में बैठा। मैं दोपहर का खाना सबके लिए घर से लाती ताकि स्टाफ़ मेरी निगरानी में दिल लगाकर काम करे और छह हफ़्तों में रिसाला निकल जाये। अब डेढ़ हज़ार पेज पब्लिश करने के लिए प्रिंटिंग कॉरपोरेशन से काग़ज़ भी वह माँगा जिस पर वज़ीरे-आज़म[10] की तक़रीर छपा करती थी। यहाँ भी अदब-दोस्त अफ़सर मिल गया। वह लाहौर आया। स्टाफ़ की मेहनत को सराहा और वाक़ई बहुत सारा काग़ज़ और आर्ट पेपर भिजवा दिये। सारे पेज एक जिल्द में नहीं आ सकते थे उसे दो जिल्दों में पेश किया। अब रहा प्रेस का बिल, जब वह बिल मैं ख़ुद स्पेशल सेक्शन के लिए फाइनेंस सेक्रेटरी के पास दोनों जिल्दों के साथ गयी तो उन्होंने लिखा–

Sanctioned, who can refuse for the Eiffeltower of Literature.

---

7. सम्पादक मण्डल
2. खुफ़िया
3. सख़्ती की
4. प्रधानमन्त्री

अब जब दुनिया की लाइब्रेरियों में जाती हूँ तो वह 'माहे-नौ' का नम्बर (विशेषांक) और 'अहतिसाब' का पर्चा जो मैंने अब्दुल्लाह मलिक के नाम से छपवाया था, दोनों शुमारे[1] देखकर बहुत अच्छा लगता है। उसी ज़माने में सलीम शाहिद ने शाइरों के भुट्टो साहब के लिए लिखे नोहे, किताबी शक्ल में मुरत्तब किये। उसमें शाइरों के नाम नहीं, शॉर्ट नेम लिखे गये। मेरे नाम (किश्वर नाहीद का शॉर्ट) काफ़ नून पर एक्सप्लेनेशन हुई। मैंने जवाब लिख दिया, "यह मेरी तो नहीं, यह तो कौसर नियाज़ी की नज़्म है।[2] इस तरह चैक करने वालों को अनगिनत बार बेबस किया। अभी ढाई साल गुज़रे, सरकार ने हंगामा कर दिया कि यह पर्चा तो सुर्खों (प्रोग्रेसिव आइडियोलॉजी से जुड़े राइटर) से भरा होता है। मुझे हटा दिया गया।

मुझे घर बैठाने की एक कोशिश और की गयी, मैंने फिर शहर में काम करने वाली औरतों का सर्वे करना शुरू किया। अब मेरे साथ अमेरिकी प्रोफ़ेसर अनीता वाइज़ थी। उसने किताब मेरे जमा किये हुए फिगर्स और डाटा की बुनियाद पर 'Walls with in Walls' मुरत्तब की जो आज तक हवाले के लिए इस्तेमाल होती है। उसी ज़माने में ख़ावर मुमताज़ और फ़रीदा शहीद की किताब का उर्दू तर्जुमा किया और बिज़नेस एंड प्रोफ़ेशनल वीमन की औरतों को इकट्ठा किया।

अब यूनीसेफ़ ने पंजाब की दस्तकार औरतों की ज़िन्दगी के हालात और काम के नमूने शामिल करके किताब बनाने को कहा। मेरे साथ दो रिपोर्टर और फ़ोटोग्राफ़र के साथ जाने का इन्तज़ाम किया गया। पंजाब के पन्द्रह ज़िलों जहाँ की दस्तकारी बहुत मशहूर थी, वहाँ का दौरा किया, औरतों की निजी कहानियाँ सुनीं। वापस आकर अहवाल लिखा। दस्तकार औरतों की तस्वीरों और उनकी दस्तकारी के नमूनों के साथ किताब मुरत्तब की। इस काम को किये हुए भी 30 बरस हो गये मगर यूनीसेफ़ अपने किये गये काम की ख़ूबी बताने के लिए उस किताब को पेश करती है।

उसी ज़माने में रहमत शाह के पर्चे में अंग्रेज़ी में मज़ामीन लिखने शुरू किये। सियासत ने पलटा खाया। रहमत शाह को बहुत-से इल्ज़ामों के साथ क़ैद कर दिया गया। पर्चा बन्द हो गया। बाक़ायदगी से यानी 30 बरस से 'जंग' में कॉलम जारी हैं।

---

1. समाचार पत्र या पत्रिका के प्रकाशित अंक।
2. कौसर नियाज़ी का उर्दू में शॉर्टनेम भी काफ़ नून ही होता है।

17

यह तो सबको मालूम है कि बचपन में मुझे तीन बार टाइफायड हुआ था। आठवीं क्लास में थी तो कमर पर एक फोड़ा निकला, जब ज़रा बड़ा हुआ तो अम्मा गुलाब देवी अस्पताल के चेस्ट स्पेशलिस्ट के पास ले गयीं। उसने नली डाल कर दो बोतल मवाद निकाल दिया। फिर ठीक हो गयी। शादी के वक़्त तक मेरा वज़न 90 पौंड था। उसके बाद जब रोज़-रोज़ की झिक-झिक से मुझे माइग्रेन होने लगा, कई दिन तक उल्टियाँ आतीं, फिर ठीक हो जाती मेरे डॉक्टर ने यह हालत देख कर ग्लूकोज़ की ड्रिप लगायीं। वज़न बढ़ाया। 1983 ई. में जब मैं सात यूनिवर्सिटियों में शाइरी पर लेक्चर देने अमेरिका गयी तो अपने बैग में हर वक़्त अंडरवियर और पैड रखती थी क्योंकि उस ज़माने में मुझे पीरियड्स के अलावा भी ख़ून जारी हो जाता था। वापसी पर सीधी अपनी दोस्त डॉ. फ़ख़्रुन्निसा के पास पहुँची। उसने हीमोग्लोबिन देखा तो सात था। वह मुझे डाँटते हुए बोली, "आप कहीं नहीं जा रहीं, सुबह आपका ऑपरेशन होगा, यूटरस निकाली जायेगी।" मैंने ज़िद की कि घर से पर्दे और कपड़े ले आऊँ। उसने अपना ड्राइवर साथ भेजा और अगले दिन ऑपरेशन के बाद हुक्म दिया कि बिस्तर से तीन दिन नहीं उठना। बायोप्सी हो गयी। उसका रिज़ल्ट डॉक्टर ने नहीं बताया। जब मैंने कहा, "डॉक्टर मुझे टेंशन है, मुझे माइग्रेन हो जायेगा, बताइए" तो फिर डॉक्टर ने कहा कि जिस्म की जो चीज़ पूरी तरह इस्तेमाल नहीं की जाती वह अहतिजाज (प्रोटेस्ट) करती है। यह तुम्हारी यूटरस का अहतिजाज था। बाक़ी सब ठीक है! मैं सुनकर सन्नाटे में आ गयी। मेरे ज़मीर ने कहा, "तुम लोगों के दुख पर रोती और लिखती हो, तुम्हारे अन्दर जो चीख़-पुकार है, तुम उसको तवज्जो ही नहीं देतीं।" बस यह सोचना था कि मुझे माइग्रेन शुरू हो गया। डॉक्टर परेशान कि कहीं टाँके न टूट जायें। मैंने कहा, "डॉक्टर मेरे पास दो दिन तक कोई न आये। मैं नज़्म लिखूँगी, ठीक हो जाऊँगी।" मैंने Farewell to uterus नज़्म लिखी। अपने बदन से बेतवज्जही पर ख़ुदा से भी माफ़ी माँगी। उसी अस्पताल के बेड पर लेटे-लेटे एक इंटरनेशनल लेवल पर वर्किंग वीमन पर कॉन्फ्रेंस हम लोग कर रहे थे। उसकी डिटेल्स, प्रोग्राम और फंडिंग करने वाले लोगों के नाम और

सबके ज़िम्मे काम लगा दिया। अस्पताल में रोज़ भाईजान कभी चीनी, कभी देसी, कभी अंग्रेज़ी खाना भेज रहे थे। अब होता यह कि चाहे मीज़ू या मेरे ससुर या कोई दोस्त मुझे देखने आता, पहले खाने पर नज़र डालता, फिर मेरी तबीयत पूछता। एक दिन डॉक्टर भागी-भागी आयी कि एक सरदार जी, जो बहुत ख़ूबसूरत हैं और एक बन्दा धोती बाँधे, सर पर परना डाले आपके कमरे के बारे में पूछ रहे हैं। मैंने कहा, "बहुत बड़े शाइर हैं सरदार जी, राजिन्दर सिंह बेदी सहर[1] हैं और परने वाले अज़ीम शाइर उस्ताद अमन हैं।"

कई साल तक मुझे खाना खाते हुए कलेजे में कुछ चुभन महसूस होती थी। कभी बढ़ भी जाती। डॉ. शाहिदा स्पेशलिस्ट के पास ले गयी। उसने कहा, "ट्यूमर है। आधा दिल पर पड़ा, आधा बाहर है। इसकी बायोप्सी नहीं हो सकती।" लाहौर में सर्जनों की टीम ने चेक किया, कहा "यह ऑपरेशन ख़तरनाक है, इसमें जान जा सकती है। हम नहीं करेंगे जियो ऐसे ही और लिखती रहो।" 1990 ई. में अली इमाम लाहौर आये हुए थे और सर्जनों की बात उन्होंने उस वक़्त के चीफ़ मिनिस्टर को बतायी। उन्होंने कहा, "मैंने तुम्हारे लिए टिकट भिजवा दिया है। कल आ जाओ, डॉक्टर तुम्हें वी.आई. पी. रूम में मिलेगा।" ऑपरेशन के ख़तरनाक होने की इत्तिला मैंने तो किसी को नहीं दी अलबत्ता मेरी दोस्त डॉ. शाहिदा ने भाईजान को बता दी। उधर कराची में अगली सुबह डॉक्टर ने चेक किया। उसने भी कहा बायोप्सी नहीं हो सकती। आठ घण्टे का ऑपरेशन है। पाँच दिन बाद करेंगे। उस दौरान मैं अपने मेहरबान भीम जी साहब से मिलने गयी, तफ़सील बतायी। मैंने कोई फ़रमाइश नहीं की अलबत्ता सारे दोस्त, जिनमें डॉ. हारून, अनीस, शीन फ़र्रुख़, अली इमाम, गुल जी सब पैसे जमा करने में मसरूफ़ थे। ऑपरेशन के दिन सारे बहन-भाई, दोस्त सब इकट्ठे थे। सबको यक़ीन था कि मैं ऑपरेशन थियेटर से जिन्दा नहीं आ सकूँगी। यहाँ तक कि जो डॉक्टर मुझे एनस्थिसिया देने के लिए खड़ी थी, वह भी रोते हुए कह रही थी, "प्लीज़ ऑपरेशन मत करायें, अब भी रुक जायें।" मैंने कहा, "डॉक्टर! अब तक मैंने जितना लिखने-पढ़ने और फ़ील्ड में औरतों के लिए काम किया है, वह मरने के लिए काफ़ी है।

---

1. राजिन्दर सिंह बेदी 'सहर' के स्थान पर या तो महेन्द्र सिंह बेदी 'सहर' होना चाहिए या फिर सिर्फ़ राजिन्द सिंह बेदी होना चाहिए।

अलबत्ता अल्लाह मियाँ को अगर मेरी ज़मीन पर ही ज़रूरत है तो मैं फिर यह सब काम करती रहूँगी।" उस दौरान मैंने वसीयत भी लिख दी। ऑपरेशन थियेटर में एक और डॉक्टर मौजूद था जो नया-नया आया था। वह बहुत अच्छा लिखता और तर्जुमा करता था। डॉ. आसिफ़ फ़र्रुख़ी, वज़ीफ़े पढ़ती बहनों को पल-पल की ख़बर दे रहा था। अख़बारों में बेशुमार आयते-करीमा के ख़त्म कराने वालों की ख़बरें आ रही थीं। पाँच घण्टे बाद डॉक्टरों ने ख़ूनभरे हाथों के साथ तालियाँ बजायीं। आसिफ़ ने भाग कर बहनों को ख़ुशख़बरी सुनायी कि ट्यूमर ख़ुद-ब-ख़ुद बाहर आ गया है। मेडिकल की हिस्ट्री में अब आपका नाम लिखा जायेगा। आगा ख़ाँ अस्पताल में मैनेजमेंट ने एक कमरा मेरे मेहमानों और लाखों फूलों के लिए मख़्सूस कर दिया। एक दिन मेरे दोस्तों ने जाते हुए फ़ाइनेंस डाइरेक्टर से पूछा, "अन्दाज़न कितना ख़र्चा आयेगा?" डाइरेक्टर ने मुस्कुराते हुए कहा, "आप फ़िक्र न करें। भीम जी साहब के ऑफ़िस से इंस्ट्रक्शन आ गये हैं। वह बिल देंगे।" अस्पताल से निकल कर एक दिन बाजी के घर मीलाद के लिए रुकी। बाक़ी पन्द्रह दिन शीन फ़र्रुख़ ने मदर टेरेसा बनकर मेरी और मेहमानों की ख़िदमत की। लाहौर वापस आई। भाईजान ने बड़े खाने का इहतिमाम किया था। वेफ़ की लेडीज़ निगार के साथ और क्लब की डॉक्टर शाहिदा और फ़ख़्रुन्निसा के साथ शरीक हुईं। मैंने अगले दिन से यक्की गेट औरतों के काम के लिए जाना शुरू कर दिया।

इस्लामाबाद में कभी बीमार होती तो छोटी बाजी और शमीम इकरामुल हक़ हर वक़्त हाज़िर। मसरुफ़ियत के ज़माने में शिमाली (नॉर्थ के) इलाक़ों के ख़ानदान तालिबान के ज़ुल्मो-सितम से तंग आकर स्कूलों, ख़ेमों और घरों में टेम्परेरी तौर पर ठहरे। पहले दिन से अब तक ताहिरा अब्दुल्लाह ने जितना उन लोगों की मदद के लिए ट्रक भर-भर कर भेजे, वह तो बयान नहीं हो सकता। मैं भी कई जगह गयी। वहाँ की औरतों ने शिकायत की कि हमें दालें, चावल, आटा तो मिल रहा है, मगर हमें तवे और लोहे के चूल्हे भी चाहिए। मैं आबपारे गयी। दुकान के मालिक को ज़रूरत बतायी। उसने कहा, "बाजी! इसमें 30 फ़ीसद (पर्सेंट) ख़र्चा और गाड़ी का किराया मेरे ज़िम्मे।" कुछ दिन बाद वह शरीफ़ और नेक आदमी सामान के साथ मेरे दफ़्तर पहुँच गया। अब बनों की तरफ़ चल पड़े। वहाँ एक जैसा मंज़र था। बच्चे की पोटी और घर

की रोटी एक साथ पड़ी थीं। हमने वह सारे तवे और चूल्हे शाम तक बाँट दिये। प्यास लगी थी। हम पानी साथ ले जाना भूल गये थे। वापस आकर रात को ही उल्टियाँ ऐसी शुरू हुईं कि मैं बार-बार बेहोश हो जाती। उस ज़माने में T.V.O. के एम.डी. इक़बाल जाफ़र थे। उन्होंने अपनी गाड़ी में बैठाया, वह अस्पताल की तरफ़ चले क्योंकि मेरी बहन क़मर उस अस्पताल की एम.एस. थी। कमरे वग़ैरह का इन्तज़ाम, मेरे पहुँचने तक हो चुका था। पता नहीं कितनी ड्रिप्स लगीं। मेरा बहनोई डॉ. सोलत ड्रिप्स लाकर देता रहा। तीन दिन बाद मुझे होश आया। तब से पिछले साल तक खाँसी के अलावा और कोई बीमारी नहीं थी कि जून में कोरोना हो गया। मेरी दोस्त समर, टेस्ट करने वालों को घर पर ही ले आयी। डॉ. ज़ीनत ने पन्द्रह दिन के लिए घर में पाबन्द और बार-बार इनहेलर लेने की ताकीद करते हुए शफ़ीक़ (मेरा पाला हुआ बच्चा) को कहा, “न यह फ़ोन सुनेंगी, न कोई घर आयेगा, मेरा कोरोना भी अजीब था। न मुझे बुख़ार हुआ, न बदन दर्द अलबत्ता खाँसी ने तो साल भर मेरा पीछा नहीं छोड़ा। जब सारे डॉक्टर, हकीम टोटके सब फेल हो गये तो मेरे डॉक्टर, डॉ. असद जो हमारे NRSP में मुलाज़िम थे, ने डरते-डरते कहा, “आप चन्द क़तरे, हर पन्द्रह मिनट के बाद, चार घण्टे तक पियें। उफ़्फ़ साल भर बाद, यह पहली रात थी कि मैं सोई। इस्लामाबाद में मेरी दोस्त जो मेरी मदर टेरेसा हैं, वे ताहिरा अब्दुल्लाह, फ़ौज़िया सईद, रज़िया, मिनल्लाह सिस्टर मेरी जान हैं।

इस्लामाबाद में हमारा शाम का काम यह है कि रोज़ किसी-न-किसी अज़ीयत[1] पर जुलूस निकालें। इस सिलसिले में हमारे वज़ीरे-आज़म कुछ-न-कुछ कह कर हमारी मदद करते हैं। पहले ज़िना[2] के सिलसिले में औरत को मूरिदे-इल्ज़ाम3[3] ठहराया, फिर औरत के लिबास, फिर सेक्यूलरिज़्म, फिर हर रोज़ रियासते-मदीना की याददहानी। ऐसे सारे इशारे, हमें और आज के नौजवान लड़के-लड़कियों को बहुत चिढ़ाते, शाम होते ही प्रेस क्लब के बाहर मजमा होता, हम बुज़ुर्ग भी जाते, उसका असर क्या हुआ, पुराना मुहावरा चिकने घड़े पे पानी डालो, उतर-उतर जाये। रहा यह मसला कि यार लोगों ने कपास की जगह गन्ने की खेती करना और शुगर फैक्ट्रियाँ लगानी शुरू

1. यातना

2. व्यभिचार

3. आरोपी

कर दीं, कपास और गेहूँ दूसरे मुल्कों को भेजकर ख़ुद गेहूँ इम्पोर्ट करना शुरू किया। तो फिर सबको गर्मी तो चढ़नी थी। इसके अलावा इस्लामिक आइडियोलॉजी काउंसिल दस साल के लिए बनायी गयी थी। कई दफ़ा के दस साल गुज़र गये, उसमें एक भी औरत शामिल नहीं, बग़ैर इंजन के रेल चली जा रही है। औरतें क्या पहनें, केबिनेट में बहस होती है। तालिबान बढ़ते जा रहे हैं। इस पर सरकार कह रही है? "देखते हैं क्या होता है?"

हो रहेगा कुछ-न-कुछ घबरायें क्या।

इस्लामाबाद बड़े मज़े की जगह है। सारी एम्बेसी कभी कॉफ़ी पार्टी के साथ अपने लिबास, कभी पुराने खाने, कभी शादी की रस्में आये दिन ऑर्गनाइज़ करती रहतीं। इंडियन हाई कमीशन ने कई दफ़ा हर सूबे की साड़ियों की नुमाइश की। हमारी वह बेगमात जो एम्बेसडरों की बीवियों से बहनापा बना लेती थीं, वह इफ़्तारी, कुण्डे के अलावा बक़रीद पर उनको इनवाइट करतीं कि आयें बकरा क़ुर्बान होता देखें। मज़हबी मौक़े को वह कल्चरल रंग दे देतीं।

18

जब अब्बा जी का ग्रामोफ़ोन और वह भी बरसात की रिमझिम में, मुझे कितनी ही डाँट पड़े मैं कल्लन ख़ाँ क़व्वाल और कज्जन बेगम के रिकॉर्ड सुनकर बहुत लुत्फ़ लेती थी। फिर मुशाइरों में जो लोग तरन्नुम से पढ़ते जैसे जिगर साहब, उनको सुनकर दिल ख़ुश होता। फ़िल्मी गाने, जिनमें अदबी रंग जैसे साहिर लुधियानवी और शैलेन्द्र के गीत, फिर जोश साहब की नज़्म के आहंग में जावेद अख़्तर ने गाना लिखा, वह बहुत भाया। गुलज़ार की तो फ़िल्मों ने ग़ज़ब ढाया, ख़ास 'मेरा कुछ सामान तुम्हारे पास पड़ा है' यूँ ज़िन्दगी के हर वरक़ पर नये नाम दर्ज होते गये। अमृता प्रीतम ने तो 'अज आखां वारिस शाह नूं' की गिरफ़्त में बहुत मुद्दत तक रखा। नूरजहाँ ने क्या-क्या ग़ज़ब ढाये, 'जदों होली जई, लेना मेरा नाम में थां मरजानियां' यह थां मरजानियां की अदायगी बाबा चिश्ती की शाइरी, क़तील शिफाई की तहरीर 'रातें महक रही हैं' जैसे इशारे, फिर अहमद राही के सारे पंजाबी गीत 'सुन वंजली दी मठरी

तान' और सैफ़ुद्दीन सैफ़ की सात लाख फ़िल्म और 'आये मौसम रंगीले सुहाने' ख़्वाजा रशीद अनवर की धुनों और मास्टर ग़ुलाम हैदर या मास्टर इनायत, रशीद अत्रे, हसन लतीफ़ कमाल कम्पोज़र थे और शहरयार का एक ही फ़ोक से मिलाकर लिखा नग़मा, 'बारी थाईं चढ़या, नवाँ दिन उड़या।'

भला इन सबको इकट्ठा क्यों लिख दिया। मैं दरअसल अपनी याद्दाश्त का इम्तिहान लेते हुए हयात अहमद ख़ाँ की सालाना म्यूज़िक कॉन्फ्रेंस जिसमें आख़िरी बार मुख़्तार बेगम का गाना 'आज जाने की ज़िद न करो' हर साल इस कॉन्फ्रेंस को और ज़्यादा पुरलुत्फ़ बनाने के लिए रेडियो पाकिस्तान, लाहौर की सालाना बहार यह कॉन्फ्रेंस जिसमें मल्कए-मौसीक़ी लाला मूसा से आती थीं, उस्ताद अमानत, फ़तह अली ख़ाँ, उस्ताद नज़ाकत, सलामत की तानों से रात भीग जाती। इन सबके बाद कहीं जाकर सलीम रज़ा के बाद मेहदी हसन, फ़रीदा ख़ानम और इक़बाल बानो की गज़लें, बेगम अख़्तर से भी बेहतर कई जगह लगती हैं। मुनीर नियाज़ी रोज़ सुबह उठ कर किशोर या मोनकर और अनिल बिस्वास के बनाये हुए गाने सुनता था।

रियाज़ शाहिद ने हबीब जालिब और मुनीर नियाज़ी दोनों से ख़ूब गाने लिखवाये, 'कैसे-कैसे लोग हमारे जी को जलाने आ जाते हैं।' जालिब ने कहा, "रक़्स ज़ंजीर पहन कर भी किया जाता है।" मुझे याद आता है कि रेडियो पर मैंने प्रोग्राम शुरू किये। वहाँ फ़ीरोज़ निज़ामी, मौसीक़ार और शकूर बेदिल दोनों ने मुझ से कहा, "आप गाना सीख लें।" आपकी आवाज़ अच्छी है। मैंने कहा, "मुझ से तो क़ौमी तराना नहीं गाया जाता" दोनों ने एक आवाज़ में कहा, "आवाज़ भी पर्दे में होती है। तान लगाने से आसमान से क़ुबूलियत की दुआ उतरती है।" बहरहाल, तमाम क्लासिकी शामों और गाने वालों से मुसलसल मुलाक़ातों ने मुझे समझाया कि ग़ौर से सुनो तो रोशनआरा बेगम की तान और सत्तार की आवाज़ में कितनी मुमासलत[1] है। ख़ुदा भी इस गले पर नाज़ करता होगा। नूरजहाँ अचार खा के भी गाने के लिए गला साफ़ नहीं करती थीं। अमानत को फ़िल्मों पर आने का शौक़ एक तरफ़ और दूसरे यह वाक़िया लिखने वाला है। हम सब टी.वी. हाउस में बैठे थे। गर्मी क्या उमस बहुत ज़्यादा थी। इन्तज़ार हुसैन ने कहा, "नासिर! दो बोल ऐसे लिखो कि

1. समानता

अमानत गाये और मौसम बदल जाये।" उस ज़माने में टी.वी. पर रोज़ाना शाम सात बजे नया नग़मा होता था! नासिर काज़मी ने बस इतना कहा, "मौला मेह बरसा दे" उसको रागिनी का पहनावा ख़ुद अमानत ने दिया। सात बजे जाकर गाया। यक़ीन करिए बूँदा-बाँदी शुरू हो गयी। इसी तरह हम लोगों ने मल्हार वाले घर की शाम, फ़सीह के डांस और बरसात के खानों का इहतिमाम किया। अजब कमाल यह हुआ कि जब फ़सीह रिहर्सल कर रहा था और जब परफ़ॉर्म कर रहा था, दोनों दफ़ा बूँदें पड़ी और सिर्फ़ मेरिएट के चारों तरफ़, सलामत अली ख़ाँ, फ़रीदा ख़ानम की गायकी के आशिक़ थे। अक्सर उनके घर में देखे जाते थे। इक़बाल बानो के मुलतान वाले घर में तो माहिरुलक़ादरी भी आस्ताने पर दिखाई देते थे। बानो ने अपनी नहीं, बल्कि अपनी सौतन की औलाद को अपनी औलाद कह कर पाला, ब्याहा और फिर उन्हीं बेटियों ने यह कह मुल्क के बाहर नौकरियाँ तलाश कीं कि "हम नहीं सुन सकते हमें गाने वाली की औलाद कहा जाये।" सौतन को अपनी माँ कहती थीं और बेटी की भी शादी की तो दामाद घरजमाई मिला, जो खाता-पीता भी इन्हीं का और इनको गाने से मना करता था। कोठी बहरहाल जिसने भी दी, वह अच्छी थी। दामाद भी जल्द ही गर्दन तोड़ बुखार में मर गया। कुछ साल बाद बानो ख़ामोशी से चली गयीं।

रोशनआरा बेगम सारी उम्र लाला मूसा ही में रहीं। जब रेडियो पर बुलाया जाता, उस ज़माने में तीन मिनट का लाइव प्रोग्राम होता था, दो-तीन ठुमरी या तराने रिकॉर्ड करवा जाती थीं। शोख़ रंग के कपड़े और बहुत-सा ज़ेवर पहने, बूटा-सा क़द बड़ी मासूम लगती थीं। हम लोग जब उनके घर घण्टेभर का प्रोग्राम रिकॉर्ड करने गये तो पता चला कि वह रोज़ाना तहख़ाने में भैंसों के बाड़े में रियाज़ करती हैं क्योंकि शौहर का हुक्म था कि गाने की आवाज़ बाहर नहीं जानी चाहिए। रोशनआरा बेगम ने दो ग़ज़लें गायी थीं। एक तो इफ़्तिख़ार आरिफ़ की कि वह नये शाइर होने के बावजूद टी.वी. पर मुलाज़िम थे और एक पता नहीं किसकी थी।

जब इब्ने-इंशा का इन्तिक़ाल हुआ, तब उन पर ताज़ियती (शोक का) प्रोग्राम यूसुफ़ कामरान ने किया। अमानत ने उनकी ग़ज़ल 'इंशा जी उठो' गायी। वाक़िआ यह हुआ कि इस गायकी के चन्द माह बाद अमानत का इन्तिक़ाल हो गया। अभी चन्द महीने गुज़रे तो यूसुफ़ कामरान का इन्तिक़ाल हुआ। फिर वही ग़ज़ल सुनायी गयी। असद अमानत भी सबसे आख़िर में यही

ग़ज़ल गाता था, वह भी मर गया। उसके बाद ख़ानदान की औरतों ने मना किया कि तुम सब बच्चे अब यह ग़ज़ल नहीं गाओगे।

महनाज़ और कज्जन बेगम को मौसीक़ी की आला तालीम के लिए रज़ा काज़िम ने कई साल घर पर रखा। अपनी बेटी बबली को भी सितार की तर्ज़ पर सुर मण्डल बना के दिया और सिखाया। यह वही रज़ा काज़िम हैं, जिन्होंने हुकूमत बदलने की ऐसी अहम् साज़िश की थी कि उनकी करेंसी भी छप गयी थी कि अचानक पासा पलट गया और अटक जेल में मुक़दमे के बाद, फाँसी की सज़ा के इन्तज़ार में थे कि उनकी शार्गिद फ़ोटोग्राफ़र रशीदा और रज़ा काज़िम का निकाह पढ़वाया गया। जब बहालपुर में जहाज़ गिर गया और बत्तीसी भी न बची तो रज़ा काज़िम फिर इंटरनेशनल मुक़दमों में पेश हो रहे थे और रशीदा फ़ोटोग्राफ़ी करने के बावजूद, घर की बेगम थी।

नाहीद अख़्तर और उसकी बहन अपने अब्बा के साथ मुलतान से आती थीं। उनके कपड़े इतने मलगजे होते थे कि ख़्वाजा नजम मेरे घर से कपड़े और चादरें रिकॉर्डिंग के लिए ले जाता था। बहरहाल, वह सुरीली बहुत होने के अलावा जैसे-जैसे गाती रही, निखरती रही। सियासतदान भला किस फ़नकार के पीछे नहीं पड़ते, उनके क़िस्से तो सड़क और अस्पताल में आ जाते हैं। बहरहाल, नाहीद गाते-गाते एक जर्नलिस्ट से शादी कर ऐसी पर वाली बनी कि फिर स्क्रीन पर नज़र नहीं आयी अलबत्ता शौहर के इन्तिक़ाल के बाद शहबाज़ शरीफ़ जब उसे चैक थमा रहे थे, बस उस दिन दुनिया ने नाहीद को देखा।

आबिदा परवीन ने हैदराबाद रेडियो के डाइरेक्टर से ताल्लुक़ पैदा किया। उनका ज़ौक़[1] बहुत अच्छा था। शादी के बाद उनके साथ ही रहे मगर जब जहाज़ में उनकी हरकते-क़ल्ब[2] बन्द हो गयी तो कराची उतरने पर, उनके बेटे दफ़नाने के लिए हैदराबाद ले गये। आबिदा बच्चों के साथ इस्लामाबाद आ गयीं। उनकी वफ़ात के पन्द्रह दिन बाद,एक महफ़िल की कि उनको अकेले ही बच्चों को पालना था। सलामत रहे आबिदा कि उसने हमीद अख़ुंद के कहने पर पूरा 'शाह जो रिसालो'[3] रिकॉर्ड कराया है।

---

1. रुचि, रसिकता
2. हृदयगति
3. उपमहाद्वीप में सिन्धी भाषा के महान सूफ़ी शाइर शाह अब्दुल लतीफ़ भिट्टाई का काव्य-संग्रह जिसमें कई लोककथाओं के साथ मूमल-महेन्द्र की प्रेम कथा का सबसे प्रसिद्ध विवरण है।

मेहदी हसन ने जब बताया कि मैं साइकिल के पहिये का पंक्चर लगाया करता था, तो मैंने कहा, "आप अपने इंट्रोडक्शन में यह ज़रूर बताया करें और कहें ट्यूब के पंक्चर लगाने से पहले पानी से जो हवा निकलती थी, वह मुझे सुर में लगती थी, सब लोग आपको पसन्द करेंगे" कहने लगे, "बाजी! मैं यह नहीं कहूँगा। मैं बताऊँगा कि हमारे बड़े, रजवाड़ों के यहाँ गाया करते थे, लोग तभी आपको मानते हैं" मैंने सोचा, लोगों की सोच अगर अच्छी होती तो रेशमा ख़ुद को गड़वी[1] बजाने वाली कहती। वह भी कहती रही कि हमारे क़ाफ़िले राजस्थान से यहाँ आते-जाते रहते थे।

ग़ुलाम अली ने हसरत मोहानी की ग़ज़ल 'चुपके-चुपके' क्या गायी और फिर सूफ़ी साहब का तर्जुमा "मेरे इश्क़ दा नयीं एतबार तेनूँ, आ वेख मिरा इन्तज़ार आ जा" बस दो चीजें ग़ुलाम अली को इंडिया, पाकिस्तान क्या सारी दुनिया की शोहरत उनकी गोद में थी। शौक़त अली, ग़ुलाम अली और हामिद अली ख़ाँ ने अपने बेटों को क्लासिकल सिखाया मगर बदलते ज़मानों को देखकर सारे बच्चों ने अपने बैंड बना लिए। आतिफ़ असलम और सनम मारवी के अलावा सब लोग ऑर्केस्ट्रा के सर पर शोर मचाते और नौजवान लड़के-लड़कियाँ मग़्रिब (west) के अन्दाज़ में उछलते रहते हैं। वैसे ज़रा मुड़ कर देखें, तबला ख़त्म, हारमोनियम ख़त्म, सितार और सारंगी ख़त्म, पाकिस्तान में अलबत्ता अरबी दफ़ फ़ैशन में आ गया है।

आज भी मुझे याद है मणिशंकर अय्यर ने फ़रीदा ख़ानम को देहली से सुनने के बाद कहा था, "चलो किसी के कहने पर बात शुरू तो हुई है" इसको भी छह बरस हो गये बात नहीं, ज़हर दोनों तरफ़, मन्दिर और मस्जिद तोड़ने की युबूसत[2] दोनों तरफ़ छाई हुई है।

19

रेडियो पर बोलने का सलीक़ा अख़लाक़ अहमद देहलवी और सतनाम महमूद से सीखा। वह इतनी रवानी, बग़ैर बनावट और हँसते हुए बात यूँ मुकम्मल

1. छोटा बर्तन, जो हिन्दू पानी के लिए इस्तेमाल करते हैं
2. सूखापन, रुखापन, ख़ुश्की

करते थे कि मुस्कुराहट ख़ुद-ब-ख़ुद आप के चेहरे पर आ जाती थी। रेडियो पर तो अदीबों की कहकशां थी। मुख़्तार सिद्दीक़ी, यूसुफ़ ज़फ़र, अज़ीज़ हामिद मदनी, सलीम अहमद, रज़ी अख़्तर शौक़, नासिर काज़मी, सलीम गीलानी, शाद अमृतसरी, मुस्तफ़ा-हम्दानी, शकूर बेदिल, अय्यूब रूमानी, मोहिनी हमीद, यासमीन ताहिर, पीरज़ादा इम्तियाज़ अली ताज, कमाल अहमद रिज़वी, अशफ़ाक़ अहमद, बानो क़ुदसिया, अलताफ़ फ़ातिमा अभी तो न जाने कितने नाम याद नहीं आ रहे कि आवाज़ ज़मीन पर छोड़ कर, अपनी रूहों के साथ चले गये हैं। नौजवानों में परवीन शाकिर, हसीना मुईन कराची में, लाहौर में इफ़्तिख़ार जालिब, फ़हीम जोज़ी और मैं भी इनमें शामिल थीं।

1960 ई. से 1965 ई.[1] तक का ज़माना मुकम्मल तौर पर रेडियो की हुक्मरानी का था। लाहौर रेडियो स्टेशन पर तो 'कृश्न चन्दर', मंटो और बाक़ी सारे सीनियर लिखने वाले बेहतरीन ड्रामे और ग़नाइयों के अलावा मौसीक़ी के प्रोग्राम में नई आवाज़ें भी शामिल हुईं मगर 1947 ई. ने सारे लिखने वाले तितर-बितर कर दिये। मगर अभी रेडियो ट्रांज़िस्टर की शक्ल में हमारे देहातों और खेतों तक में देखा जा सकता था। 1965 ई. की जंग की रिपोर्टिंग में बी.बी.सी. को हर चौपाल में अहम् ख़बरनामे के तौर पर तस्लीम किया जाता था। यह उस साल क्या हर गुज़रे साल में बी.बी.सी. ही सबसे सच्चा मीडिया समझा जाने लगा।

रेडियो का सबसे मज़बूत और क़ीमती हिस्सा वह था जिसे फ़ैज़ साहब और शेख़ साहब के हवाले, भुट्टो साहब ने लाहौर ऑफ़िस खोल कर काम करने को कहा। काम था कि तमाम पुराने मौसीक़ी और शख़्सियात[2] की गुफ़्तगू नये सिस्टम में महफ़ूज़ करो। भुट्टो साहब गये फ़ैज़ साहब का दफ़्तर ख़त्म, अब शेख़ साहब को तमाम रिकॉर्ड के साथ, रेडियो पाकिस्तान लाहौर के तहख़ाने में तब्दील कर दिया गया। उन्होंने अपनी ज़िन्दगी में बहुत कुछ किया मगर सामने नहीं आया। फिर सारा रिकॉर्ड इस्लामाबाद हैड ऑफ़िस

---

1. यहाँ पर 1960 से 65 के स्थान पर 1940-45 होना चाहिये क्योंकि इस वाक्य की पाँचवीं पक्ति में 1947 का उल्लेख है और मंटो का निधन 1955 में हो गया था।

2. व्यक्तित्वों

मुंतक़ल हो गया। नय्यर महमूद उसकी हैड बनीं। सच है उसने जब तक रिटायर नहीं हुई, बहुत काम किया। अब वह सब ख़ज़ाना किस हाल में है। क्या बताऊँ कि ख़ुद रेडियो को नाकाम शुमार करते हुए, आसिफ़ ज़रदारी के लगाये हुए एक साहब ने रेडियो के प्रोग्रामों की सूरत ऐसे बदली कि रेडियो का असल मक़सद ग़ायब और हर चैनल पर एफ़ एम रेडियो, नौजवानों को अच्छा मौक़ा मिला। अपने ज़माने की म्यूज़िक और आर्टिस्ट भी उन्होंने तलाश कर लिए। यूँ रेडियो को याद रखने वाले हम चन्द लोग ही रह गये। अब तो बताया जाता है कि जहाँ बहुत-सी चीज़ें गिरवी रखी गयी हैं, उनमें रेडियो के हैड ऑफ़िस की बिल्डिंग भी शामिल है।

टी.वी के तो शुरू होते ही घरों में बोलता डिब्बा मिल गया जो शुरू में तीन घण्टों का प्रोग्राम होता था। फिर जब तक चैनल्स हुकूमत की निगरानी में रहे, उम्दा ड्रामे नज़्मो-नस्र[1] के ख़ूबसूरत इंतिखाब[2] और क्लासिकल शख़्सियतों के कुछ इंटरव्यू अच्छे रहे जो अभी तक यादगार हैं।

परवेज़ मुशर्रफ़ की हुकूमत ने महामारी की तरह चैनल्स फैला दिये। अब न तलफ्फ़ुज़[3] दुरुस्त रखने वाला कोई था। जुम्ले बनाने और अदायगी हर नये आने वालों की मर्ज़ी पर छोड़ दिया गया। वही पी.टी.वी जो सबसे ज़्यादा मोतबर और मक़बूल जाना जाता था, अब सिर्फ़ हुकूमते-वक़्त का तर्जुमान बन कर रह गया है।

अख़बारों पर भी हमला, अय्यूब ख़ाँ के दौर से शुरू हो गया था। पी.पी. एल. को क़ौमी निगरानी के हवाले क्या लिया, जितने ज़हीन[4] लोग थे, कुछ ख़ुद छोड़ गये, बाक़ी यूँ होता रहा कि रिपोर्टर सरकारी प्रेस रिलीज़ आने का इन्तिज़ार करते। सरकारी का लफ़्ज़ हटा कर 'अपने रिपोर्टर से' लिख कर अख़बार का पेट भरने लगे। जर्नलिज्म में भी कम्प्यूटर के आने से जहाँ बहुत से कातिब (सुलेखकार, calligraphist) बेरोज़गार हो गये, कुछ ने कम्प्यूटर सीख लिया। आगे बढ़े तो कॉपियाँ पेस्ट करने का सिलसिला भी

---

1. गद्य-पद्य
2. चयनित सामग्री
3. उच्चारण
4. बुद्धिमान अथवा प्रतिभावान

कम्प्यूटराइज़्ड हो गया। कलर्ड पेजेज़, पिक्चर्स, डिज़ाइन, कपड़े, खाने की रेसिपीज़, टेलीविज़न और अख़बार दोनों पर छा गये।

इसके बावजूद 20-21 के इसी डेढ़ साल में 37 जर्नलिस्ट मारे गये हैं। हर सरकार को क़लम पकड़ने और पकड़ाने के लिए, अपने ग़ुंचे मिल जाते हैं। अब तो बात और भी बढ़ गयी। सोशल मीडिया ने, मज़दूर से लेकर सियासतदानों तक को बेलगाम बोलने का माहौल दे दिया फिर जब तनज़्ज़ुल (पतन) शुरू होता है तो थमता नहीं है। स्काइप और वाट्सएप ने दूर बैठे जान के टुकड़ों को आमने-सामने देख कर बात करने का मौक़ा फ़राहम (उपलब्ध) करा दिया है। साथ ही नौकरियों से निकाले गये जर्नलिस्टों ने यूट्यूब को इस्तेमाल करने की ठानी। कुछ चल रहे हैं, कुछ लड़खड़ा रहे हैं। अलबत्ता कुछ अख़बारनुमा चैनल, दिल की भड़ास निकालने के लिए आप को नेट पर मिल जाते हैं, वह कुछ अलग नरेटिव देने की कोशिश करते हैं।

मेरी उम्र तक आने पर, बहुत से नाम, साल और शख़्सियतें भूलने लगती हैं। अब साइंसदानों ने एक चिप बनाई है जो चाहे बन्दर के दिमाग़ में लगे कि इन्सान के, वह अपना काम दिखाती है। मुझ जैसे बहरों के लिए, छोटी-सी प्लास्टिक की कान के जैसी बनी हुई मिल जाती है। लगा लो अगर कुछ सुनना है तो। इन्तिज़ार हुसैन और आई. ए. रहमान उतार कर रख देते थे और जब बोलने की बारी आती तो लगा लेते थे। अफ़ग़ानिस्तान में हमले के बाद हमारी दोस्त 'कैथी' मरते-मरते बची। कैथी अपने हाथों के 18 बार ऑपरेशन से ठीक होने तक, अस्पताल में भी रिपोर्ट लिखवाती रही, इंटरव्यू भी देती रही।

उर्दू कम्पोज़िंग और कम्प्यूटर के ज़रिये तर्जुमे भी मुमकिन है मगर क्या कीजिए मुझ जैसे पुराने बुड्ढ़ों का, हमें उर्दू हाथ से लिखने ही में मज़ा आता है। 1993 ई. जब मैं बेलाज़ियो में बतौर मुसन्निफ़[1] छह हफ़्ते के लिए मदऊ[2] की गयी थी, जहाँ मैंने हाथ से "बुरी औरत की कथा" का मुसव्वदा[3] तैयार किया था। दूसरे मुल्कों के राइटर्स मेरे कमरे में आ कर मुझे लिखता हुआ देखते थे। अब भी अगर ग़ालिब या मीर की कशीदा ख़त (शब्दों को खींच कर

---

1. लेखक
2. आमन्त्रित
3. पाण्डुलिपि

लिखी लिपि) में लिखी हुई तहरीर मिलती है तो बहुत शानदार माज़ी की याद दिलाती है। चूँकि मेरे अब्बा भी ख़ते-शिकस्ता[1] में लिखते थे।

पिछले पचास बरस में मक़ामी (स्थानीय) अख़बार और मक़ामी ज़बानों के अख़बार बहुत हो गये हैं। माहनामा (मासिक पत्रिका) उर्दू और अंग्रेज़ी रिसाले 2020 ई. के बाद तारीख़ का हिस्सा हो गये हैं। अलबत्ता क़ौमी ज़बानों में किताबें सामने आ रही हैं। फिर लोग सवाल उठाते हैं कि जब किताब कम्प्यूटर पर पढ़ी जा सकती हैं और जितनी पढ़ी जा सकती है, वह पढ़ो। मगर फिर हम जैसे क़लम और काग़ज़ की तहरीर के रसिया, ख़त लिखना भूल गये हैं। अभी किताब का लुत्फ़ अपनी जगह, वैसे तो 'सादिक़ैन' ने ख़त्ताती (कैलिग्राफ़ी) को मक़बूल किया (लोकप्रिय बनाया)। अब यह बाक़ायदा स्कूल बन गया है। ईरानी, मुग़लिया और अरब ख़त्ताती, हमारे नये ख़त्तातों की तवज्जो चाहती है। मशीनों की हुकूमत आने से, प्रिंटिंग करने और एड बनाने वाली कम्पनियाँ भी कम्प्यूटर की मुहताज हैं। पढ़े-लिखे मुल्कों के मुक़ाबले में हमारे जैसे कमइल्म[2] लोगों के लिए मोबाइल, सोशल मीडिया और बात करने का ऐसा ज़रिया हो गया है कि सड़क पर झाड़ू देने वाले को भी हम कान से लगे मोबाइल के साथ ही देखेंगे। गोया मुक़ाबला ख़त्म हो गया। डायलॉग्स की नयी शक्ल पिछले डेढ़ बरस में zoom के ज़रिये नज़र आयी है। उसमें हर एक अपना बयान दे देता है।

वह जिसे क्रॉस कटिंग कहते हैं, जिसमें शेर भी आ जाते हैं, जोक्स भी और मज़ाक़ भी हो सकता है। उसका मज़ा zoom पर नहीं आ रहा है। वैसे तो असग़र नदीम सय्यद और तनवीर अंजुम जैसे सीनियर प्रोफ़ेसर, हर रोज़ zoom पर लेक्चर दे रहे हैं। मालूम नहीं लेक्चर के दौरान सवाल-जवाब का हिस्सा हटा दिया जाये तो, क्या मज़ा।

गुज़िश्ता दस-बारह साल से फ़ेस्टिवल, अदब नगरी से पाकिस्तानी ज़बानों और शेरो-अदब पर इस क़दर असर डाल रहे हैं कि मुस्तंसिर के सफ़रनामों की मक़बूलियत को देख कर अब जो शख़्स भी बद्दोमल्ही तक

1. टूटी-फूटी या टेढ़ी-मेढ़ी लिखावट
2. अल्पज्ञानी

हो आये, सफ़रनामे लिख रहा है। कोरोना के बावजूद आधा कच्चा आधा पक्के का मज़ा आता है कि कुछ लोग मौजूद होते हैं और ज़्यादातर लोग zoom पर बोल रहे हैं। पिछले तीस बरस में जो नौजवान नस्ल नज़्मो-नस्र में आई है उन्होंने गुज़रे तीस बरस में इस तरह किया, जिस तरह बारूद ने हमारी क़दीम तहज़ीबों के नुक़ूश मिटाये और रूस के ख़त्म होने के बाद, जिस तरह बड़े तरक़्क़ी-पसन्दों (प्रगतिशीलों) ने अपनी लाइब्रेरी से मार्क्स और लेनिन को निकाल फेंका। फिर अमेरिका ने मफ़रुज़ा[1] वजूहात[2] की बुनियाद पर इराक़ की सदियों पुरानी तहज़ीब को ख़त्म किया। अफ़ग़ानिस्तान के महलों से लेकर मज़ारों पर अमन के नाम पर ख़ुद अमेरिकी फ़ौजियों को मरवाया, अवाम को भी बेघर किया। तालिबान ने और दाइश (ISIS) ने इस्लाम के नाम पर जो ख़ून की होली खेली, अब तक शाम (सीरिया) और यमन के लोगों को वतन छोड़ने और बेघर होने पर मजबूर किया। फ़िलिस्तीनियों को यहूदी बरबाद करें तो अमेरिका नहीं बोलता। हाँ फ़िलिस्तीनी एक पत्थर भी मारें तो अमेरिका अमन और ह्यूमन राइट्स की बात करता है। हमारे सारे लिटरेरी फ़ेस्टिवल्स में अंग्रेज़ी और उर्दू में हर ज़बान के लिखने वाले खुल कर बोलते हैं। बोलना अहम् था, सर सय्यद, मौलाना आज़ाद, ज़मीर नियाज़ी और मौलाना मौदूदी के ज़माने में। आप हैरान न हों मौदूदी साहब ने मुहतरमा फ़ातिमा जिन्ना को अय्यूब ख़ान के सामने इलेक्शन लड़ने की हिमायत की थी। इस ज़माने में मौलाना मौदूदी को फाँसी की सज़ा भी सुनाई गयी थी। फाँसियाँ कहाँ-कहाँ नहीं हुईं नज़ीर अब्बासी हो कि भुट्टो साहब, हसन नासिर हो कि भगत सिंह वरक़-वरक़[3] गवाही देता है। बहरे-रोम (भूमध्य सागर) के साहिल पर पाँच साल के बच्चे दम तोड़ते, इथोपिया और मेक्सिको की माँएँ अमेरिका के बॉर्डर के इधर और बच्चे उधर। कश्मीर हो कि रोहिंग्या, हाँगकाँग और बर्मा के नौजवान, इन्सानी आज़ादी के लिए अपनी जान पर खेल रहे हैं।

---

1. कल्पित
2. कारणों
3. काग़ज़

20

सियासत तो मेरे बचपन ही में बुनियाद बनाई गयी थी अम्मा अब्बा के साथ जुलूसों में शामिल होना, मुस्लिम लीग के दफ़्तरों में घरों से मुट्ठी-मुट्ठी भर आटा जमा करके लेकर जाना। फिर अब्बा जी का 14 अगस्त की रात को आज़ादी की मिठाई बांटते हुए गिरफ़्तार होना। अब्बा से जेल में मिलने भाइयों के साथ पजमिया उठा कर उँगली पकड़े जाना। अलीगढ़ में पढ़ती अग़वा की गयी लड़कियों का पहुँचना और मेरा उनको छुप के देखना। इसी दौरान एक और एहसास हुआ। अब्बा के हिन्दू पण्डित दोस्त घर आकर हमारा हाल भी पूछते थे। कई दफ़ा उन्होंने कहा "अरे भाभी को कह कर, कबाब कोफ़्ते खिलवाओ। बहुत दिन हो गये"। अब्बा के जेल में होने के बावजूद, बज़ाहिर नहीं, हमारे घर की ख़ैरियत पूछते रहना, छतों पर हिन्दू और मुसलमान लड़कियों का आपस में, गर्मियों में तो रोज़ाना बातें करना, रामलीला हो कि आशूरा[1] के जुलूस, इन सब को हम सब का मिल कर देखना। शिया सहेलियों के घर कुण्डों की तैयारी में रात-रात भर उनके साथ टिकियाँ बनाना। अम्मा का आशूरा पर रोज़ा रखना, होली के दिन अब्बा के कपड़ों पर भी रंग लगाना। यह सब बातें, मेरे बचपन को मज़हबी अकड़ से बचाती गयीं। और जब अब्बा के दोस्तों के कहने पर अम्मा का रेल के बजाय ज़ेवर बेच कर डकोटा जहाज़[2] में पूरे ख़ानदान को लाहौर लाना। इस बहाने सात साल की उम्र में ओढ़ाये हुए बुर्क़े का उतरना। लाहौर में बेघरी की वजह से (अनारकली में) ख़ाला के भरे-पूरे घर में बहुत-से कज़िंस इकट्ठे देखना। अम्मा की ताकीद "किसी से बात नहीं करनी" मस्रुफ़ रहने के लिए नमाज़ें, क़ुरआन, तहज्जुद[3], फिर कभी किसी कज़िन से पानी भर कर लाते हुए मुठभेड़ से बदन में सनसनाहट महसूस करना। क्यों याद है! अब गढ़ी शाहू में किराये का मकान, स्कूल में दाख़िला, फ़ारसी पढ़ने का शौक़, यहीं फ़ारसी की टीचर के घर से भागना। मैट्रिक के इम्तिहान के लिए, स्कूल के एक कमरे में एक माह तैयारी के नाम पर चन्द दोस्तों के साथ रहना और पढ़ना कम।

1. मुहर्रम की दसवीं तारीख़
2. एक सैन्य परिवहन विमान जिसे 1947 में भारतीय वायु सेना द्वारा सैनिकों एवं आपूर्ति के परिवहन हेतु प्रयोग किया गया।
3. आधी रात के बाद की नमाज़

बेहूदा हरकतों पर यह टोह रखनी कि हैड मिस्ट्रेस और टीचर की आपस में क्या खुसुर-पुसर, कभी हँसी, कभी दबी-दबी आह की आवाज़ें। तैयारी तो गयी भाड़ में। ऐसी मसरूफ़ियत में महीना गुज़र गया। मैट्रिक का रिज़ल्ट आ गया। वज़ीफ़े[1] में नाम आ गया। अब घर भर में कानाफ़ूसियाँ। मैं छुट्टी के ज़माने में स्कूल में 20 रुपये महीने पर फ़ारसी फ़ाज़िल की लड़कियों को पढ़ाने बग़ैर पूछे स्कूल जाने लगी। घर पर हर हदीस[2], आले अहमद सुरूर और कुछ नहीं तो मुंशी नवल किशोर की लुग़त[3] पढ़ती रहती। भूख हड़ताल, बेशुमार हुज्जत और कहा-सुनी के बाद कॉलेज में दाख़िला मगर साथ बड़ी बहन भी। मिज़ाज दोनों के कम मिलते थे मगर वह ज़्यादा ज़हीन थी। यूनिवर्सिटी में उसने टॉप किया और मैं कभी कॉलेज के ड्रामों, डिबेट्स में घूमती-घूमती, गवर्नमेंट कॉलेज के स्टेज पर बुर्क़ा उतार कर पहुँच गयी। अब अकेली नहीं थी। मेरे साथ मेरा ख़ूबसूरत क्लास फ़ेलो था। जो सुबह मेरे घर के बाहर साइकिल लिए मेरा इन्तज़ार करता था। ज़िन्दगी और जिस्म ने गुलाब के इत्र की ख़ुशबू देनी शुरू की। शामें कॉफ़ी हाउस, टी हाउस में पॉलिटिकल डिस्कशंस में बीततीं, कॉफ़ी हाउस के ऊपर के हिस्सों में लव बर्डस के लिए स्पेशल कॉर्नर्स थे। शाइरी यूनिवर्सिटी से निकल कर और सियासी गुफ़्तगू से स्वेज नहर पर नासिर के क़ब्ज़े के साथ, हो ची मिन्ह, माओ त्से तुंग तक पहुँचने के साथ बेशुमार बहस और झगड़े तक जा पहुँचती। फिर बस में चढ़ते हुए अगली मुलाक़ात का वक़्त तय होता। आख़िर यह हुआ कि आधे घण्टे में आधा किलो लड्डू के साथ निकाह, रुख़्सती और ताँगे में मेरे साथ बोरियों में किताबें और इनामात नया कमरा, एक दूसरे को आधे घण्टे में दुनिया, रिश्ते, जज़्बात और ख़ौफ़ आपस में गडमड हो गये। सुहागरात वाला मंज़र नहीं, परेशानी यह कि 'यूसुफ़' की जेब में ढाई रुपये थे।

मेरे ख़ानदान ने आँखें, दरवाज़े, रिश्ते सब पर ताला लगा दिया। मगर यूसुफ़ के ख़ानदान पर बिजली क्या तूफ़ान, रोना-पीटना, धमकियाँ, ज़लील करने के सारे गुर, यहाँ बेगम ऐलिस फ़ैज़ का यूसुफ़ को मज़बूत रहने के पैग़ाम ने दिन क्या रातें भी बदल दी। दोनों मास्टर्स और नौकरी कर के पलटते

---

1. छात्रवृत्ति
2. पैगम्बर मुहम्मद साहिब की फ़रमाई हुई बात
3. शब्दकोश

तो एक दिन यूनिवर्सिटी से वापसी पर मुझे अपना आप मोटा दिखाई दिया। शायद बच्चा है। कोई ख़ुशी नहीं बल्कि फ़िक्र कि इम्तिहान सर पर, बच्चा कब। यह सारी मंज़िलों के आख़िर में मीज़ू मियाँ की पैदाइश दोनों ख़ानदानों की ग़ुस्से से भरी नज़रों ने मीज़ू को गोद में उठा लिया। अब दूसरे बच्चे के पाँचवें महीने में जमीला हाशमी मेरी हमसफ़र हो गयीं। वह पेट में आयशा को लिए और मैं फ़ैसल मियाँ के बढ़ते वज़न के बावजूद दफ़्तर, रेडियो सब कुछ जारी रखा। घर में फ़र्श धोने से एक दिन उठी तो फ़ौरन सूटकेस तैयार किया। यूसुफ़ ने ठहर कर मेरी बात मान ली। अस्पताल में 2 घण्टे बाद फ़ैसल मियाँ ने रोना शुरू कर दिया। मैं सो चुकी थी। अस्पताल में मौजूद डॉक्टरों और नर्सों ने कपड़ों में मुस्कुराता बेटा मेरी गोद में दिया तो मैंने चीख़ कर कहा "अरे मैंने सारी तैयारी बेटी के कपड़ों की की है।" बहनें ख़ुश हुईं कि कपड़े उनकी बेटियों के लिए मिल गये। मुहर्रम का ज़माना था। जमीला के अभी तीन महीने बाक़ी थे। कृष्ण नगर ताज़ियों और ज़ुलजनाह[1] का मरकज़ था। वह मेरे घर आयी और हर मुक़द्दसो-मुबारक[2] चीज़ को चूमा और दुआएँ माँगी। अप्रैल की 6 तारीख़ को आयशा आ गयी। जमीला के पीर शौहर ने बेटे की तमन्ना में दूसरी शादी की थी। बहुत हौसलामन्द थे पीर भाई। आयशा और कभी मुझे भी साथ लेकर गोश्त लेने जाते थे। हर इतवार, कभी मैं और कभी पीर भाई, उनकी पसन्द का खाना बनाते। सारे अदीबों से मुलाक़ातें घरों तक फैल चुकी थीं। बाहर हँसमुख रहने वाला और दिन-ब-दिन अंग्रेज़ी और पारसी औरतों में दिलचस्पी रखने वाला कामरान यूसुफ़ मेरे कन्धे पर कोई हाथ रख दे तो सारी रात बहस में गुज़ार देता था। यह बहस बढ़ कर अब मेरी शाइरी तक ऐसी फैली कि नुक्ताचीं, दिल की धड़कन बन्द होने पर सऊदिया (सऊदी अरब) से डिब्बे में आ गया। पूरी शादीशुदा ज़िन्दगी में सारे पॉलिटिकल डिस्कशंस और जुलूसों में हमेशा साथ था। रोज़ दूर देस चली जाने वाली आवाज़ें उसे रात के दो बजे बुलाती थीं। मेरे ग़ुस्से से लापरवाह, वह गुफ़्तगू, अमेरिका जाने के इरादे में ढल गयी मगर दिल ने इस फ़ैसले में साथ नहीं दिया। अकेलापन, पुलिस का पीछा करना, बड़े बेटे की शादी ज़बरदस्ती ख़ुद ही करना, हर वक़्त

1. हज़रत इमाम हुसैन का घोड़ा
2. पवित्र एवं पुनीत

जमाते-इस्लामी की धमकियाँ, मेरा बेटे की शादी को सपोर्ट करने से इनकार, इसलिए कि मैंने बच्चे नौकरी करते हुए पाल लिए, अब बच्चों के बच्चे नहीं पालूँगी। इंडिपेण्डेण्ट बनो और ख़ुश रहो। अम्मा के हमदर्दी वाले हर क़दम पर भी वहम, रूखापन और कड़वाहट दिखाती बीवी को छोड़ कर मीज़ू यूरोप चला गया। मेरी कोशिश के बावजूद उसकी बीवी बाहर जाने की सलाह और मेरी कोई बात मानने से परहेज़ करती ख़ुद भाई के साथ कराची चली गयी।

औरतों ने 1983 ई. में ज़िया के औरतों के ख़िलाफ़ बनाये क़ानूनों पर प्रोटेस्ट के लिए, वेफ़[1] बना ली। उसमें अंग्रेज़ी बोलने वाली बड़े घरों की औरतें जब अंग्रेज़ी में क़ुरआन पढ़तीं, मेरे कहने पर दुपट्टा ओढ़ने और सिगरेट न पीने की नसीहतों को उन सब ने ध्यान रखा। इन क़ानूनों को एनालिलिस करने में आसिमा, हिना और शेली के अलावा मर्द दोस्तों में एतिज़ाज़, आबिद मंटो शामिल थे और बेगमात में आबिदा हुसैन की वालिदा, ज़री सरफ़राज़, बेगम महमूदा सलीम के साथ ही बहुत-सी नौजवान लड़कियों ने सोचना शुरू किया कि महज़ इस्लाम को बदनाम करने के लिए आठवें अमेंडमेंट के ज़रिये, औरतों के ख़िलाफ़ बनाये गये क़ानूनों को आईन (संविधान) का हिस्सा बना दिया। उस वक़्त पार्लियामेंट में मौजूद ख़्वातीन सूट से मेचिंग छह गज की चादर और तस्बीह लिए हुए थीं। उनको ग़ैर-मुल्कों के सफ़र पर जाते हुए जींस और टॉप पहने भी देखा गया। यह दोग़लापन आज तक जारी है।

इस्लामाबाद में गुज़ारे हुए 28 बरस में जगह-जगह मुहब्बत के गुलाब की क़लम काट-काट कर लगानी पड़ी। अफ़सरों के अलग ग्रुप, रजअत-पसन्दों (प्रतिक्रियावादियों) के अलग और बहुत ही आज़ाद ख़्वातीनो-हज़रात की दोस्ती अलग। इन अलग-अलग सोच के लोगों को एक सुतली में शामों के लिए इसलिए पिरोया कि कहीं कोई गाँठ न पड़े। सब औरतों और मर्दों को गले मिलने की तहज़ीब से आश्ना (परिचित) किया।

इस्लामाबाद में चलते हुए, बहुत कुछ वह मालूम हो जाता और दिखाया जाता है जो मीडिया के पास से नहीं गुज़रता। सबसे ज़्यादा डॉक्यूमेंट्री फ़िल्में जिसमें मदरसे के बच्चों को ख़ुदकुश (आत्मघाती) जैकेट सीना, पहनना और कैसे और कहाँ जा के मासूमियत से जैकेट खोल कर कहना "मैं फट रहा हूँ" और उसके बाद चारों तरफ़ चीथड़े और बारूद की बू। न स्कूल महफ़ूज़

1. WEF (Women Empowerment Forum)

थे न जनाज़े, न मस्जिदें, न मन्दिर न चर्च। लोग लाशें उठाते-उठाते थक गये मगर तालिबान की जमात हमारे बच्चों को अफ़ग़ानिस्तान के हर मुहल्ले और शहर में इस्तेमाल कर रही है। हामिद मीर पर पाबन्दियों का मसला हो कि अमेरिकियों को बाहर निकालने का, हमारी हुकूमत के मुँह से निकलता है "हम बेबस हैं।"

21

चलें ज़रा बर्लिन की दीवार देखें। हाँ यह वह है कि जर्मनी ईस्ट और वेस्ट में बँटी हुई थी। 1975 ई. की शुरुआत रूसी दुनिया में भी औरतों के दस साल की दहाई का आग़ाज़ होना था। कॉन्फ्रेंस के एजेण्डे की तैयारी के लिए मुझे ईस्ट जर्मनी कॉन्फ्रेंस में ताहिरा मज़हर अली ने भिजवाया। वहाँ उस वक़्त पाकिस्तान के सफ़ीर[1] जमशीद मार्कर थे उन्होंने मेरे लिए सारे इन्तज़ाम किये हुए थे कि थियेटर किस दिन देखना है, ओपेरा कब जाना है, आर्ट गैलेरीज़ के लिए कौनसा वक़्त ठीक रहेगा और एक घण्टा ईस्ट जर्मनी की शाइराओं से मुलाक़ात का रखा था। यह सारे प्रोग्राम कॉन्फ्रेंस के एजेण्डे के अलावा थे। यह भी बता दूँ कि हमारी सरकार ईस्ट जर्मनी जाने को अमेरिकी हवाले की वजह से कम अहमियत देती थी। इसके बावजूद एम्बेसी ने इसको इज़्ज़त की बात समझा कि पाकिस्तान बतौर मुल्क शरीक हो रहा है। मीटिंग के बाद, शाम को मैं कमरे में आई। देखा ट्रॉली पर तरह-तरह के ड्रिंक्स रखे हैं। मैंने मार्कर साहब से कहा। "मैं तो पीती नहीं" बोले "यह तुम्हारे लिए नहीं। यह उन जर्नलिस्ट्स के लिए हैं जो तुमसे मिलने और औरतों के बारे में पूछने के लिए आयेंगे" मैंने अब तक बहुत सफर नहीं किये थे। मगर यह बड़ा ख़ुशकुन तज्रिबा[2] था। यहाँ बहुत-से मुल्कों की नुमाइंदा ख़्वातीन में यू.एन की तरफ़ से फ़र्रुख़ निगार अज़ीज़ थीं। हमें लगा पाकिस्तान आ गया। हर शाम मेरे पास एम्बेसी के अफ़सरान मिलने आते। वह सिर्फ़ एक बात करते "यहाँ तो जी बड़ी महँगाई है। हम तो वेस्ट जर्मनी के बॉर्डर पर सारी ग्रॉसरी पर्चेज़ करते हैं।

---

1. राजदूत
2. सुखद अनुभव

वहाँ सस्ता माल होता है। चलें आपको भी ले चलें" मुझे बस एक बात की सलाह दी गयी थी कि ईस्ट जर्मनी में वेस्ट जर्मनी की बात मत करना। ख़ैर एक दिन मार्कर साहब रोलिंग टॉवर के ऊपर डिनर के लिए ले गये कि जैसे-जैसे टॉवर घूमता था, वैसे-वैसे दीवार के अलग-अलग हिस्से नज़र आते थे। फिर भी मैं दीवार को बाक़ायदा देखना चाहती थी। मार्कर साहब ने यह शौक़ भी पूरा करवाया। आधे घरों के सेहन इधर थे तो घर दूसरी तरफ़, कभी खिड़की इधर तो फिर दीवार देखने के बाद यक़ीन आया कि ख़ानदान बँटे हुए हैं। ख़ैर हालात बदले तो हमने देखा दोनों तरफ़ की जर्मनी के लोग ख़ुशी-ख़ुशी वह दीवार तोड़ रहे थे। दीवार गिरने से पहले, एक दफ़ा वेस्ट जर्मनी गयी। जर्मन प्रोफ़ेसर ने मेरे बहुत-से तर्जुमे किये थे। वह उसी की यूनिवर्सिटी में पढ़े गये। शामों की मुलाक़ातों में लोग ईस्ट जर्मनी की ज़िन्दगी और तरक़्क़ी को पसन्द नहीं करते थे। वेस्ट जर्मनी में उस वक़्त फतेह मुहम्मद मलिक पाकिस्तान चेयर पर तीन साल के लिए गये थे। उनके और अपनी दोस्त के साथ घूमते हुए आर्ट गैलेरीज़, म्यूज़ियम इसलिए देखने ज़रूरी थे कि दूसरी वर्ल्ड वार के वक़्त, बड़े और तारीख़ी गुजस्समे[1] ज़मीन के नीचे महफ़ूज़ किये गये थे। वह सब सजे हुए थे। दरिया के किनारे जहाँ अल्लामा इक़बाल टहला करते थे। उस सड़क पर तो अब डॉ. इक़बाल रोड लिखा है। हमने भी सैर की और फिर दो दफ़ा ऐसा हुआ कि जोइन्ट जर्मनी में ख़ालिदा हुसैन, इन्तिज़ार हुसैन और आसिफ़ फ़र्रुख़ी के साथ एक दफ़ा बुक फ़ेयर में और एक दफ़ा अदीबों की कॉन्फ्रेंस में जाना हुआ। डॉ. मुनीर ने जर्मन अदीबों से तआर्रुफ़[2] करवाया।

अब जायज़ा लूँ तो कोई तीन दफ़ा चीन जाना हुआ। इस तरह पहले वह चीन देखा कि जिसमें साइकिलें ही साइकिलें थीं। औरत-मर्द यूनिफ़ॉर्म में थे। फिर एक दफ़ा औरतों का डेलिगेशन लेकर गयी तो वहाँ स्कर्ट और कोका कोला आ चुके थे। तीसरी दफ़ा राइटर्स अकेडमी के इन्विटेशन पर गयी तो शंघाई दुनिया के सबसे बड़े शहर में बदल चुका था। सारी वेस्टर्न ब्राण्ड की आलीशान दुकानें, बार्स थीं। अलबत्ता खाना शाम 6 बजे खाने की रिवायत नहीं

---

1. ऐतिहासिक प्रतिमाएँ

2. परिचय

बदली थी। तभी मेरी समझ में आया कि सारे नॉवेल निगार, अगरचे सौ-सौ पेज के नॉवेल लिखते हों, पर किसी की तादाद सौ से कम नहीं थी। हर दफ़ा मैंने ज़िद कर के ख़्वातीन शाइराओं से गुफ़्तगू शाइरी और ज़िन्दगी दोनों पर की। इटली भी तीन दफ़ा गयी। दो दफ़ा बेलाज़ियो रॉकफ़ेलर फाउण्डेशन की मेहमान अदीब की हैसियत से, वहीं 'बुरी औरत की कथा[1]' लिखी। किताब की और सेंटर की मेहमान होने की 25वीं सालगिरह पर भी बुलाई गयी।

यहीं एम्बेसी का रवैया बताऊँ। मिलान में पाकिस्तान का कौंसुलेट है। मैंने उन्हें लिखा कि मैं कॉन्फ्रेंस के बाद, दो-तीन दिन, वेनिस और वॉल ऑफ़ पीसा देखने जाऊँगी। मेरे लिए सस्ते गेस्ट हाउस का इन्तज़ाम कर दीजिए। उन्होंने बड़ी ख़ुशदिली से जवाब में मुझे अपनी तस्वीर भेज दी। मैं चुप रही और यक़ीन के साथ गयी कि उन्होंने कुछ इन्तज़ाम किया होगा। उनकी तस्वीर के जवाब में, मैंने कुछ नहीं लिखा था और कॉन्फ्रेंस के बाद उन्हें फ़ोन किया तो जवाब था "मुझे चूँकि इस्लामाबाद से कोई डाइरेक्शंस नहीं मिले। मैं कुछ नहीं कर सकता।" यह एक मिसाल काफ़ी है एम्बेसीज़ की, मगर जमशीद मार्कर जैसा सफ़ीर न ऐसे छुटभईये लोगों को लगाया जाये। हमारे यहाँ अय्यूब ख़ान के ज़माने से यह दस्तूर हो गया कि जो जनरल (General) रिटायर हो गया या कर दिया गया, उसे सफ़ीर बना दो। फिलीपिंस में प्रोटेस्टर लिटरेचर और थियेटर कॉन्फ्रेंस में गयी। थाईलैण्ड तो कई दफ़ा कि अलग-अलग मौज़ूआत पर कॉन्फ्रेंस थीं। कहीं भी सरकारी टिकट नहीं। इण्टरनेशनल फ़ण्डिंग इंस्टीट्यूशंस ने सारा इन्तज़ाम किया था। जापान भी तीन दफ़ा, उर्दू कोर्सेज़ पढ़ाने, थियेटर और म्यूज़ियम में गयी। पाकिस्तान और जापान के साझा मंसूबों को तय किया। इसी तरह साउथ कोरिया दो दफ़ा गयी। बाक़ी का ज़िक्र तो पहले आ चुका है। दुबई सिर्फ़ दो दफ़ा गयी, अब और जाने की ख़्वाहिश नहीं क्योंकि इल्मो-अदब से दूर मिडिल-ईस्ट के तेल वाले मुल्कों में पाकिस्तानी मुशाइरे करते हैं। मैं उनमें नहीं जाती कि अव्वल तो गाने वाली और अक्सर बनी हुई शाइराओं को बुलाया जाता है। वैसे भी पाकिस्तान में हर शहर और क़स्बे में मुशाइरों की रिवायत बहुत पुरानी है। हर डी. सी. अपनी सदारत में मुशाइरा करवाता है। इस लाइन में हमारी ख़्वातीन को डिप्टी

1. इस पुस्तक का पहला भाग

कमिश्नर और एस.पी. (वह भी छोटे ज़िलों में) देख कर बड़ा फ़ख़्र होता है। यह देख कर भी अफ़सोस होता है कि हुकूमत करने वाली पार्टी के लोग उनके साथ किसानों जैसा सुलूक और बदतमीज़ी करते हैं।

इण्डोनेशिया में एक वीमन कॉन्फ्रेंस जकार्ता में हुई। उसमें पीपल्स पार्टी की ख़्वातीन मेम्बरों और सरकारी अफ़सरों के अलावा मैं शामिल वाजा थी। कॉन्फ्रेंस ख़त्म होने के बाद, मेरी एक दोस्त पार्लियामेंट मेम्बर ने कहा, "तुम अकेली बाली नहीं जा सकतीं" मैंने कहा "चलो मेरी तरह हवाई जहाज़ का टिकट लो। होटल उतरते ही मिल जायेगा।" लो जी मुसाफ़िर नवाज़ बहुतेरे। होटल से सीधे समुन्दर के किनारे पर कि कहीं शाम न हो जाये। हमें सलवार कमीज़ में देख कर एक औरत ने हमें खुली हुई शर्ट और घुटनों तक नेकर दस-दस डॉलर में पकड़ाये। हमने फ़ौरन ले लिए। थोड़ी देर में औरतें मसाज़ करने के लिए आईं। हम मेहमान तैयार थे। इस से फ़ारिग़ हुए तो एक औरत मज़ेदार चाट का टोकरा लिये और केले के पत्तों पर सारे सय्याहों[1] को दो-दो डॉलर में दे रही थी। हम कौन-से कम थे। ख़ूब मज़े से खाया, पानी की तलब हुई तो उस औरत ने केले के पत्तों की ओक बनाई, पानी पीकर, वापस अपनी औक़ात यानी अपने लिबास में होटल आये। थोड़ी देर डांसिंग क्लब में गये। प्रोग्राम बना कि बाली के इर्द-गिर्द जितने क्राफ़्ट विलेज हैं उसके लिए टेक्सी हायर करेंगे। बुटिक करने वाले, ताँबे के बर्तन वाले, ज़ेवरों वाले, पुरानी चीज़ों वाले, पेंटिंग वाले, सब गाँव अलग मगर एक ही इलाक़े में थे। हर जगह औरत मर्द, दोनों काम कर रहे थे। सौदेबाज़ी तो हर जगह होती है। बाली में पहली दफ़ा मेरे साथ यह हुआ कि किताब की किसी दुकान में नहीं गयी।

22

शिमाली-इलाक़ों[2] का ज़िक्र बहुत मज़े का है। मैं आज से 25 बरस पहले गयी। उन इलाक़ों में मेरे साथ अहमद दाऊद था। उस ज़माने में ख़दीजा गौहर किसी एन.जी.ओ. के साथ बच्चों की सेहत और ख़ुराक के लिए काम कर रही थीं। वह अपने दोनों घर, बेटियों और बेटे को छोड़ कर क्यों गयीं। मैंने जानते हुए

1. पर्यटकों
2. उत्तरी क्षेत्रों

भी नहीं पूछा। अलबत्ता उनका काम देखा। गिलगित शहर के बाज़ारों से लेकर चीन के बॉर्डर तक चीनी मसनूआत[1] जिसमें क़ालीन और ग़लीचे भी शामिल थे। हर तरफ़ दुकानों पर गिलगिती लोग बेचते थे। "शोक़ दा कोई मुल नयी" मैंने भी एक डाइनिंग सेट ख़रीदा जो कि महँगा नहीं था। रास्ते में राकापोशी पहाड़ की ख़ूबसूरती देखी। लगता था जैसे कोई ख़ातून लेटी हुई है। गिलगित में आग़ा ख़ाँ रूरल सपोर्ट प्रोग्राम के सेंटर और औरतों का काम देहातों में जाकर देखा। पाकिस्तान के देहातों से बेहतर सफ़ाई और बच्चे थे। हर घर में हन्ज़ा वाटर मौजूद था जो कि सेब से बनाया जाता है। हन्ज़ा में हमारी दोस्त के शौहर हन्ज़ा के हाकिम थे। उन्होंने ज़बरदस्त खाने, गाने और क्राफ़्ट शो का इन्तज़ाम किया। जगह-जगह सदियों पुरानी ख़ुदाई में बुद्धा बनाया गया था।

दूसरी मर्तबा टूरिज़्म पर एक कॉन्फ्रेंस थी। मेरे साथ इस दफ़ा मुस्तंसिर हुसैन तारड़ थे। वह जो उसने किताबों में मोचियों, जूता गाँठने वालों, रेहड़ी और खोखे वालों के नाम लिखे थे। जिस तरह मुस्तंसिर का अपने क़बीले के शख़्स के तौर पर इस्तक़बाल किया उसमें जो मुहब्बत और प्यार की शिद्दत थी, उससे मैं भी इम्प्रेस हुई। सच है इन इलाक़ों की सैर से ज़्यादा उनकी ख़ूबसूरती और लोगों का सूखे गोश्त और सूखे शलजम के सालन का खिलाना था। वह ख़ुलूस और दुकान पर सुखाये हुए मेवों के ढेर जो कि तमाम औरतों का काम था। मुझे शुऐब सुल्तान साहब भी याद आये मगर जब वापसी पर कई दिन तक जहाज़ वापस पलटता रहा तो मैंने सोचा "काश शुऐब सुल्तान को कह कर, आग़ा ख़ाँ का हेलिकॉप्टर माँग लेती" जितने ख़्वाब देखे हैं उनमें यह ख़्वाब अभी तक ज़िन्दा है।

चितराल मुझे दो वजह से बहुत पसन्द है, एक तो पहाड़ों के दामन में और गरम पानी की छोटी नदियों के लिए, सय्याहों, देसी, विदेसी सारे सय्याह देखे मगर मुझे याद दो वजहों की बुनियाद पर है। अव्वल तो जिस चितराली लड़की ने डॉक्ट्रेट किया था वह उसी जहाज़ में थी, जिसमें जुनैद जमशेद था। वह क़ायदे-आज़म यूनिवर्सिटी, अपनी डिग्री लेने आ रही थी और दूसरी लड़की गुल ज़र्री जो दिमाग़ी मरीज़ बन चुकी थी, उसे ख़ानदान में कोई समझ न सका और उसने ख़ुद को दरिया के हवाले कर दिया था। लाहौर के शुऐब

3. घरेलू या स्थानीय कारख़ानों या हस्तशिल्प से बनी वस्तुयें

मुहम्मद और अमेरिका की पाकिस्तानी ख़ातून ने "दरिया के उस पार" छोटी-सी फ़िल्म बनाई और न्यूयॉर्क में वह इनाम की हक़दार ठहरी।

आइए अब ज़रा फ़ोर्ट मुनरो भी होते चलें। कमिश्नर ने फ़ोर व्हीलर गाड़ी दी कि सारा रास्ता पथरीला और फ़ोर्ट मुनरो की ऊँचाई, मरी से भी ज़्यादा है। कोई दो घण्टे में पहुँचे। रास्ते में बारिश थी। रोदे-कोही (वह नाले जो ऊपर से तेज़ बहते आते हैं) जगह-जगह, यह नाले बहाव में इतने ज़्यादा होते हैं कि बड़े-बड़े ट्रक बहने लगते हैं। वक़्त था रात के साढ़े आठ बजे। छोटे-छोटे बाज़ार बन्द हो रहे थे। हमें कोई फ़िक्र नहीं थी। ख़याल था कि रेस्ट हाउस का स्टाफ़ फ़ौरन गरम-गरम खाना देगा। गेस्ट हाउस पहुँचे तो सारा स्टाफ़ खेस तान कर सोया हुआ था। दरवाज़े खोले और कहा "फ़िक्र न करें पन्द्रह मिनट में खाना तैयार मिलेगा" हम लोगों ने आराम के लिए टाँगें फैलायीं। किचन से ठक-ठक की आवाज़ें आने लगीं तो मैं अन्दर चली गयी। बेचारा पता नहीं कितने दिनों की फ्रिजर में पड़ी दाल को तोड़ने की नाकाम कोशिश कर रहा था। हम सब ने अन्दर जाकर उन्हें हटाया। आमलेट और पराँठे बनाये। मज़े की बात यह कि उन लोगों को सर्विस चार्जेज़ भी दिये और सुबह को अगले सफ़र पर रवाना।

फ़ोर्ट मुनरो के गाँव और घरों को देखा। उनके घरों की कुछ औरतों ने एक ख़ास कढ़ाई के कुर्ते पिनों से सीने पे लटकाये हुए थे। पूछा तो बताया कि यह लटके गले निशानी हैं कि माँ को बच्चे को बार-बार दूध पिलाना है वरना बाक़ी औरतों ने सादा कमीज़ पहनी हुई थी। उन गलों पर इतना बारीक काम था कि एकदम मेरे मुँह से निकला "मेरे बच्चे बड़े हैं, क्या मैं, यह गला पहन सकती हूँ?" सारी बीबियाँ हँस पड़ीं। एक घर से तैयार एक गला मिला। मैंने हज़ार रुपये में ख़रीदा, जब पहनूँ औरतें, मर्द हाथ लगा-लगा कर देखते हैं। फ़ोर्ट मुनरो से आगे रास्ता बलूचिस्तान से मिलता था। अफ़ग़ानिस्तान और बलूचिस्तान से यह ट्रक, पंजाब की तरफ़ आते थे।

मुझे याद है बांग्ला देश के इलेक्शन थे। आसिमा, मख़्दूम अली ख़ाँ, मैं, रहमान साहब और जस्टिस दोराब पटेल के अलावा बेगम नसीम वली ख़ाँ भी थीं। बेगम वली ख़ाँ का बैग नहीं आया। उस दिन उन्होंने ज़बरदस्ती मेरे कपड़े पहने और हम इलेक्शन मॉनिटरिंग के लिए गये।

बांग्ला देश में एफ़्रो-एशियन पोइट्री फ़ेस्टिवल में फ़राज़, परवीन और मैं गये। अब सिर्फ़ फ़राज़ का बैग आया। हम दोनों के बैग नहीं आये। नज्मुस्साक़िब वहाँ बतौर थर्ड सेक्रेटरी गये थे। उनकी नयी-नयी शादी हुई थी। बीबी के कपड़े चमक-दमक वाले थे। परवीन को तो सूट करते थे, मेरे लिए उसने सादा से कपड़े निकाल कर दिये। अब एक और मुश्किल, हम दोनों की किताबें, सूटकेसों में ही थीं। अब हम दोनों ने एक अंग्रेज़ी किताब को देख कर अपनी नज़्में बनाने की नाकाम कोशिश की और हँसते रहे। शुक्र किया अगले दिन बैग आ गये।

कॉन्फ्रेंस के दौरान मैंने ज़िद की कि बांग्ला देश का आज़ादी ऑडिटोरियम देखूंगी। परवीन ने कहा "ना बाबा, मुझसे नहीं देखा जायेगा" मैंने कहा "हमारी कैसी बेइज़्ज़ती की है, वह भी तो देखें।" इतना कहने पर फ़राज़ तैयार हो गया बोला "चलो" ऑडिटोरियम में दाख़िल होते ही सामने दीवार पर आदम क़द तस्वीर, जनरल नियाज़ी और जनरल अरोड़ा की दस्तख़त करते हुए, इक़रारनामे को बड़े अलफ़ाज़ में इंग्लिश और बांग्ला में लिखा देखा। जगह-जगह सूखे ढाँचे, बनी हुई इलाक़ाई बन्दूकें और भाले और लड़ने वाले बांग्ला बोंधो। अख़बार...दुनिया भर के जिसमें सब ख़बरें पाकिस्तान के ख़िलाफ़ थीं। फ़राज़ ने ग़ुस्से से कहा "चलो वापस।" हम दोनों ख़ामोश वापस आये। अगले साल मैं इंडिया गयी। सामने बिलबोर्ड था। "फ़ातेह[1] हमारे कपड़े पहनते हैं।" तस्वीर वही थी हथियार डालने वाली। फिर मुझे शालीमार बाग़ याद आया जहाँ भुट्टो साहब ने शेख़ मुजीब को सामने लाकर, सब लोगों से तालियाँ बजवायी थीं।

अब बांग्ला देश बने हुए पचास बरस हो गये। बंगालियों को जैसे-जैसे अहसास हुआ कि मग़रिबी पाकिस्तान की तरक़्क़ी और मंसूबे, उनके इलाक़े की पैदावार को बेच करके और उर्दू को बंगालियों पर थोप करके, उनका अपने फ़ायदे के लिए इस्तेमाल किया गया है। आज़ाद होने के पहले दो साल ही में उन्होंने आज़ादी म्यूज़ियम, फ़िल्में और किताबें बना ली थीं। बंगालियों से हमारे सियासतदानों ने ज़ुल्मो-ज़्यादती पर माफ़ी भी माँगी। मगर आज तक

1. विजेता

80-80 बरस के बूढ़ों को पाकिस्तान की हिमायत की सज़ा दी जा रही है। हमें नफ़रतें फैलाने में कमाल हासिल है। सारे पड़ोसी मुल्क हम से नफ़रत करते हैं कि हमारा सियासी और मज़हबी किरदार हमेशा मशकूक[1] रहा है।

जब जनरल ज़िया के मार्शल लॉ में यूसुफ़ कामरान को सज़ा हुई। वह भी इसलिए कि उसने कहा था "फ़ौजी मुल्क चलाना नहीं जानते हैं" पुलिस यूसुफ़ को ले जाते हुए मुझ से कह रही थी "आप फ़िक्र न करें हम हर हफ़्ते में एक दिन आपके पास मुलाक़ात के लिए लायेंगे। छोड़ भी जायेंगे, बस आप हमारा ख़याल रखियेगा। शुक्र है कि नियाज़ी, मश्रिक़ी पाकिस्तान, हथियार डालते हुए लतीफ़े बनाने के लिए चला गया। हमारी जान छूटी। मश्रिक़ी पाकिस्तान 23 बरसों बाद बांग्ला देश बन गया।

मदरसों के अलावा भी ख़ानदानों में बच्चों को हाफ़िज़[2] बनाने का रूझान है। मुझे कोई ऐतराज़ नहीं। हाँ ऐतराज़ है तो यह कि मतलब समझे बग़ैर क़ुरआन हिफ़्ज़[3] करना, बच्चे की ज़हानत[4] का इम्तिहान है। क्या यह मुनासिब नहीं होता कि क़ुरआन की पहली तालीम अरबी में हासिल करके,बच्चों को मानी के साथ पढ़ाया जाये, वैसे हमारी अम्मा ने नाश्ते से पहले दोहराने का जो उसूल रखा, रोज़ पढ़ने की वजह से तक़रीबन आधा क़ुरआन अब तक हमारे ज़ेहन में महफूज़ है।

होमोसेक्सुअलिटी का सब्जेक्ट उतना ही पुराना है जितना कि मालूम (ज्ञात) और नामालूम (अज्ञात) तारीख़ में मौजूद है। उसकी बुनियादी शर्त यह है कि दोनों की आपसी रज़ामन्दी से जो काम किया जाये, वह सही है। सारी मज़हबी और समाजी तावीलों[5] में इसका हवाला अदब में भी यह मौज़ू[6] ज़ेरे-बहस, अफ़सानों और नॉवेलों का मौज़ू रहा है। इसमें क़ाबिले-तकज़ीब[7] यह बात है कि मुस्लिम मुल्कों में ख़ास कर बहुत ज़्यादा कैंसर होते हैं। इसलिए

---

1. संदिग्ध
2. क़ुरआन-कंठस्थ करने वाला
3. कंठस्थ
4. बुद्धिमत्ता, प्रतिभा
5. स्पष्टीकरणों
6. विषय
7. खण्डन के लायक़

सज़ा के हक़दार ठहरते हैं। जबकि वेस्टर्न कंट्रीज़ में औरतें और मर्द आपसी रज़ामन्दी से सेक्सुअल रिलेशंस बनाते हैं। हमारे मुल्कों में यह रिवाज लुक-छिप के करने को बेहतर समझा जाता है बिल्कुल इस तरह जैसे बाक़ी शरई (धर्मसम्मत) ऐब भी पर्दे में किये जाते हैं।

23

भुट्टो साहब से मुलाक़ातें, उनकी पार्टी बनने से पहले थीं। हुसैन नक़ी, निसार उस्मानी, अमीन मुग़ल, अब्बास अतहर, यूसुफ़ कामरान और मैं उनसे मिलने पी.सी. जाया करते। एक दफ़ा हम बैठे थे कि एक चिट आई, लिखा था कौसर नियाज़ी मैंने पढ़ लिया, एकदम से बोल उठी "आप ऐसे लोगों से भी मिलते हैं" भुट्टो साहब ने कहा "यंग लेडी, हर तरह के लोगों से मिलना पड़ता है।" भुट्टो साहब के पास जब वक़्त होता Lords में मुलाक़ात के लिए आ जाते। एक दफ़ा टी हाउस में भी आये थे। उसके बाद मेरी मुलाक़ात कोई चार साल बाद उस वक़्त हुई जब कौसर नियाज़ी ने मुझे और अहमद फ़राज़ को नौकरी से बर्ख़ास्त कर दिया था। मुझे बुलाया वह ख़ुद खड़े थे। मैंने अन्दर आने की इजाज़त माँगी, बोले "किश्वर तुम वैसी ही रहीं। कौसर नियाज़ी जैसा स्केण्डल वेस्ट में होता, फिर देखतीं उसके साथ क्या होता" मैंने कहा "सर हमारी फ़ाइल यूसुफ़ बुच ने आपके पास भेजी है, उस पर ऑर्डर कर दीजिए।"

उसके बाद एक दो मुलाक़ातें शाकिर अली के साथ गवर्नर हाउस में हुई। मेरे दफ़्तर में वह सारी ख़्वातीन जमा हो जाती थीं जिनके शौहर पी. ओ. डब्ल्यू हो कर इंडिया में डेढ़ साल से क़ैद थे। भुट्टो साहब से मिलने के लिए हामिद जलाल साहब से मैंने गुज़ारिश की। फ़ोन आया "गवर्नर हाउस में दस ख़्वातीन को लेकर जाओ" जब डेलिगेशन पहुँचा तो भुट्टो साहब ने पहले सियासी मुश्किलें बयान कीं और फिर कहा "मैं तुम लोगों को यूरोप और अमेरिका भेजता हूँ। शर्त यह है कि तुम सब शॉपिंग को बिल्कुल नहीं जाओगी जो आँसू मेरे सामने बहा रही हो। उन मुल्कों के आक़ाओं को दिखाओ और देखो तुम सब को सर पर दुपट्टा रखना है। लिपिस्टिक भी नहीं लगानी"

वाक़ई यह डेलिगेशन दुनिया भर में गया। सारी प्रेस ने उनकी रोती तस्वीरें छापीं। अगले छह महीने बाद, पाकिस्तान के जंगी क़ैदी वाघा के रास्ते वापस आ रहे थे। हम सब मअ खर साहब और चौधरी फ़ज़्ले-इलाही, इस्तक़बाल के लिए खड़े थे। उनमें मेरे सबसे बड़े भाई, बहुत क़रीबी दोस्त भी शामिल थे, जो क़ैद काट कर आ रहे थे।

वापस आने वाले जंगी क़ैदियों में मसूद मुफ़्ती भी थे। उन्होंने डायरी लिखी थी। मैंने दो दिन बाद मुफ़्ती साहब को डायरी पढ़ने के लिए नेशनल सेंटर बुलाया। प्रोग्राम का वक़्त 4 बजे था। 3 बजे से हॉल में 'मीम शीन' के साथ सारे बड़े जर्नलिस्ट, प्रोफ़ेसर और अदीब जमा थे। मजमा देख कर हॉल के बाहर ही स्पीकर लगवा दिया। मुफ़्ती साहब एक घण्टा बोले। उस दौरान सीढ़ियों से हॉल तक हर मिनट पर सिसकियाँ सुनाई दे रही थीं। कोई सरकारी अफ़सर नहीं आया।

भुट्टो साहब ने जब बलूचिस्तान और के.पी*. की हुकूमतें ख़त्म कीं, तो सारे प्रोग्रेसिव इस फ़ैसले पर नाराज़ हुए। फिर उसके बाद के हालात कि जब भुट्टो साहब किसी मिनिस्टर के ख़िलाफ़ बेशुमार शिकायतें होतीं तो बाक़ायदा उस मिनिस्टर और कुछ और मिनिस्टर्स को खाने पर बुलाते, फिर उसकी फ़र्दे-जुर्म[1] इस तरह बोलते कि दूसरे लोग भी बोल नहीं सकते थे, परेशान हो जाते थे। जब जे.ए. रहीम की टाँगें तोड़ने की ख़बर फैली और मेराज मुहम्मद ख़ाँ को जेल में डालने का क़िस्सा सुना, हम सब की ज़बानें गूँगी हो गयीं। फिर एक दफ़ा बेगम भुट्टों की ख़ुदकुशी की कोशिश की ख़बर उड़ी। मैं चूँकि उनके बहुत क़रीब थी, परेशान मगर चुप रही, ज़ियाउल हक़ को चीफ़ ऑफ़ आर्मी बनाने पर और उसके नामुनासिब एक्शन से डर कर अहमद फ़राज़ ने नज़्म लिखी "पेशेवर क़ातिलो" जिन लोगों को सुनाई, उनमें सिद्दीक़ सालिक भी शामिल थे। उनकी जेब में टेपरिकॉर्डर था। वह उन्होंने ज़ियाउल हक़ को सुनाया फ़राज़ कीरन के घर पर था। रात को छापा पड़ा। सफ़ेद कपड़ों वाले उसे उठा कर ले गये। मैंने बेगम भुट्टो से शिकायत की और भुट्टो साहब से सिफ़ारिश करके फ़राज़ को वापस लाने की दरख़्वास्त की।

---

* ख़ैबर पख़्तूनवा

1. अभियोग-पत्र

उस शाम सैफ़ुद्दीन सैफ़ भी थे। वह लाहौर आये और हमने सलाह-मशवरे के बाद हेपस कोरपस की एप्लीकेशन कोर्ट में दाख़िल की। जस्टिस ज़िल्ला से मुलाक़ात की। उन्होंने कहा "तुम अपने अदीबों को फ़लां दिन इकट्ठा करो और मैं फ़राज़ को बाहर निकलवाता हूँ।" सब कुछ सच हुआ। फ़राज़ को देख कर मेरी चीख़ निकल गयी। वज़न में आधा और शक्ल में बदशक्ल हुआ नज़र आया। अदालत में पेश किया गया। फ़राज़ ने घबरा कर कह दिया कि वह नज़्म मैंने लिखी ही नहीं। जज साहब ने कहा "मैं आपसे उस नज़्म का नहीं पूछ रहा" बाद में जज साहब ने मुझे ताना दिया "फ़राज़ तो डर गया था" मैंने कहा "सर जी! जिस शख़्स को पन्द्रह दिन अँधेरे कमरे में बन्द रखा जाये, खाना भी रोशनदान से दिया जाता था।" ख़ैर अब भुट्टो साहब तक सिफ़ारिश भिजवाने के लिए मैडम नूरजहाँ के पास, मैं य़ूसुफ़ और मसूद अशअर गये। उन्होंने ब्लेक क्वीन को कराची फ़ोन किया। कोई तसल्ली बख़्श जवाब नहीं आया। मैडम ख़ुद कराची गयीं। ब्लेक कवीन ने भुट्टो साहब को सिफ़ारिश की। बात फिर ज़ियाउल हक़ तक पहुँची। मसूद अशअर और मैं जी.एच.क्यू. पहुँचे। थोड़ी देर बाद चाय और सेण्डविच आ गये। थोड़ी देर बाद आलीजाह तशरीफ़ लाये, कहा "अहमद फ़राज़ को लाओ" फ़राज़ से बड़ी मुहब्बत से मिले, कहा "वह नज़्म तो सुनायें" फ़राज़ ने कहा "सर मुझे याद नहीं है" जनरल साहब ने फ़ौरन दराज़ से नज़्म निकाल कर फ़राज़ के हाथ में दे दी। यह बात है 26 जून की। उन्होंने आधा घण्टे तक़रीर की कि इस वक़्त क़ौम[1] को भुट्टो साहब की कितनी ज़रूरत है और फिर 5 जुलाई को उसी शख़्स ने मार्शल लॉ लगा दिया था। भुट्टो साहब एक दफ़ा जेल से रिहा हुए। हम सब लोग अदालत पहुँच जाते थे। फिर दोबारा गिरफ़्तार हुए। अब मौलवी मुशताक़ जितनी मुमकिन हो सकती थी, बेइज़्ज़ती करने की कोशिश करते, बड़े सब्रो-संजीदगी से भुट्टो साहब जवाब देते। एक दफ़ा उन्होंने अब्दुल्लाह मलिक को पैग़ाम भेजा कि किश्वर को कहो, वह सारी चीजें जो आजकल लिखी जा रही हैं, उनको जमा कर के छपवा दे। उस ज़माने में पुलिस मेरे पीछे थी। फिर भी फ़राज़, इफ़्तिख़ार आरिफ़, परवीन शाकिर, अब्बास अतहर, सलीम शाहिद के अलावा फ़िलिस्तीनी शाइरों के तर्जुमे मुन्नू भाई और मैंने किये। पर्चे का नाम

1. राष्ट्र

था 'एहतिसाब'[1]। जिस दिन पर्चा आया, उसी रात भुट्टो साहब को फाँसी दी जा चुकी थी। तमकनत फ़रख़ंदा, अफ़ज़ल तौसीफ़, पार्टी की दो और ख़्वातीन बुर्क़े ओढ़ कर ट्रेन से सक्खर होते हुए लाड़काना, अमीर बेगम[2] के पास पहुँचीं। बहुत सब्र वाली ख़ातून थीं। हम चन्द घण्टे ठहर के वापस आ गये।

यह हालात और वाक़िआत मैंने कई दफ़ा लिखे हैं फिर भी तकलीफ़ वही होती है। मैंने बचपन (1953) में मार्शल लॉ लाहौर में देखा था। बार-बार ऐसा होता रहा। कोड़े पड़ते रहे, फाँसियाँ होती रहीं, जर्नलिस्ट और वकील हर शाम पकड़े जाते रहे। ख़ुदा के अज़ाब ने उसे अपने ख़ास मददगारों के साथ वह सज़ा दी कि ताबूत में सिर्फ़ नक़ली बत्तीसी थी।

मगर अब तक ज़ियाउल हक़ के ज़माने के काले क़ानून और मज़बूत हुए हैं। बीबी बेनज़ीर ने, दोनों दफ़ा हुकूमत में आने के लिए जिन शर्तों पर समझौते किये, वह उसकी इज़्ज़त में इज़ाफ़ा न कर सके। अब जबकि महसूस हो रहा था कि वह मेच्योर होकर यह जानते हुए वापस आ रही है कि इस सौदे में,उसकी जान भी जा सकती है। घर से सियासत में लौटने तक उसने क्या वसीयत लिखी थी कोई नहीं जानता। बहरहाल जियालों वाली पार्टी में शायद अब जान पड़ जाये।

24

पैदा होते ही कान में अज़ान सुनने वाली ने अपना भेस कैसे बदला। छह साल की उम्र में क़ुरआन-पाक ख़त्म कर लिया मगर उसके मानी पढ़ने से न सिर्फ़ मना किया गया बल्कि कहा गया कि मानी बूझोगी तो सवाब बरबाद हो जायेगा। मुझे घर में नमाज़ की सख़्ती, रोज़ों की सख़्ती, पीरियड में भी सब के साथ सेहरी खाने की सख़्ती, बहुत खलती थी। जून के महीने में पैदल स्कूल से वापस आकर अल्लाह से माफ़ी माँग कर, सब से छुप कर चन्द घूँट पी लिया करती थी। सिपारा पढ़ते हुए, सुबह को भूख लगी हो तो एक दो पन्ने यूँ ही पलट देती। बावर्चीख़ाने में बैठी अम्मा कहतीं, "ग़लत पूरा पढ़ो" शादी के बाद इसके उलट जुमे को नमाज़ के बाद क़ुरआन पढ़ती तो मना तो कोई नहीं करता, मुस्कुरा कर मुझे देख कर चले जाते। ख़ानदान में ईमान

---

1. हिसाब करना, निगरानी, जाँच-पड़ताल
2. ज़ुल्फ़िक़ार अली भुट्टो की दूसरी पत्नी

का नाम ज़ोर से लेने वाले, नमाज़ और दाढ़ियों को सजाने वालों के मौक़ा ढूँढ़ कर कहीं से भी पकड़ लेने वाले, मेरे अन्दर से मज़हब की इज़्ज़त तो न निकाल सके, मगर मैं शादी से पहले भी और शादी के बाद भी अपनी तरह का मज़हब मानने को आज़ाद रही। क़ुरआन मानी के साथ पढ़ा। उसमें मक्की[1] और मदनी[2] आयतों को सिलसिलेवार अलग-अलग किया। मौलाना अबुल कलाम आज़ाद और डॉ. यूसुफ़ का क़ुरआन का अंग्रेज़ी में तर्जुमा, हदीसों की तमाम किताबें, हज़रत अली और दाता साहब की तहरीरें दिल लगा कर पढ़ीं। मेरे अन्दर एक तरह की बेख़ुदी आ गयी। जब जी चाहा नमाज़ पढ़ ली, दिल नहीं किया तो नहीं पढ़ी। यही रोज़ों का हाल था। कहाँ बचपन में ज़बरदस्ती थी और अब क़ुरआन के मानी रोज़ पढ़ने की आदत पड़ गयी। जन्नत, दोज़ख़ से परे, मैं ख़ुदा से बहुत गुफ़्तगू करती हूँ। उसे आप मुराक़बा[3] कह लें या फिर ग़ैर-इस्लामी। मेरी ग़ामदी साहब की मुलाक़ात, ज़िया की ख़ुराफ़ात के दिनों में हुई थी। वैसे मैंने ग़ुलाम अहमद परवेज़ के ख़ुत्बे[4] भी सुने थे। मौदूदी साहब, अमीर अहसन इस्लाही साहब से भी गुफ़्तगू की थी। मौलाना नईमी से लेकर सलाहुद्दीन महमूद और मुहम्मद काज़िम और अली अब्बास जलालपुरी से मुकालमा[5] भी होता रहा। मगर मुझे मज़हब में सख़्ती कभी पसन्द नहीं आई। इसी तरह मैंने हिन्दू, ईसाई के अलावा, पारसी यानी आतिश परस्त[6], जैन और बौद्ध के अक़ीदे[7] और तावीलात[8] पढ़ीं तो इस्लाम में ऐसी सख़्ती के अलफ़ाज़ मौलवी ने कहे कि एक नमाज़ भी छूट गयी तो सारी उम्र की पढ़ी हुई नमाज़ें बेकार चली जायेंगी, बहुत बुरा लगा। मुझे

---

1. मक्का शहर में अवतरित
2. मदीना शहर में अवतरित
3. अन्तर्लीन
4. धर्मोपदेश
5. संवाद
6. अग्निपूजक
7. आस्थाएँ
8. व्याख्याएँ

अल्लाह और नबी पाक[1] से मुकालमा करने, हज़रत ख़दीजा[2] (रज़ि), हज़रत आइशा[3] (रज़ि) और हज़रत ज़ैनब[4] (रज़ि)[5] की ज़िन्दगियों की तरफ़ झुकाव पर उकसातीं। मुझे अपने तौर पर मज़बूत औरत हज़रत ख़दीजा कि जिन्होंने ख़ुद शादी का पैग़ाम हमारे रसूल (स.अ.व.)[6] को दिया था। उनकी पहले दो शादियाँ हुई थीं। एक शौहर मर गया था और दूसरे की सख़्ती की वजह से अलग हो गयी थीं। मैं उनकी बहुत अक़ीदतमन्द रही। मुझे बुद्ध की तालीमात तो बहुत सुलह कुन[7] मालूम हुईं मगर घर से बीवी को रात के अँधेरे में छोड़ कर जाना अजीब लगा, सारे बुद्धिस्ट मरकज़ों को देखने और सोने के बने बुद्ध भी देखने के बावजूद, उनका रात को जाना पता नहीं क्यों अभी तक बहुत चुभता है। जैसे राम का सीता के बग़ैर वनवास, मुझे हज़रत मरियम (रज़ि) का दर्दे-ज़ह[8] के साथ खजूरों के बाग़ में जा कर भूख मिटाने का हुक्म, औरत होने के नाते अच्छा नहीं लगा। हज़रत लूत[9] की बीवी पीछे रह गयी और न मानने वाले क़बीलों के साथ फ़ना हो गयी। पढ़ती तो हूँ, क़ुरआन में लिखा है, मानती भी हूँ या फिर औरतों को मर्दों की नाफ़रमानी करने या उनके किरदार पर शक करने की सज़ा का हुक्म तो है। मर्दों को भी चेतावनी है कि तुम लौण्डों की तरफ़ क्यों भागते हो। सिख मज़हब (के स्वर्ण मन्दिर, अमृतसर) की बुनियाद हज़रत मियाँ मीर के पत्थर लगाने और ग्रन्थ (गुरु ग्रन्थ साहब) पढ़ने के बाद हज़रत बाहू, हज़रत बाबा फ़रीद, वारिस शाह, सच्चल और शाह लतीफ़ के

1. पैग़म्बर मुहम्मद (स.अ.व.)
2. पैग़म्बर मुहम्मद (स.अ.व.) की पहली पत्नी
3. पैग़म्बर मुहम्मद की अंतिम पत्नी
4. इमाम हसन-इमाम हुसैन की बहन
5. रज़ीअल्लाह अन्हा का संक्षिप्त रूप, जिसका अर्थ है:-'अल्लाह उनसे राज़ी हो'
6. 'सल्लल्लाहु अलैहि वसल्लम' यह अरबी वाक्य है जिसका अर्थ है "अल्लाह की ओर से उन्हें कृपा और शान्ति प्राप्त हो" मुसलमान पैग़म्बर मुहम्मद (स.अ.व.) के सम्मान एवं प्रेम में कहते हैं स.अ.व. इसका संक्षिप्त रूप है।
7. सौहार्द्रपूर्ण
8. प्रसव-पीड़ा
9. एक पैग़म्बर का नाम

शेरों में यह पढ़ने के बाद कि अगर नहाने धोने से मज़हब मिलता तो मछलियाँ सब से आगे कहलातीं और पढ़-पढ़ नमाज़ें वालों को हज़रत ग़ुलाम फ़रीद की ताकीद। मुझे किसी भी मज़हब के कट्टरपन ने कभी मुतास्सिर[1] नहीं किया। मुझे किसी मज़हब पर ऐतराज़ नहीं। मगर मुझ से कोई यह न पूछे कि ख़ुदा और रसूल (स.अ.व.) को इतना याद करने वाली, नमाज़ रोज़े से कभी-कभी बचती क्यों है। मेरा मज़हब मेरे सूफ़ी मौलाना रूम, अमीर ख़ुसरो, मौलाना हाफ़िज़ का मज़हब है।

मार्क्स, लेनिन, माओत्से तुंग, हो ची मिन्ह और कास्त्रो की तहरीकें और मुबादियात[2], सच हैं मगर जहाँ सच बोलना मना ठहरे। सारी बुनियादी सहूलतें फ़राहम करने वाले यह रहनुमा पास्तेरनाक हो कि सोल्ज़े फटसन कि मायाकोवस्की को बोलने क्या लिखने भी नहीं देते थे। कितने अदीबों ने दूसरे मुल्कों में जा कर वह लिखा कि नाज़िम हिकमत बने, पाब्लो नरुदा बने, गोर्की और चेख़व बने। आज तक यही रवैया क़ायम है कभी बादशाहत के नाम पर, तो कभी मार्शल लॉ के नाम पर इन्सानी आज़ादी छीनने और आज़ाद लोगों की तहरीरों को ज़ब्त करना, यह दुनिया को डिसिप्लिन करने का सियासी रवैया कहलाता है। हमारे यहाँ हर उस शख़्स को लादीन[3] कह दिया जाता है जो मौलवियाना क़ानूनों की पैरवी न करे। हमने क़ायदे-आज़म को सेक्यूलर नहीं छोड़ा। अपनी पसन्द के मुताबिक़ उन्हें कभी नमाज़ पढ़ते दिखाया तो कभी यह कहते रहे कि पाकिस्तान इस्लाम के नाम पर बना था। हिन्दोस्तान में जो मुसलमान रह गये और बंगाल अलग हुआ तो इसी कठमुल्लापन और मग़्रिबी पाकिस्तान की बुर्जुआ नौकरशाही की वजह से हुआ। आज देखो तो वह हम से बेहतर मुसलमान हैं। हम नौमुस्लिम डॉ. साद और डॉ. फ़ज़्लुर्रहमान की इल्मीयत[4] का ज़िक्र उसी तरह नहीं करते हैं जैसे डॉ अब्दुस्सलाम और सर ज़फ़रुल्लाह ख़ान का ज़िक्र किसी सिलेबस में नहीं है।

---

1. प्रभावित
2. आधारभूत बातें, Fundamentals
3. जिस का कोई धर्म न हो
4. विद्वता

सितमज़रीफ़ी[1] यह है कि जिनके यहाँ मक्का-मदीना है, वहाँ हर चीज़ को बिदअत[2] कह दिया जाता है। शादियों की पाबन्दी का जो हुक्म क़ुरआन देता है कि अगर तुम इंसाफ़ कर सको (जो तुम नहीं कर सकोगे) इसलिए एक ही शादी करो। हमने तो इब्न रश्द, सुक़रात और राबिया बसरी को नहीं माना। अब तो मज़हब के नाम पर जो ख़ुराफ़ात हो रही हैं उनको बक़ौल अल्लामा इक़बाल 'फ़ी सबीलिल्लाह फ़साद[3]' ही समझते हैं। आजकल के नौजवान दाढ़ी रख कर कहते हैं, यह चे ग्वेरा कट है, यह मार्क्स और यह आइंस्टाइन कट। फिर तुर्की के ड्रामों ने जितनी तलवार चलाई है, वह बेरहम तालिबान की तरह है जो स्कूल जाती बच्चियों पर भी बम मार देते हैं। हमें क्या सिखा रहे हैं।

तहज़ीब भी मज़हब से जुड़ी हुई है। हुक्म है कि किसी दरवाज़े पर बग़ैर दस्तक दिये मत दाख़िल हो। मेरे हबीब (हज़रत मुहम्मद स.अ.व.) भी हज़रत फ़ातिमा[4] (रज़ि) के घर दस्तक का जवाब न मिलने पर लौट जाया करते थे। जब वह आप के घर आतीं तो खड़े होकर ताज़ीम करते थे। आज के पढ़े-लिखे लोगों से सड़क या लिफ़्ट में मिल जाओ तो जब तक ख़ुद बढ़ कर अस्सलामु अलयकुम न कह दो, सलाम का जवाब देना शायद सीखा ही नहीं। दावतों में भी बुज़ुर्गों और ख़्वातीन को देख कर अदब से खड़ा होने और सलाम करने का हुक्म है। यूँ सुन रखा है, ग़ुस्सा हराम है, मगर अपने नौकरों को गन्दी गालियाँ सुनाते, छुरी और लोहे से मारते, नौकरानी बच्चियों को सज़ा देने के लिए जिस्म दाग़ देते और बच्चों के साथ सेक्सुअल हेरेसमेंट के बाद गला घोंट कर मार देना, यह रवैया आम है। कोरोना के मरीज़ को दफ़नाते हुए हिचकिचाना ग़ैर-इन्सानी काम, हमारे सामने रोज़ होता है। वालिदैन को इज़्ज़तो-एहतिराम देने का हुक्म है मगर हम ही में से ऐसे लोग हैं जो उन्हें सड़क के किनारे छोड़ कर चले जाते हैं। घर में कोई कैंसर या हमेशा रहने वाली बीमारी का मरीज़ हो तो उसे अस्पताल या ईधी सेंटर छोड़ कर चले जाते हैं। जायदाद के नाम पर बाप बेटे का और बेटा बाप का क़त्ल कर देता

1. हंसी के पर्दे में ज़ुल्म
2. इस्लाम में वह बात जो रसूल (स.अ.व.) के समय में न हो
3. ख़ुदा की राह में लड़ाई-झगड़ा
4. पैगंबर मुहम्मद (स.अ.व) की पुत्री

है। जबकि क़ुरआन-पाक में हर चीज़ के बारे में हुक्म दर्ज है। बहनों को विरासत में हिस्सा कोई-कोई ही देता है। पहले जिस घर पर माशाअल्लाह[1] लिखा होता था तो लोग उसके पास से तंज़ के तौर पर मुस्कुराते हुए गुज़र जाते थे। आजकल रिश्ते के लिए आम पुलिस वाला, प्रोफ़ेसर के मुक़ाबले में बेहतर समझा जाता है।

अशफ़ाक़ अहमद और वासिफ़ अली वासिफ़ के बाद सूफ़ी बनने, सूफ़ी का ढोंग रचाने वाले दरगाहों पर बैठे, लोगों को नौकरियाँ दिलवाने, मुक़द्दमे ख़त्म करवाने और किसी दिन ख़ुद पार्लियामेंट में बैठने की तमन्ना रखने वाले। अब तो हर शहर के हर कोने में एक झण्डा, उसका मुतवल्ली, चढ़ावे वाली औरतें और हर उर्स पर भंग, चरस पी कर धमाल डालने वाले हर मज़हब और तहज़ीब के रहनुमा और माथे पर सज्दों की निशानी हो तो हाथ चूमने वाले बहुतेरे। बाबा याहया का अपना तर्ज़े-मज़हब है और गूजर ख़ान में बैठे प्रोफ़ेसर अहमद रफ़ीक़ अख़्तर, प्रोफ़ेसर ग़ामदी की तरह ग़नीमत हैं।

दिन हो या रात, वॉक कर रही हूँ या गाड़ी चला रही हूँ या कुछ सोच रही हूँ कि एकदम मेरे मुँह पर सूरह फ़ातिहा[2] सूरह मुज़्ज़म्मेल[3] और सूरह रहमाने[4] के अलावा चारों 'क़ुल[5]' जारी हो जाते हैं। उसमें मेरे दिल की ख़्वाहिश और नामालूम कौन सी क़ुव्वत होती है कि मेरे होंठ हिल रहे होते हैं। किसी भी दिन और किसी भी लम्हे मुझे सवाब का ख़याल नहीं आता। अलबत्ता अल्लाह से क़ुर्बत[6] में बहुत सुकून महसूस करती हूँ।

अब तो दुनिया भर में दाइश, अल शबाब, बोको हराम के नाम से इज्तिहादी[7] क़बीले ख़ास कर मिडिल-ईस्ट में कब्ज़ा किये हुए हैं। दूसरी तरफ़ मग़्रिबी मुल्कों में जिहादी मुसलमान, गोरे नौजवानों को मार डालते हैं। जॉर्ज

---

1. साधु-साधु, वाह-वाह, ईश्वर नज़र लगने से बचाये
2. कुरआन की एक सूरत
3. कुरआन की एक सूरत
4. कुरआन की एक सूरत
5. क़ुरआन की चार सूरतें जो 'क़ुल' शब्द से शुरू होती हैं
6. नज़दीकी
7. जहाँ इस्लामी आदेश स्पष्ट न हो वहाँ अपनी राय से रास्ता निकालने वाले

फ़्लॉयड काला था। गोरे पुलिस वाले ने उसे मार डाला यह सारी दुनिया ने देखा। पाकिस्तान में पतंग वाले और दूसरे बेरोज़गार नौजवान लूटमार और अनजान लोगों को मार रहे हैं। मुल्क के अन्दर डाकू ग्रुप्स हैं, जिनके पास हर तरह का हथियार है। पहले पाकिस्तान मीडिया को कहा गया पाकिस्तान की Soft image बनाओ, अब कहा गया पाकिस्तानी तसव्वुर बस तस्वीरों में। ज़ेहनी तौर पर तस्बीह फेरते असेम्बली आते हैं। मुझे मेरा मज़हब, मेरा ख़ुदा बहुत अज़ीज़ है मगर मेरे चारों तरफ़ दिखावटी मज़हब है। हमारी सरकार नहीं बताती मगर दुनिया भर के चैनल्स जैसा पाकिस्तान दिखाते हैं। वह झूठ नहीं होता। सच कहा है, यही ढूँढ़ने मैं दुनिया घूमी।

25

मैं जब बड़ी हो रही थी तो मियाँ शफ़ी मॉडल टाउन में रहते थे और हर महीने बाक़ायदगी से मुशाइरे करवाते थे। मैंने कभी शिरकत नहीं की मगर अहसान दानिश का पूरा ग्रुप जाता था। मॉडल टाउन में एजाज़ बटालवी भी रहते थे और जब भी आते तो कहते कि मुझे पहले पढ़वा दीजिए कि मुझे जंगल से गुज़र कर जाना पड़ता है। अब लाहौर के इर्द-गिर्द कोई जंगल है ही नहीं। जंगली बहुत हैं।

शोहरत बुख़ारी और अंजुम रूमानी भी अपनी तर्ज़ के ग़ज़लगो थे। इस तरह छोटी बहर में बाक़ी सिद्दीक़ी जैसा शाइर जिसने फोठवारी और उर्दू में लिखा, अहमद शमीम की नज़्में "कभी हम ख़ूबसूरत थे।" नय्यरा नूर से बार-बार तक़ाज़ा करते हैं कि महनाज़ नहीं रही, मेहदी हसन नहीं रहा। नय्यरा! तुम तो कुछ गा दो। टीना सानी भी बेशुमार साज़ों के दरमियान गाना नहीं चाहती और गुल बहार बानो तो एक ग़ज़ल "चाहत में क्या दुनियादारी" गाने के बाद, डॉ. आयशा सिद्दीक़ा ने उसको दिमाग़ी दुविधा से निकालने की कोशिश की मगर कोई फ़ायदा नहीं हुआ।

मुझे भुलाने के लिए बहुत से वाक़िये ख़ुद ही याद आ जाते हैं। मसलन डॉ. क़दीर ख़ाँ का टी.वी. पे आ कर माफ़ीनामा पढ़ना, लग़ारी का जानते बूझते प्रेसीडेंट बनाना, जियाउल हक़ का भुट्टो साहब से बार-बार कहना "मैं

वफ़ादार हूँ, आपको दग़ा नहीं दूँगा।" बेनज़ीर का नंगे पाँव अस्पताल में मुर्तज़ा को देखने जाना और बेनज़ीर का तीनों बच्चों के लिए, जेल के बाहर पड़ी ईंटों पर बैठना, "चाय में मक्खी गिर जाये तो उस पर भी ग़ौर करने के लिए कमेटी ऐसे सरसरी बना देना जैसे बेनज़ीर को किसने मारा। ब्रिटेन से आये खोजी जासूस भी न बता सके जबकि पाकिस्तान के बच्चे-बच्चे को मालूम है।

कलीम उस्मानी, शरीफ़ और नेक आदमी थे। मुशाइरों में तरन्नुम से पढ़ते, अच्छा पढ़ते थे। उनकी ग़ज़लों का क्या बना। यह नहीं मालूम, अलबत्ता उनका नग़्मा "यह वतन तुम्हारा है" और एक फ़िल्मी गाना "सोना न चाँदी न कोई महल तुम को दे सकूँगा" आज तक और हमेशा मक़बूल रहेंगे।

शम्सुर्रहमान फ़ारूक़ी के घर इलाहाबाद में संगम देखकर लौटे तो जमीला ने बहुत मज़े से खाने बनवाये थे। गर्मियों का ज़माना था। अगरचे पंखा चल रहा था मगर फिर भी जमीला ने एक औरत को पंखा झलते रहने के लिए खड़ा रखा था। मुझे अच्छा नहीं लग रहा था। थोड़ी देर बाद उठ कर मैंने उस औरत से कहा आप बैठ जाइए। फ़ारूकी साहब ने उम्मीद के मुताबिक़ हँसते हुए कहा "वाह इंक़लाबी ख़ातून" मेरे घर लाहौर और इस्लामाबाद में फ़ारूक़ी साहब आये और लोगों ने हमेशा उनसे "कई चाँद थे सरे-आसमाँ" के पैराग्राफ्स सुनने की फ़रमाइश की।

मुहम्मद अलवी छोटी बहर के बहुत अच्छे शाइर हैं। हम यानी ज़ुबेर मैं, अलवी साहब इकट्ठे थे। वह भी इकरामुल्लाह की तरह कहा करते थे कि हर दफ़ा ड्रिंक कम पड़ जाता है। वह हमेशा की तरह शोर मचाते, उनको दिखाई कम देता है मगर वह हर रास्ता बड़ी सफ़ाई के साथ तलाश कर लेते थे। गज़लें भी सब याद थीं।

हमारी बहुत प्यारी और मासूम अलताफ़ फ़ातिमा ने सारी उम्र पढ़ाते, बहन के बच्चों और बहनोई की ख़िदमत करते, लॉरेंस रोड के छोटे से घर में नॉवेल और अफ़साने लिखते अपनी ख़ुद्दारी के साथ गुज़ार ली। आँखों के ऑपरेशन के बाद कभी यह दरवेश ख़ातून महफ़िल में आ जाती थी। बुढ़ापे में हबीबुल्लाह रोड के एक कोने को उन्होंने अपने लिए चुन लिया था।

कामिनी कौशल ने मुझसे बातें करते हुए याद किया कि उनके ज़माने में सारी लड़कियाँ साइकिलों पर कॉलेज जाती थीं। वह किन्नैर्ड कॉलेज सेण्टनरी

सेलिब्रिशन में आई थीं। बहुत बातें करने के बाद मैंने आहिस्ता से कहा "मेरे बचपन में आप का और" आगे वह ख़ुद बोल उठीं "दिलीप का"। फिर कहा "मेरी बड़ी बहन का इन्तिक़ाल हो गया था। उसके बच्चों को सँभालना मेरी ज़िम्मेदारी थी।" बस बात ख़त्म।

नज़ीर नाजी कृष्ण नगर वाले घर में अक्सर शाम को आ जाते थे। एक शाम सामने अहमद बशीर को देख कर तड़ाक से बोले "मुबारक हो, तेरी बेटी भी फ़नकार बन गयी है।" ('बुशरा' ने नया-नया गाना शुरू किया था) 'अहमद बशीर' ने ग़ुस्से से ऐसा मुक्का मारा कि चश्मा टूट के नीचे और 'नाजी' चकरा गया था।

गिरीश कर्नाड को पाकिस्तान में डॉ. आसिफ़ फ़र्रुख़ी ने इंट्रोड्यूस करवाया। यह इंडिया के बहुत बड़े थियेटर राइटर थे। वह जब पाकिस्तान आये, अच्छे दिन थे कि अगर इंडिया का कोई राइटर आता, तो इंडिया के जो सफ़ीर होते वह अदीबों को ज़रूर बुलाते थे। ऐसी ही नशिस्तों में फ़िल्म के बड़े डाइरेक्टर महेश भट्ट से ख़ूब डायलॉग रहा। गिरीश कर्नाड अपनी किताबों के तर्जुमे देख कर बहुत ख़ुश हुए। औरतों को गाँव-गाँव काम सिखाने वाली 'सेवा' की डाइरेक्टर के साथ पाकिस्तान और इंडिया दोनों जगह मैंने बहुत कुछ सीखा। मल्लिका सारा भाई, क्लासिकल डांसर और कोरियोग्राफ़र ने मेरी बहुत-सी नज़्मों को अपने डांस का सब्जेक्ट बनाया है। नसीरुद्दीन शाह को मदीहा गौहर ने दो दफ़ा थियेटर वर्कशॉप करने के लिए बुलाया। उनसे ग़ालिब के शेरों को सुनने में बहुत लुत्फ़ आया। 'भीष्म साहनी' से पहली मुलाक़ात ताशक़ंद में हुई फिर इंडिया की कॉन्फ्रेंसेज़ में, भीष्म ने लाहौर को बहुत याद किया। लाहौर को याद करने वाले लोग रोज़ाना ही आई.आई.सी. में मिल जाते। पकड़ के बिठा लेते और कुछ तो रो पड़ते। हबीब तनवीर इंडिया के बड़े थियेटर राइटर थे। दो मर्तबा ख़ास फ़र्रुख़ निगार अज़ीज़ के बुलावे पर लाहौर आये। तक़सीम[1] और हिज्रत[2] उनके महबूब मौज़ू रहे। नय्यर मसूद से मिलने के लिए लखनऊ जाना, ज़रूरी इसलिए भी था कि फ़ालिज के बाद, वह घर से निकलते ही नहीं थे। 'गुलज़ार' अपनी तर्ज़ का शाइर, फ़िल्म

1. बँटवारा

2. वतन छोड़ना, परदेस में बसना

स्क्रिप्ट और गानों के अलावा यकता[1] डाइरेक्टर है। वह ज़िन्दगी के किसी मरहले में अपने पैदाइशी इलाक़े को कभी नहीं भूलता है। इंडिया में अंग्रेज़ी में लिखने वालों में ख़ुशवन्त सिंह और अरुंधति राय के अलावा मुल्कराज आनंद, अनिता देसाई, आर. के. नारायण आलमी सतह पर हमारे मुहम्मद हनीफ़ और नक़वी की तरह पाकिस्तान के सियासी कल्चर को लफ़्ज़ों में पिरोया है। ओरियाना फलासी की तहरीर हमेशा अच्छी लगी। ख़ास कर वह किताब जिसमें उस बच्चे की कहानी है जो पैदा ही नहीं हुआ। बंगाली में शाइरा नवनीता सेन ने मेरी बहुत नज़्मों का तर्जुमा किया है। आप कलकत्ता कभी गये हों और महाश्वेता देवी से न मिलने का अफ़सोस रह गया। मैं और आसिफ़ फ़रुख़ी उनके फ़्लैट में गये। बहुत से मज़दूरों के बीच ज़मीन पर सुबह 10 बजे भी बैठी थीं, बेज़मीन किसानों के लिए सारी उम्र काम किया। सफ़दर हाशमी, को जुनून था कि आपसी नफ़रतें दूर करने के लिए स्ट्रीट थियेटर किये जायें। सब कहते थे जान को ख़तरा है वह कब किसकी सुनता था। वही हुआ इन्तिहा पसन्दों की गोलियों का शिकार हुआ। शबनम और भाइयों ने 'सहमत' के नाम से सफ़दर के इरादों को ज़िन्दा रखा। मैं भी कई दफ़ा स्ट्रीट थियेटर में नज़्में पढ़ने को बुलाई गयी।

बम्बई में वर्ल्ड सोशल फ़ोरम में आसिमा जहाँगीर, विनी मंडेला, शीरीं इबादी, शबाना आज़मी, महेश भट्ट, लैला ख़ालिद और मुझे भी बुलाया गया। मसला वही था जो पूरे इंडिया, पाकिस्तान में मज़हबों की आपसी नफ़रत, इज़राइल और फ़िलिस्तीन का नामुकम्मल बँटवारा और सारी दुनिया में औरतों पर ज़्यादती के बारे में विनी मंडेला ने बहुत दिलचस्प बातें कीं।

एक कॉन्फ्रेंस, इंडिया के वज़ीरें-आज़म रह चुके गुजराल साहब और दीदी निर्मला देशपाण्डे ने की। जिसमें डॉ. अमृत्य सेन, शर्मिला टैगोर, आई.ए. रहमान, डॉ. मुबश्शिर, कुलदीप नय्यर और मैं भी शामिल थी। ज़्यादा ज़ोर इस बात पर था कि अमीर मुल्क ग़रीब मुल्कों को तंग करते हैं, ख़ुद को बचाये रखने के लिए हमें जंगी सामान ज़्यादा देते हैं और इल्म के मैदान को वीरान छोड़ देते हैं। यह भी बहस में आया कि हमारे सारे मुल्कों में सियासत में ईमानदारी नहीं है। ग़रीब मुल्कों में उनकी ज़रूरत के मुताबिक़ मंसूबाबन्दी (प्लानिंग) नहीं की जाती है।

---

1. अद्वितीय

ऐसी कॉन्फ्रेंस श्रीलंका, नेपाल, मालदीप और मॉरीशस में हुईं। 93 हज़ार टापुओं के मुल्क जापान हो कि पहाड़ों के सिलसिले में सर झुकाने के ज़रिये बनी हुई सड़कों के जाल का मुल्क साउथ कोरिया हो। मौज़ूआत में आज का अदब बहस में था। तकलीफ़ यह है कि हम तो अंग्रेज़ी में दूसरे मुल्कों की हर ज़बान का अदब पढ़ लेते हैं मगर साहित्य अकादमी की तरह हमारी अपनी ज़बानों का अदब, उर्दू और फिर अंग्रेज़ी में हासिल करने की बाक़ायदा कोशिशें हैं। अब हर शहर में डॉ. शाह मुहम्मद मरी तो है नहीं कि मार्क्स', माओत्से तुंग से लेकर तारीख़े-बलूचिस्तान और अज़ीम बलोचों की बायोग्राफ़ियों को किताबी शक्लें दें।

रूस में 1973 ई. से दोस्ती मरियम सलगानैक, मीला और अन्ना सुवारोवा से है। दोस्ती का सिलसिला अब भी क़ायम है। ताशक़ंद में ताश मिर्ज़ा मुलाक़ात भी आज तक जारी है कि वह साल दो साल बाद पाकिस्तान आते और दोस्तों से मिलते हैं। उन्होंने उज़्बेकिस्तान डिक्शनरी भी बनाई है। मीला ने जदीद[1] अदब पर काम किया और अन्ना ने लिसानियात (Linguistics) और बेनज़ीर पर दो किताबें लिखीं।

पाकिस्तान में पहले हर दस साल बाद और अब पाँच बरस बाद सियासी उलट-पुलट हो जाती है। ब्यूरोक्रेसी में से दो-ढाई सौ बदउन्वानी[2] के नाम पर निकाले जाते हैं। सब सियासतदान दूध के धुले रहते हैं। पिछले तीन साल से सियासतदानों को मुक़दमों में ऐसा फँसाया है कि तीन साल पूरे हो रहे हैं न मुक़द्दमा चलता है न रिहा होते हैं। कई एक तो पकड़े जाने के अगले दिन अस्पताल जाने का ड्रामा करते हैं और फिर आराम से रहते हैं। हर दौर के सियासतदानों ने जितने क़र्ज़े माफ़ करवाये हैं और ख़ुद को ख़ुद ही पाक-साफ़ कहा है। ऐसे लतीफ़े सारे तरक़्क़ी पज़ीर[3] मुल्कों की सियासत का उसूल है और कहते रहते हैं "तुझ को पराई क्या पड़ी अपनी निबेड़ तू।"

पाकिस्तान में सियासत के साथ हवाई अड्डा बदल जाता है। कभी नया बन जाता है। मिसाल के तौर पर जब जुनेजो साहब वज़ीरे-आज़म बने तो हाला में एयरपोर्ट बन गया। फ़ारूक़लग़ारी प्रेसीडेंट बने तो डी.जी. ख़ान

---

1. आधुनिक
2. नियम विरूद्धता
3. विकासशील

में एयरपोर्ट बन गया। डेरा इस्माईल ख़ान में एयरपोर्ट था, अमेरिकी फ़ौजों को अपने ड्रोन के लिए वह रास्ता चाहिए था। वह बन्द। कुछ एयरपोर्ट जैसे फ़ैसलाबाद, सक्खर, हैदराबाद कभी खुले और कभी बन्द। अलबता सियालकोट में दोनों एयरपोर्टस और एयरलाइन भी अपनी मदद आप के तहत वहाँ के बिजनेसमेनों ने बनाई हैं। सोचें तो फ़िलिस्तीन का भी तो अपना कोई एयरपोर्ट नहीं है। यहूदी आबादियों से गुज़र कर और किन मुसीबतों के साथ जाना होता है और फिर जब वह 'मस्जिदे-अक़्सा' में नमाज़ पढ़ते हैं तो उन पर यहूदी गोलियाँ चला देते हैं। एक रास्ता मिस्र के ज़रिये फ़िलिस्तीन आबादी तक पहुँचने का है। वह भी मुश्किल रास्ता है।

जब दूसरे मुल्कों में जाती और वहाँ उनके शहरों में कीटस हो कि शैले कि बर्नाड शॉ या सार्त्र, बोरख़स और फिर पलट कर अपने मुल्क की तरफ़ देखती हूँ कि सिवाय अल्लामा इक़बाल या क़ायदे-आज़म के मज़ार के, हमारे यहाँ सूफियों के मज़ार, सदियों से उनके मुरीदों और नफ़्सियाती[1] तौर पर क़ब्रपरस्ती के रुझान को ज़ाहिर करते हैं। मैंने मंटो साहब, फ़ैज़, हफ़ीज़ जालंधरी, सूफ़ी तबस्सुम से लेकर मंशा याद और खालिदा हुसैन के घर में मज़ेदार बैठकों में शिरकत की है। मगर यह तो मेरे सामने हुआ कि आज एक अदीब दुनिया से गया, अगले दिन औलाद, हिसाब-किताब के ज़रिये, अपनी निशानियाँ मिटा देते हैं। अल्लामा इक़बाल के घर को भी स्कूलों के बच्चों को दिखाने के लिए नहीं ले जाते। अपनी नामवर हस्तियों को याद रखने के लिए, हम क्या करते हैं।

औरंगाबाद, हैदराबाद दकन में अजन्ता एलोरा की सदियों पुरानी इमारतें और औरंगज़ेब की बेरौनक़ क़ब्र देखकर, हैदराबाद में उन बादशाहों के महलों, ज़ेवरों को इबरत की निशानी के तौर पर, जयपुर के महलों में भी इन अय्याशियों के मंज़रों को देखने के बाद, जयपुर में तो देसी जयपुरी औरतों के हाथ से बनी बाजरे की रोटी जिस को एक औरत ख़ुद मसल कर थाली में डालती, उसके ऊपर चमचे से घी डाल कर दाल, सब्ज़ी और दही देती थी। इस तरह हैदराबाद में तो खट्टी दाल, मिर्चों का मसाला, हैदराबादी बिरयानी,

1. मनोवैज्ञानिक

इस क़दर खाई कि जीलानी बानो से लेकर मुग़नी तबस्सुम वग़ैरह सब अदीबों के घर पर हँडिया में खटाई ज़रूर खायी। इस तरह पेशावर में नाले के किनारे बने गोश्त के साथ चर्बी खाना लाज़िमी है। चपली कबाब तो नौशहरा के सबसे अच्छे हैं और पल्ला मछली हैदराबाद में और ट्राउट फ़्लॉवर वह भी ताज़ा ट्राउट नारान नोर्थ के पहाड़ी इलाक़ों में अजब लुत्फ़ देती है।

जब अफ़ग़ानी नये-नये पाकिस्तान में लाखों की तादाद में आये थे उस वक़्त पेशावर के बाज़ारों में टोकरों में रखी गोलियाँ और केलों के गुच्छों की तरह कलाश्निकोव लटकी नज़र आती और ख़रीदी जाती थीं। मैंने एक कलाश्निकोव उठायी तो ख़ान बोला "चलाओ बाजी, बेख़तर चलाओ" आज भी जब हर तरफ़ कलाश्निकोव देखती हूँ तो तीस बरस पहले का मंज़र सामने आ जाता है। अब तो तालिबान सर पर हैं। कुछ लोगों को ख़ुशफ़हमी है कि वह 30 बरस वाले नहीं हैं मगर तभी तो उस तरह थे।

26

मज़ाक़ करना और फ़िक़रेबाजी[1], चाहे वह यूसुफ़ी साहब की पंच लाइन हो कि सय्यद मुहम्मद जाफ़री का क्लासिकल शेर पर गिरह लगाना[2], यह संजीदा फ़न है। मज़ाक़ करने के लिए आप के अन्दर की संजीदगी, चेहरा बदल कर आती है। हमारे मर्द शाइर तो आम तौर पर औरत और बीवी का मज़ाक़ उड़ा कर अवाम और सुनने वालों से हँसी की दाद वसूल कर लेते हैं। लाहौरी फ़िक़रेबाजी में अपना जवाब नहीं रखते थे। कहा जाता था "दोस्त जाता है जाये फ़िक़रा न जाये" जब शहर के अन्दर के थड़ों से फ़िक़रे उछल कर नाली में गिरने लगे तो मालूम हुआ कि शहर के अन्दर वाला कुलचा, लाहौर के दूसरे इलाक़ों में तो मिल जाता है, मगर बनावट और शक्ल में थोड़ा अलग होता है। फक्कड़पन, मिज़ाह (Humor) और फ़िक़रेबाज़ी अगरचे आपस में सौतनें नहीं हैं बल्कि एक तरह की रक़ीब (Rival) हैं। फिर यह काम इतना नाज़ुक है कि फ़िक़रा तमीज़ के साहिल से नीचे उतर जाये तो

---

1. व्यंग करना
2. समस्या पूर्ति

बदतमीज़ी, बदतहज़ीबी कहलाता है। बेमौक़ा फ़िक़रे उछालना भी महफ़िल को बदमज़ा कर देता है। इसी तरह अपाहिज या बदसूरत लोगों को मज़ाक़ का निशाना बनाना, ट्रांसजेंडर लोगों की जानिब फ़िक़रे उछालना भी मुनासिब नहीं समझा जाता है।

कभी-कभी एकदम से फ़िक़रा बन जाता है। जिस पर अपने आप हँसी आ जाती है। सूफ़ी तबस्सुम एक दफ़ा बेडन रोड से गुज़र रहे थे। हम लोग साथ थे। उन्होंने देखा दूध वाला कड़ाही में दूध को डोंगे में ऊपर ले जाकर बार-बार फेण्ट रहा था। सूफ़ी साहब ने यह देखा तो कहा। "ओए बच्चे दो गज़ दूध मेनूं वी दे", चराग़ हसन हसरत का फ़िक़रा तो मशहूर है कि चाय का ऑर्डर दिया, जब चाय आने में बहुत देर हो गयी तो मैनेजर को बुलाकर शिकायत की तो उसने पूछा "बताइए उसका हुलिया क्या था?" हसरत साहब ने कहा "जब उसने ऑर्डर लिया था, तब उसकी मूँछें भी नहीं आयी थीं, अब शायद दाढ़ी के बाल सफ़ेद हो गये होंगे" जब एक डाइरेक्टर 'अनारकली' फ़िल्म बनाने लगे, पूछा "हीरोइन कौन होगी?" बोले नूरजहाँ फ़ौरन जवाब दिया "तो आप पुरानी अनारकली बना रहे हैं।" ई.एम.आई. रिकॉर्डिंग का अपनी तरह का अकेला इदारा था। उसमें पहले रिकॉर्ड बनते थे। फिर L.P यानी लौंग प्ले रिकॉर्ड बनने लगे। यहाँ सारे आर्टिस्ट रिहर्सल और रिकॉर्डिंग के लिए आते, रेडियो के बाद यह उनका दूसरा घर था। एक दिन अमानत और फ़तेह अली ख़ाँ...वह दो घोड़ा बोस्की के कुर्ते-पाजामा पहने आये। वहाँ तबला नवाज़ 'पैट्रिक' बहुत फ़िक़रेबाज़ था। उसने कहा "वाह बोस्की तो बड़ी देखी सी, मगर अज दो घोड़े देखे ने" एक दफ़ा नूरजहाँ गाते-गाते बेमज़ा हो रही थीं। म्यूज़िक डाइरेक्टर ने साज़िंदों को ख़ामोश होने का कह कर मैडम से बात करनी शुरू की, ताकि उनका मूड ठीक हो जाये। उसने कहा "मैडम! याद करो। वह गाना कब गाया था?" मैडम ने कहा "ओहो याद आया। जदूं अकबर मेरे पेट बिच सी", "बहुत-बहुत अच्छा गाया था। अच्छा यह बतायें फ़लाँ गाना भी बहुत अच्छा था, वह कब गाया था?" बोलीं "वाक़ई उसको गाने का बहुत मज़ा आया था उस वेले असग़र मेरे पेट विच सी" वही तबले वाला यहाँ भी था। उसकी हँसी ठिठोल की नस फड़की, वह बोला "मैडम कदी ख़ाली पेट वी गाया ऐ।"

अदबी लतीफ़े तो सबसे ज़्यादा अताउल हक़ कासमी और अमजद इस्लाम अमजद दोनों को बेतहाशा याद हैं और सुनाने का हुनर भी जानते हैं। एक दफ़ा लक्ष्मी चौक में सारे अदीब तस्वीर उतरवाने के लिए जमा थे। शहज़ाद अहमद ने नया-नया चश्मा लगाना शुरू किया था। हफ़ीज़ जालंधरी साहब ने शहज़ाद को चश्मा लगाये देखा तो बोले "शहज़ाद तू चश्मा लगा कर बिज्जू लगता है।" शहज़ाद ने तुरन्त कहा" हफ़ीज़ साहब! जे मैं चश्मा न लगावां ते तुसी मेनूं बिज्जू लग दे ओ" इसी तरह तस्वीर उतारते हुए हफ़ीज़ साहब ने फ़ोटोग्राफ़र से कहा "ओए मेरी तस्वीर चंगी बना" किसी ने आवाज़ लगाई। "ऐ ते अल्लाह नूं कहना सी।"

यह है बेसाख़्ता फ़िक़रेबाजी। इस हुनर में फ़राज़ हमेशा नम्बर ले जाता था। मसूद अशअर और फ़राज़ चीन में नाश्ता कर रहे थे। मसूद ने शोर मचाया "यार चीनी नहीं है" फ़राज़ ने कहा "अरे शोर क्यों मचाते हो, इतने चीनी घूम रहे हैं उठा के डाल लो" कराची में, हम फ्रेंडस दोपहर के वक़्त फ़राज़ के होटल के कमरे में पहुँचीं और शोर मचाया "जल्दी से सेण्डविचेज़ मँगवाओ हमें भूख लगी है" 'फ़राज़' ने किचन में फ़ोन करते हुए कहा "आप कुछ सेण्ड भेज दें विचेज़ तो मेरे कमरे में हैं।" मेरा छोटा बेटा फ़ैसल कोई पाँच साल का था। 'फ़राज़' के साथ रोज़ सुबह उसकी कुश्ती होती थी। एक दिन फ़राज़ ने कहा फ़ैसल अगर इस दफ़ा तुमने मुझे हरा दिया तो मैं तेरा नाम बदल कर 'लायलपुर' रख दूँगा।

हमारे दफ़्तर में ज़मीर जाफ़री साहब कुछ दिन के लिए पोस्टिंग लेकर आ गये। उन्हें देख कर फ़राज़ बोला "जाफ़री साहब अब तो आप के नकली दाँत भी टूटने लगे हैं अब तो नौकरी छोड़ दें।" फ़राज़ की तरह मुन्नू भाई भी फ़िक़रेबाजी में बदलिहाज़ था। उसने इस हुनर के लिए पंजाबी नज़्म का तरीक़ा अपनाया। ज़ियाउल हक़ के मनहूस ज़माने को उसने "प्राजे क़यामत नयी आयी" कह कर और एहतिसाब[1] के मौज़ू को वज़ीरे-आज़म मलिक मेराज ख़ालिद के सामने नज़्म "एहतिसाब दे साब बहादुर इतना ते दिस देओ" यह नज़्में कितने ही ज़माने बदलें चूँकि हमारा समाज नहीं बदलेगा, इसलिए हर ज़माने के मुआफ़िक़ रहेंगी।

---

1. जवाबदेही

शाइरी में तंज शौक़त थानवी, सय्यद महमूद जाफ़री, दिलावर फ़िगार और अनवर मसूद ने बहुत कमाल किया। बाक़ी मज़ाहिया शाइरी तो औरतों, उनके मेकअप, बच्चों, दूसरी औरतों को घूरने में मज़ा लेने के लिए होती है। जिसका चस्का ख़्वातीन ख़ुद भी लेती हैं। शुक्र है मैं फ़ेसबुक इस्तेमाल नहीं करती। वर्ना मैं भी बहुत गन्दगी पढ़ती।

नस्र में तंज़ शुरू तो ग़ालिब से होता है और सच पूछें तो ग़ालिब ही पर ख़त्म होता है। मुहम्मद ख़ालिद अख़्तर ने भी 'ग़ालिब' के अन्दाज़ में ख़ुतूत लिखे हैं। क़ासमी साहब ने इमरोज़ में 'अन्क़ा' के नाम से फुकाहिया (Humorous or funny) तहरीरें दीं। इब्ने इंशा और मुन्नू भाई दोनों की तंज़िया[1] तहरीरें शगुफ़्तगी[2] लिए हुए होती थीं। उन दोनों का थोड़ा अक्स अताउल हक़ क़ासमी पर भी पड़ा है। वुस्अतुल्लाह ख़ाँ इल्म और तंज़ का मिक्सचर तैयार करता है। हसन निसार गुफ़्तगू में बाग़ी और * तहरीर में नीम[4] बाग़ी होता है।

दस साल से सोशल मीडिया और फ़ेसबुक है। जो भी वैला बन्दा है वह अपने शऊर[5], ज़हानत और बेवक़ूफ़ी के मुताबिक़ लगातार हर महफ़िल में टप टप करता रहता है। यह आदत अशफ़ाक़ सलीम मिर्ज़ा (जो अब मरहूम हो गये) और डॉ. बोधियो की भी है। अदब में फ़ेसबुक को इस्तेमाल करने, लड़ाइयाँ और बहस करना फ़हमीदा रियाज़ पर ख़त्म था। रात के तीन बजे या सुबह के सात, उसकी उँगलियाँ फ़ेसबुक पर गर्दिश करती रहतीं। फ़ेसबुक इस्तेमाल करने वालों के कई तबक़े हैं। सियासी लोग तो ट्विटर और दूसरे मीडियम इस्तेमाल करते हैं। आम लोग अफ़वाहों की कहानियाँ, स्कैंडल्स और करंट इश्यूज़ पर अपनी औक़ात के मुताबिक़ इस्तेमाल करते हैं। हर सियासतदान के चमचे भी होते हैं जो उनके बचाव में मुख़ालफ़त[6] करने वालों के बारे में झूठी बातों से भी बाज़ नहीं आते।

---

1. व्यंग्यात्मक

2. ताज़गी

*अलीगढ़ (इंडिया) से निकलने वाली उर्दू की साहित्यिक पत्रिका

4. आधा

5. चेतन

6. विरोध

वाट्सएप ने तस्वीरी और तहरीरी दोनों मसाइल को ख़ासकर कोरोना के ज़माने में अहमियत हासिल कर ली है। दुनिया भर में लैंड लाइन फ़ोन उसी तरह आउट डेटेड हो गये हैं जैसे कैसेट, सीडीज़ और ग्रामोफ़ोन रिकॉर्ड। डिजीटल कैमरों ने पुराने ज़माने की तस्वीरें उतारने का काला कपड़ा ओढ़ कर सीनरी के सामने खड़े शख़्स की वीज़ा के लिए तस्वीर उतारने को तारीख़ का हिस्सा बना दिया है। मगर वही पुरानी तस्वीरें या शबीहें[1], इब्ने ख़ल्दून, ग़ालिब, शेक्सपियर और न्यूटन की यादें ताज़ा रखती हैं।

27

मैं अपने बचपन में ही मार्शल लॉ, लाहौर में देख कर, बग़ैर समझे, उसके ख़िलाफ़ थी। फिर उम्र, तालीम और एक्सपोज़र के साथ कुछ कड़वी सच्चाइयों को रजिस्टर करना पड़ा। 1964-65 ई. में अगरचे हम सब दोस्त फ़ातिमा जिन्ना के इलेक्शन लड़ने में 'मुहतरमा फ़ातिमा जिन्ना' के साथ थे। हमारे ग्रुप के लीडर उस ज़माने में हबीब जालिब थे। हम उन्हें लिए-लिए कभी लॉ कॉलेज, कभी यूनिवर्सिटी हॉल जाते। चूँकि वह अय्यूब ख़ान के ख़िलाफ़ लिख रहे थे, इसलिए शहरों में होने वाले मुशाइरे, चूँकि डिप्टी कमिश्नर के मातहत होते थे हबीब जालिब के दिन कभी जेल में और कभी सन्त नगर में दो कमरों के घर में गुज़रते। यहीं बच्चों पर बच्चे भी होते गये और जालिब का सियासी क़द भी बढ़ता गया। एक दफ़ा जालिब को जेल से रिहाई होने पर, उनकी बेगम को साथ ले गये। शाम 5 बजे अदालत से तहरीरी हुक्मनामा आता है। उसके बाद रिहाई मुमकिन होती हम तीनों गाड़ी लिए बाहर खड़े थे। रात गहरी होने लगी। जालिब की बेगम ख़फ़ा होने लगी कि चलो रहने दो, इसे अन्दर रहने का शौक़ है। थोड़ी देर बाद जेल का दरवाज़ा खुला। जालिब के साथ पाँच नौजवान भी बाहर निकले। पता चला चूँकि यह लड़के जालिब के साथ गिरफ़्तार हुए थे। इनको भी रिहा करने पर जालिब ज़िद पर अड़े रहे। मुझे यह भी याद है कि जालिब का तीन साल का बच्चा मर गया। जालिब को रिहा नहीं किया गया। वह सारा काम हम नौजवानों के ज़िम्मे रहा।

---

1. छवियाँ (Images)

एक तरफ़ सियासत, दूसरी तरफ़ जालिब के बच्चे बड़े होते गये। मुल्क में एक के बाद दूसरा मार्शल लॉ, कुछ सियासतदानों की ख़ुदग़रज़ी की वजह से लगते हैं। अय्यूब ख़ान के मार्शल लॉ में मुख़्तार मसूद जैसा शख़्स लाहौर का कमिश्नर था। जिसने खाली मंटो पार्क को क़रारदादे-पाकिस्तान[1] के लम्बे टॉवर में बदल कर, उसकी मेहराबों पर क़रारदादे-पाकिस्तान बड़े हर्फ़ों में भी लिखवायी।

ज़ियाउल हक़ के मार्शल लॉ में जनरल जीलानी ने ख़ुद खड़े होकर लाहौर आर्टस काउंसिल की इमारत, नय्यर दादा की निगरानी में बनवायी। महाराज की नौकरी सलामत रखी। तहख़ाने में म्यूज़िक और पेंटिंग की क्लासें होती रहीं। उसी मार्शल लॉ एडमिनिस्ट्रेटर ने अल्लामा इक़बाल टाउन में लम्बा-चौड़ा बाग़ बनवाया। जेल रोड पर जेल की कोठरियों की जगह बहुत बड़ा लॉन झरना लाहौर शहर को फ़राहम किया। शर्क़पुर में एचीसन कॉलेज की तरह का स्कूल बनाया।

यह एक ख़राबी जनरल साहब से हो गयी कि उन्होंने मियाँ शरीफ़ के तोहफ़े के तौर पर कोठी क़बूल की कि नहीं और 22 ख़ानदानों के मुक़ाबले में शरीफ़ ख़ानदान में से नवाज़ शरीफ़ को पेश किया गया कि यह बहुत सीधा है, आप की बातें मानेगा, इसको सियासत सिखा दें।

ज़ियाउल हक़ अपनी जगह, सियासी शख़्सियतों और अदबी ग़ुचों को अपने इर्द-गिर्द इकट्ठा करते रहे। सिद्दीक़ सालिक के मशवरे से नेशनल लिटरेरी कॉन्फ्रेंस करता रहा। इन्तज़ार हुसैन और हम चन्द लोग किसी जलसे में नहीं गये। ज़ियाउल हक़ की भुट्टो साहब की फाँसी के वक़्त जानमाज़ पर बैठना अपना मिशन मुकम्मल होने की दुआएँ करना और अगले दिन जैसा कि उनके ड्राइवर ने बताया जेल के सामने गाड़ी रुकवा कर कुछ दुआ माँगी या फ़ातिहा पढ़ी।

इसी मार्शल लॉ के दौर में पूरे पाकिस्तान के शाइरों ने बग़ैर पैसे लिए मुशाइरों में शिरकत करने और हबीब जालिब के लिए फण्डस इकट्ठे करने के लिए मेरे साथ एतिज़ाज़ अहसन और सीनियर एडवोकेटस भी शामिल हो गये। मेरे भाईजान ने अपना लॉन शिरकत करने वालों के लिए खाने का

---

1. Pakistan Resolution

इन्तिज़ाम कर दिया और पुलिस में मौजूद मुहब्बत करने वालों ने हमारी हिफ़ाज़त का बन्दोबस्त किया। मुमताज़ दौलताना से लेकर सारी सियासी और मालदार शख़्सियतों को दावत दी। साढ़े आठ लाख रुपये इकट्ठे हुए, 5 लाख में नय्यर दादा ने कोट-लखपत जेल के पास नयी कॉलोनी में घर ख़रीद दिया। बाक़ी साढ़े तीन लाख 'एतिज़ाज़' और मेरे दस्तख़तों से फ़िक्स-डिपोज़िट में यह कह कर जमा कराये कि बच्चियों की शादियों के वक़्त निकाले जायेंगे। जालिब साहब की हथेलियों में खुजली होने लगी। उन्होंने बार रूम से टी हाउस तक में यह कहना शुरू कर दिया कि मेरी रक़म पर क़ब्ज़ा करके बैठी हुई है। एतिज़ाज़ के कानों तक यह ख़बर पहुँची। उसने चैक पर ख़ुद साइन किये फिर मुझ से करवाये और रक़म उनके हवाले कर दी।

अगले दिन घर में मीलाद हुआ। ईद पर क़ुर्बानी हुई और बची हुई रक़म से एक पुराना डिब्बा लेकर बड़े बेटे ने चलाना शुरू कर दिया। फिर वह घर भी बेच दिया गया। ख़ुद तो अस्पताल में और किराये का घर इक़बाल टाउन में। बहुत से दोस्त जैसे दुश्मन, जो बोतल उन्हें मना कर दी गयी थी, पहुँचाते रहे। मौत को आसान बना दिया। मौत पर 'बीबी बेनज़ीर' मातमपुर्सी के लिए आयीं तो मदद की बात की तो हिम्मत वाली बीवी ने कहा, "जालिब ने तुम्हारे बाप से कुछ नहीं लिया, तो मैं कैसे ले सकती हूँ।"

फिर तीसरे मार्शल लॉ का ज़माना। जनरल मुशर्रफ़ ने ज़िया मुहियुद्दीन को कोने से निकाला। हिन्दू जिमख़ाने में नेशनल इंस्टीट्यूट ऑफ़ परफॉर्मिंग आर्टस खोला। फंड के साथ में फिक्स डिपोज़िट इकट्ठे किये। सूबाई हुकूमत ने बड़े हाथ पैर मारे ज़िया साहब बड़ी मज़बूती से नौजवानों को क़िस्सागोई, ड्रामे लिखना और करना सिखाते रहे, तलत हुसैन और अरशद महमूद, मददगार ठहरे और सारे नौजवानों की टीम लगातार काम कर रही है। यह अलग बात है कि एक सेक्रेटरी साहब ऐसे भी आये थे। उन्होंने 'नापा' के लिए और रक़म देने से इनकार करते हुए कहा "नाच गाने के लिए मेरे पास बजट नहीं है" बहरहाल ज़िया मुहियुद्दीन आज भी कुछ सुनाने खड़े हों तो नौजवानों से बूढ़ों तक इस क़दर सलीक़े से सुनते हैं कि हर दिल से दुआएँ निकलती हैं।

जनरल मुशर्रफ़ ने नईम ताहिर को लाहौर से बुलाया। जो प्लॉट मैंने सी.डी.ए. से ज़बरदस्ती लिया था। बीबी ने कोई फंड नहीं दिये थे। जनरल

मुशर्रफ़ ने आर्किटेक्ट नईम पाशा की निगरानी में तीन साल की मेहनत से पी.एन.सी.ए. की ख़ूबसूरत इमारत तैयार करा ली। नईम ताहिर के बाद सियासी डी.जी. आते, गाड़ियाँ इस्तेमाल करते रहे। पंजाब के ज़्यादातर शहरों में इसी तरह के पी, सिंध और बलूचिस्तान में आर्टस काउंसिल की बिल्डिंगों को मुकम्मल किया। इमारत तो बना ली। अहमद शाह ने ख़ुद फंड इकट्ठे करके बिल्डिंग बनायी।

सबके दिल पुराने पापी हैं। घोड़े नचाने की इजाज़त है मगर अब तो कोरोना का बहाना है। तारीख़ यह बताती है कि पी. एम. हाउस और प्रेसीडेंसी में मुशाइरे तो बहुत हुए मगर कोई भी कल्चरल सेरेमनी रिकॉर्ड पर नहीं है।

सन् 2000 ई. तक लाहौर में बसन्त ऐसे मनायी जाती कि शहर के सारे घरों के अलावा, हर बनने वाली इमारत की छत तीन महीने पहले बुक हो जाती थी। होटलों और घरों, बाग़ों यहाँ तक कि जहाँ सड़क चौड़ी थी, वहाँ बच्चे पतंग लूटते थे। पाकिस्तान क्या दुनिया भर के इवेंट कैलेंडर में लाहौर और बसन्त का ज़िक्र होने लगा। मियाँ यूसुफ़ सलाहुद्दीन पाकिस्तान भर के शरीफ़ ख़ानदान वालों को बुलाते, दिन रात, बार्बी केव और बहुत कुछ होता। तमाम छतों पर नाचने वाली लड़कियों पर नोटों की बारिश होती। क़ीमे वाले नान, गजरेला और दही के कुँडे हर घर, हर बाज़ार में मौजूद होते थे।

फिर रंग में भंग डालने वालों ने ऐसा माँझा बनाना शुरू किया कि बच्चों, बड़ों सब की शहरग[1] कट गयी। पिछले बीस बरस में सरकारें आयीं और गयीं। शीशे और तार का माँझा बनाने वालों को आज तक नहीं पकड़ सके हैं। बसन्त, अब सिर्फ़ मकई की रोटी और गंदलों का साग की दावत तक सिमट कर रह गयी है।

अब खाबे ही हमारा कल्चर हैं। कोरोना ने दुनिया भर को तबाह किया, मगर लोगों ने अपने-अपने कल्चर्स को भी ज़िन्दा रखा। मुसलमान मुल्कों में कुछ भी तो नहीं हुआ। हज और उमरे के अलावा ज़ियारत[2] करने वालों के ग्रूप, सब ग़ायब! यूरोप में लोग खिड़कियों में खड़े होकर वायलिन बजा

---

1. शरीर की सबसे बड़ी रग जो हृदय में मिलती है।

2. पवित्र एवं धार्मिक स्थल या बुज़ुर्ग के दर्शन।

कर, दूसरों को ख़ुश करते हैं। हमारे मुल्क में मौत से डरे लोग, घर से बाहर निकलना तो छोड़िए फ़ोन करना भी कोरोना को दावत देने के बराबर समझते थे। यूरोप, अमेरिका में गड्डे खोद कर लाशें डाली गयीं। इंडिया में लाशें जलाने को लकड़ियाँ कम पड़ गयीं। पाकिस्तान में कराची में जनाज़ा उठाने के लिए रिश्तेदार न मिल सके।

अभी तक जिन अदीबों को चुन कर एक लड़ी में पिरोया था, वह कोरोना के ख़ौफ़ से आज़ाद नहीं हैं।

हमें पहले ही कहाँ आज़ाद और ख़ुश रहना आता था। अगरचे यह डेढ़ साल मेरी तरह किताब से दोस्ती में गुज़ारा जा सकता था। हमीद शाहिद ने यही किया। आसिफ़ टेलीफ़ोनिक डायरी लगातार लिखते-लिखते चला गया।

शमीम हन्फ़ी और मसूद अशअर क़ब्रों में छुप गये। यह ग्लोबल महामारी दुनिया को तब्दील कर देगी। हम हर बला से गुज़र कर, रुपये-पैसे का फ़ायदा ढूँढ़ने में दीवाने, औरतों और बच्चों को चीरने-फाड़ने में ज़माने भर में रुस्वा हुए और होते रहेंगे।

28

1965 ई. में दोनों मुल्कों की ख़ुद की पैदा की हुई लड़ाई में इन्सानी नुक़सान ज़्यादा हुआ। हम दोनों मुल्कों ने पर्दे में नफ़रतों को इतना पाला कि बुर्जुआ मेंटालिटी और इंडिया की बंगालियों पर होने वाली ज़्यादतियों को कैश कराने की पॉलिसी ने जो कहते थे हज़ार साल तक लड़ेंगे, 'नियाज़ी' कहता था "मेरी लाश पर गुज़र कर जायेंगे" वह मनहूस 16 दिसम्बर 1971 ई. को हँसता जाता था और अपने तमग़े उतार कर जनरल अरोड़ा के सामने रखता जाता था। उस मंज़र के बावजूद कुछ अफ़सरों को फिर भी यह कहते सुना गया "चलो अच्छा हुआ बंगालियों से जान छूटी" दो पड़ोसी दुश्मनी में बढ़ोतरी करने में एक-दूसरे को मात देने की बिना वजह कोशिश कर रहे थे। उस ज़माने में दोनों मुल्कों के अमनपसन्द इंटेलेक्चुअल्स को मिल बैठ कर यह बात समझ में आयी कि फ़ौजों ने तो दो दफ़ा लड़ कर देख लिया। क्यों न आम आदमी की सतह पर आपसी बातचीत की कोशिश की जाये। डॉ. मुबश्शिर हसन जो

सियासत से बहुत हद तक तौबा कर चुके थे और आई. ए. रहमान साहब ने पाकिस्तान में और तपन बोस, रीटा, सय्यदा हमीद ने इंडिया में सोच समझ कर पाकिस्तान-इंडिया पीपल्स फ़ोरम फ़ॉर पीस एंड डेमोक्रेसी बनाया। डर तो सारी रजअतपसन्द[1] ताक़तों और उनके हर मौक़े पर काम आने वाले जर्नलिस्टों और अख़बारों से था मगर आतिशे-नमरुद[2] का मुक़ाबला करने के लिए डोल डाला कि पाकिस्तान से कुछ बन्दे दोस्ती का झण्डा हाथ में लिए आयेंगे। इसी तरह हिन्दोस्तान से आयेंगे। यह बात है 1994 ई. की। दो साल पहले तक यह कोशिश इतनी हुजूम से भरी रही कि तीन-चार सौ लोगों के बाद, हाथ जोड़ कर वादा किया जाता कि अगले डेलिगेशन में आप को ज़रूर भेजेंगे जबकि हर शख़्स को अपने सफ़र के पैसे ख़ुद अदा करने होते थे मगर हुजूम था कि किसी सूरत कम न होता था। हर एक पहलू पर ग़ौर किया तो यह नतीजा निकला कि चूँकि किसी आम शहरी को रिश्तेदारों से मिलने के सिवाय वीज़ा मिलने का चांस ही नहीं था। इस फोरम के डेलिगेशन के बहाने 3 से 5 शहरों का वीज़ा हासिल कर लेते। दिल्ली देखना लाहौरियों और पाकिस्तानियों का शौक़ था। उधर सारे मश्रिक़ी पंजाब से दूसरे सूबों को पाकिस्तान की सैर का शौक़ दीवाना किये हुआ था। 1994 ई. से 2014 तक क़ाफ़िले आते-जाते रहे। मुशाइरे, नाटक, कश्मीर से लेकर दरियाओं के बँटवारे जैसे मौज़ूओं[3] पर खुल कर गुफ़्तगू होती रही। इस सफ़र को डेडलॉक पहले इंडिया ने मुम्बई और दिल्ली पार्लियामेंट पर हमलों को पाकिस्तान के सर मढ़ा। हमने भी करगिल जैसी दिफ़ाई (Defensive) आँख मिचौली खेली। साथ ही हिन्दोस्तान में हिन्दुत्व और आर.एस.एस ने मज़हबी जुनून को कैश किया। गऊ माता का ड्रामा रचाया। गाय का पेशाब बोतलों में बेचना और फ़िल्मी लोगों ने पीना शुरू कर दिया। हम तो पहले तालिबान और मज़हबी जुनून को 1979 ई. से पाले हुए थे। उस वक़्त अमेरिकियों के लिए सरफ़रोश

1. प्रतिक्रियावादी
2. वह आग जो 'नमरुद' नामक ज़ालिम बादशाह ने पैग़म्बर हज़रत इब्राहीम को उसमें डालने के लिए जलवाई थी।
3. विषयों
2. स्वतन्त्रतावादी
3. बमवर्षक

थे। फिर अमेरिका ने जिन को हुर्रीयत-पसन्द[1] कहा था, उन्हें अब दहशतगर्द कहने लगा। हमारी सुई भी अमेरिका के हुक्म पर अब तक चलती रही है। वैसे तो हम हिन्दोस्तान का वीज़ा लेने वाले शख़्स का अपनी एजेंसियों के ज़रिये ऐसा हुलिया बिगाड़ते रहे हैं कि कोई दोबारा उधर जाने की हिम्मत न करे। दूसरी तरफ़ हमारी एजेंसियों के कहने के मुताबिक़ उन्हें ख़ुद यह मालूम नहीं था कि ओसामा बिन लादेन एबटाबाद में अपनी ज़रूरतों के लिहाज़ से घर बनाकर आराम से रह रहा है। अमेरिकी बमबार[2] जहाज़ों ने ओसामा के कम्पाउंड के पास लैंड कर के ओसामा को लेकर वह चले भी गये तो अगले दिन सुबह हम चीख़ रहे थे। "हाय लुट गये"।

अरे मैं कहाँ अमेरिका की तरफ़ निकल गयी। इस्लामाबाद पाक इंडिया फ़ोरम में ज़रीना सलामत, नसरीन सुल्ताना, ताहिरा अब्दुल्लाह ने बुनियादी काम किया। डिक्लेरेशन लिखे, क़रारदादें और बैनर्स बनाये। यही काम करामत और अनीस हारून ने कराची में और पेशावर में अफ़रासियाब ख़टक और दूसरे दानिशवरों[3] ने किया।

सैकड़ों के यह डेलिगेशंस कलकत्ता, दिल्ली, भोपाल, इलाहाबाद और दूसरे शहरों में इंडियन और पाकिस्तानी मिल कर जुलूस निकालते। रास्ते में चलते लोग भी शामिल हो जाते। इस सिलसिले में अमन की आशा के नाम से बीना सरवर और दूसरे दोस्त काम करने लगे। आसिमा और हिना ने जुनूबी[4] एशियाई अमन की तहरीक भी चलाई। हम लोग नेपाल तक गये। 2000 ई. में अजीत कौर ने डॉ. कर्ण सिंह (कश्मीर के शहज़ादे) की मदद से इंडिया पाकिस्तान के अदीबों की कॉन्फ्रेंस करने का मंसूबा बनाया। यह तहरीक भी बड़ी कामयाबी से चली। किताबें, अदीब, मौसीक़ार के आपस में तबादले और शामें ख़ूबसूरत होती रहीं। उधर इंडिया में शहरों, सड़कों और इमारतों के मुग़लिया नामों की जगह संस्कृत में नाम रखे जाने लगे और बढ़ते-बढ़ते इंडिया के कश्मीर के क़ब्ज़े ने अमन और दोस्ती के सारे दीये बुझा दिये।

---

4. बुद्धिजीवियों

2. दक्षिणी

3. एकजुटता

3. कोशिश

उधर हिन्दोस्तान में अमनपसन्द रहनुमा ज़िन्दगी की बाज़ी हार गये और इधर दो साल हुए डॉ. मुबश्शिर और इस साल आई.ए. रहमान भी क़ब्र में सो गये। "अब उन्हें ढूँढ़ चराग़े-रुख़े-ज़ैबा लेकर"।

पाक-इंडिया फ़ोरम के एक्टिव मेम्बर—दोनों मुल्कों में ज़ूम पर ताल्लुक़ात मज़बूत करते, अमन की गुफ़्तगू करते और मुशाइरे करते हैं। मज़हबी जुनून के साथ कोरोना की वजह से इंडिया में मोदी की पार्टी के पैरों तले से रेत की तरह ज़मीन निकलती जा रही है। पाकिस्तान में तो जम्हूरियत की दाल गलने ही नहीं पा रही है। अफ़ग़ानिस्तान में तालिबान पता नहीं किसकी शह पर, अमेरिकियों के वापस जाने का सुन कर जोश में आकर लड़कियों की स्कूल बसों तक पर हमले कर रहे हैं। इसी तरह फ़िलिस्तीनी, यहूदियों के क़ब्ज़े से अपनी आबादियाँ निकालना तो दूर की बात है, ग़ाज़ा पट्टी पर ही यहूदी, मेरे बहादुर फ़िलिस्तीनी बच्चों को बेमौत मारे जा रहे हैं। अमन की झण्डी नामालूम किस राक्षस के पास है। इस वक़्त ओ.आई.सी. और यू.एन.ओ. की यकजहती[1] का इज़हार बन्दर की जद्दोजहद[3] की तरह मालूम हो रही है। अब तो एडवर्ड सईद, रॉबर्ट फ्रॉस्ट और यासर अराफ़ात भी नहीं, अकेला नोम चोम्स्की क्या करेगा। 'जो बाइडन' भी बुलन्द आवाज़, इज़राइल के ख़िलाफ़ नहीं बोल रहा।

उम्र, तज्रिबा और दुनिया देखने के बाद, याद आता है कि कॉलेज के ज़माने तक सलवार कमीज़, मास्टर्स और शादी के बाद स्लीवलेस ब्लाउज़ और साड़ियाँ, तीन इंच की एड़ी। जब नेशनल सेंटर लाहौर की रिपोर्टिंग करते हुए चस्का राइटर्स, रिपोर्ट में मेरे स्लीवलेस ब्लाउज़ का हवाला ज़्यादा देते तो मैं तंग आकर अपने दर्ज़ी को सारे ब्लाउज़ आस्तीन लगाने को दे आयी। साड़ी जारी रही। उसमें बेलबॉटम और तंग पाजामे शामिल हो गये। सलवार कमीज़ बहुत कम पहनती, मदीहा-गौहर, फ़रज़ाना बारी, सलीमा और मैं हर फंक्शन में साड़ियाँ पहनते। अब जिस्म ने बेढंगा होना शुरू किया। ब्लाउज़ का साइज़ इतना बदल गया कि सारी साड़ियाँ दो साल हुए, फ्रेण्डस में बाँट दी। एड़ी तीन इंच से डेढ़ इंच और फिर एक इंच की हो गयी। अब सिर्फ़ कॉटन, खद्दर और

---

1. गर्भ

मलमल मेरा लिबास है। डिज़ाइनर्स के कपड़े बिल्कुल नहीं, अपनी मर्ज़ी। जवानी में गर्मियों में बालों को पर्म डलवा लेती कि रोज़ सर धोना होता था। फिर कलर करने लगी। पैरों के नाख़ूनों पर नेल पॉलिश, इस्लामाबाद में वह भी नहीं। अब बस बैग में एक लिपिस्टिक, जिसको कभी-कभी मैं छेड़ देती हूँ और बेरौनक़ आँख में काजल।

पिछले डेढ़ साल तक आसिफ़ फ़र्रुखी और मैं फ़ोन पर उन मुल्कों के अस्पतालों के फ़ोन नम्बर शेयर करते थे, जहाँ आप अपनी मर्ज़ी से मरने के लिए भर्ती हो सकते थे। आसिफ़ वह सारे पते लेकर अकेला चला गया, डिप्रेशन मेरे पास छोड़ कर, ज़िन्दगी को दग़ा दे गया मगर मेरी डॉक्टर ज़ीनत मुझे अच्छी तरह जानती है। वह मुझे मूड ठीक रखने की हल्की-हल्की दवायें देती रहती है।

29

औरत की ज़िन्दगी में दो मुश्किल वक़्त आते हैं। अव्वल तो जब पीरियडस शुरू हों और जब मेनोपॉज़ हो। पहले मामले में बेपनाह दर्द और एहतियात कि अम्मा का हुक्म था, घर के मर्दों को न पता चले। मुझे बापसी सिधवा का बताया हुआ जुमला याद आ जाता है कि हमारे यहाँ तो लड़की को कमरे में बन्द कर दिया जाता था और हिन्दुओं में कामना ने बताया था कि उन दिनों में लड़की रसोई में नहीं जा सकती। हमें तो सेहरी भी खानी पड़ती थी। उस ज़माने में पैडस नहीं थे। पुराने कपड़ों को फाड़ कर पैडस बनाये जाते थे। हमारी दरमियानी उम्र में पैडस और अंडर-वियर का इस्तेमाल शुरू हो गया था। मगर मेरे देहातों में ख़ास कर कीच में आज भी इतनी ग़रीबी है कि औरतों को इस्तेमाल किये हुए पैडस, धो कर वापस इस्तेमाल करने पड़ते हैं कि ग़रीबी बहुत है।

मेनोपॉज़ के लिए डॉक्टरों और साइक्लोजिस्ट ने थ्योरी बनाई हुई है कि जब औरत को पीरियडस ख़त्म और मेनोपॉज़ होता है तो उसको हॉट फ़्लैशेज़ आते हैं। उसकी दाढ़ी, मूँछें निकलना शुरू हो जाती हैं। वह ड्राई हो जाती है। औरतें पता नहीं कैसे-कैसे इंजेक्शन लगवाती हैं और क्रीमें इस्तेमाल करती

हैं। मैं तो चालीस साल की उम्र में ऑपरेशन के बाद, पीरियडस से रिहाई पा चुकी थी। मगर मुझे न हॉट फ़्लैशेज़ आये न ड्राई हुई। 80 साल की उम्र में मेरे अन्दर गर्मी और सरगर्मी दोनों का लुत्फ़ है। यह डर मर्दों का दिया हुआ है। औरतों से पूछ कर तो देखें।

हमारे यहाँ तो हर दाई और कभी-कभी बनी हुई डॉक्टर, अबॉर्शन करती रहती हैं मगर क़ानूनन यह हक़ नहीं दिया जाता। कह दिया जाता है कि यह तो आने वाली जान का क़त्ल है जबकि डॉक्टरों ही के मुताबिक़ मर्द कंडोम इस्तेमाल करे या औरत प्रेग्नेंसी रोकने वाली टेबलेट्स खाये। मंशा होती है बच्चों की पैदाइश में फ़ासला रखना। जब बचाव और परहेज़ किया जा रहा है तो प्रेग्नेंसी हो नहीं रही तो क़त्ल के मौलवियाना शोर का क्या मतलब है। मैं सच बताऊँ, दूसरे बच्चे की पैदाइश के बाद हम दोनों ने एहतियात की। इसमें हम दोनों की मर्ज़ी शामिल थी। ज़िन्दगी गुज़रती रही। सवाल फिर यही है कि नौजवान नस्ल अगर ग़लती कर बैठे जो बिल्कुल मुमकिन है तो कम से कम तीन महीने के हमल[1] को गिरवाने का क़ानूनी हक़ ज़रूर मिलना चाहिए। मगर कैसे मिलेगा। नौजवान बस इतना कहें 'मेरा जिस्म-मेरी मर्ज़ी', समाज सुनते ही भड़क कर अदालत तक पहुँच जाता है। बच्चे की पैदाइश के तीन माह बाद दोबारा प्रेगनेंट होने के ख़िलाफ़ कोई नहीं बोलता।

नौकरीपेशा औरतों के लिए, घर और बच्चों को सँभालने के लिए, हमेशा किसी मददगार की ज़रूरत रही कि हमारे मुल्क में अभी चन्द सालों से क्रेच (Creche) और बच्चों की नर्सरी बनाने का सरकारी और ग़ैर-सरकारी इदारों को पाबन्द किया गया है। मगर आज से पचास बरस पहले कभी सास या माँ अगर मुमकिन होता तो काम वाली औरत की मदद करती थी मगर यह रिवायत आहिस्ता-आहिस्ता छोटे-छोटे घरों में बट गयी।

पहले ज्वाइंट फ़ेमिली में अक्सर बावर्ची मर्द और औरतें बीबी के नाम से पीढ़ी दर पीढ़ी चलते थे। जब औरतें नौकरी करने लगीं तो बच्चों की देखभाल के लिए, कोई ग़रीब बेवा या उसकी बच्ची या बच्चे को माहाना तनख़्वाह पर

---

1. गर्भ

रख लेते थे। वही बच्चे घरों में बड़े होकर पूरे घर का काम या फिर कम-से-कम रोटी पकाना तो सीख जाते थे। यह बच्चे सुबह आते और शाम को घर वापस चले जाते थे।

पहले तो सियासी और ज़मींदार बेगमात ने अपना फ़ोन और बैग उठाने के लिए एक छोटा या छोटी रखना शुरू किया। हर बच्चे के साथ एक नौकर लड़का जो बच्चे को नहलाने, स्कूल के लिए तैयार करने और नाश्ता बना कर देने का काम करे। फिर यही फ़ैशन हमारे सीनियर सरकारी अफ़सरों की बेगमों तक यूँ पहुँचा कि घर में टी.वी. ठीक कराना है, बिजली ख़राब है, उनकी दवायें लानी है, एक नौकर और गाड़ी चाहिए। हमारे अदीबों में जमीला हाशमी पीर और ज़मींदार की बीवी थीं। उनके यहाँ जितने मुरीद और मुरीदनी थे, वह आख़िर नौकर भी थे। घर में क़ोरमा, कबाब बने हैं, नौकरों को कहना, जाओ तन्दूर से रोटी खा कर आ जाओ। उस ज़माने में रोटी चार आने की और चने की दाल मुफ़्त मिलती थी। बेगमात ड्राइवर और दूसरे नौकरों को अपने हाथ से खाना निकाल कर देती थीं। घर में सालन बनाने वाले को ख़ुद अपने लिए सालन निकालने की इजाज़त नहीं थी। इसीलिए बहुत से बावर्ची पकाते हुए ज़ायक़ा चख लेते थे। कई बेगमात तो पकाने के लिए बोटियाँ गिन कर देती थीं।

अब यह आम बात है कि जो भी मुमकिन हो, बच्चों के लिए आया रखते हैं। अब जब वह होटल में खाना खाने जाते हैं तो बच्चा आया या छोटी नौकरानी की गोद में होता है। होटल में उसकी कुर्सी अलग करके, पूरा ख़ानदान हँसी-ख़ुशी खाना खाता है। कभी बैरे को और कभी ख़ुद खाना अलग से प्लेट में डाल कर दे दिया जाता है। कुछ नौकरों को घर से खाना खिलाकर होटल में बच्चा सँभालने को ले जाते हैं।

अब तो हर तरह की ख़्वातीन के इतने नख़रे हैं कि दर्ज़ी के पास जाना हो कि ग्रॉसरी के लिए ट्रॉली या कपड़ों का थैला पकड़े एक बच्ची पीछे होती है।

हम और मीडिया वाले भट्टा मज़दूरों के बच्चों को ईंटें बनाते मीडिया पर दिखाते हैं। हर खोखे पर छोटे से काम और ज़रा फ़ैशन वाले खोखों पर

पम्पलेट लिए गाड़ियाँ रोकते नौजवान, इसलिए खड़े होते है कि उन्हें कहा जाता है कि हम तनख़्वाह नहीं देंगे। लोगों से जो टिप्स माँगोगे, उसमें हिस्सा नहीं माँगेंगे। छोटे से छोटे शहर में बच्चे मुसाफ़िरों का सामान उठाते ज़मींदारों के घरों में हुक़्क़ा ताज़ा करते और मर्दानख़ाने में साहब के पाँव दबाते और ज़नानख़ाने में टी.वी. देखती हुई बेगमात टाँगों पर क्रीम मलवाती हैं और पार्लर से अपने पूरे जिस्म के बाल साफ़ करवाती हैं, सोफ़ों पर बैठी होती हैं। मुद्दत से मीडिया भी उलटबाँसी दिखाने के लिए चमक-दमक में बसी ख़्वातीन और लम्बे चोग़े और दस्तार पहने मज़हब बेचते और मुसलमानों को एक होने की नसीहत करते दिखाये जाते हैं।

अब तो इंडिया हो कि पाकिस्तान, मज़हब की मण्डी लगी हुई है। ऋषि मुनि बने महात्मा का दर्स (प्रवचन) सुनने, बड़ी-बड़ी गाड़ियों में आते हैं। जैसा कि पाकिस्तान के हर होटल और चैनल पर, सफ़ेद टोपियाँ पहने इधर-उधर देखते फ़र्श पर बैठे लोग जज़ाकल्लाह कह रहे हैं। कुछ लोग टी.वी. पर अपनी शक्ल इस तरह तलाश करते हैं जैसे हर ज़माने के वज़ीर (मन्त्री) जब मीडिया पर प्रेस को कोई बयान दे रहे हों। क़रीबी लोगों का एक ग्रुप उनके पीछे फ़ोटो खिंचवाने खड़ा होता है और फिर पूरे ख़ानदान को बताता है कि मेरी तस्वीर टी.वी. पर देखें। हर अदीब अपने फ़ंक्शन की फ़िल्म बनवाता है और जैसे शादी की वीडियो देखने के लिए ज़िद की जाती है, इसी तरह यह फ़िल्में न सिर्फ़ दिखाई जाती हैं बल्कि अब तो यू ट्यूब पर डाल दी जाती हैं।

इंडिया में, पाकिस्तान बनने के बाद और उसके बाद भी, दलित लोगों की निचली ज़ात जिसको untouchable कहते हैं, यह बर्ताव कम होने के बजाय बढ़ता ही गया। हालाँकि कुछ साल हुए एक दलित को सद्रे-मम्लकत (राष्ट्रपति) बना कर बज़ाहिर बर्दाश्त करने की कोशिश की गयी थी। हौसला है दलित लोगों का, उनके बच्चे बेपनाह बंदिशों के बावजूद, सिविल सर्विस में आ रहे हैं और लड़कियाँ भी सारी ज़ंजीरों को तोड़ने की कोशिश कर रही हैं।

इंडिया में बेवा औरतों के साथ भी बुरा सुलूक किया जाता है। अब क़ानूनी तौर पर मना होने के बाद बेवा को चिता के साथ जलाना तक़रीबन ख़त्म हो गया है। बेवाओं को अलग शहर में रखा जाता था। जहाँ पहले

उनके बाल मूँड दिये जाते थे। किसी बेवा की दूसरी शादी तो नामुमकिन थी। पिछले पाँच बरसों से दूसरी बड़ी बिरादरी मुसलमानों को आने बहाने ज़ुल्म के अलावा, मार दिया जाता है, घरों को गाय के गोश्त के इल्ज़ाम में जला दिया जाता है। अब तो लिबरल्स भी दबी ज़बान से बोलते हैं। जावेद अख़्तर और जस्टिस काटजू ने हिन्दुत्व के बढ़ते दिल जलाने वाले क़दमों पर प्रोटेस्ट किया है।

कोरोना के ज़माने में मग़्रिब (पश्चिम) और मश्रिक़ (पूर्व) दोनों में नस्ली नफ़रत ज़्यादा नज़र आयी है। जब तक काले मरते रहे ट्रम्प ने भी फ़िक्र न की। मोदी ने भी दलित और मुसलमान ग़रीबों को तवज्जो के लायक़ न समझा। पाकिस्तान हर तरह ग़रीब रहा। उधारी, क़र्ज़े की वेक्सीन मिल गयी तो ख़ुशनसीबों को मिल गयी। दुनिया भर ने आँकड़ों में बहुत कुछ छुपाया। कोरोना के अलावा ग़रीबी, मुहाजरते[1] और नस्ली नफ़रत ने इन्सानियत को ज़िन्दा ही क़ब्र में डाल दिया है। अफ्रीक़ा और साउथ एशिया में जम्हूरीयत को बिना वजह ख़त्म करना भी फ़ैशन बन गया है। यू.एन.ओ. और सलामती काउंसिल (सुरक्षा परिषद) कागज़ी क़रारदाद (प्रस्ताव) पास कर देते हैं। ज़ुल्म, इफ़्रीत[2], जहालत और क़ुदरती आफ़तें बिल्कुल क़यामत की निशानियाँ नहीं। फ़िऔनियत[3] को जम्हूरीयत कहना आम हो गया है।

मगर पाकिस्तान में भी औरतों के साथ सुलूक पर फ़िल्में बनीं और हमने देखा कि क़बाइली इलाक़ों में तो दुश्मनी ख़त्म करने के लिए बेटियाँ दे दी जाती हैं। अभी तक चट्टी और सवारा जैसी रस्में, क़ानून की तरह इस्तेमाल की जाती हैं। स्वात में एक लड़की अकेली निकली। उसको कोड़े मारे गये। बड़ा हौसला है औरतों का कि अब भी चुनन पीर का मज़ार हो कि शाह लतीफ़ का, शीमा किरमानी तक वहाँ रक़्स करती हैं और थरपारकर में घूँघट निकाले और बाँहें भर चूड़ियाँ पहने रक़्स करती हैं। अल्लाह करे रक़्स करती रहें।

---

1. देश छोड़ कर परदेस में रहना
2. भूत (प्रेत)
3. फ़िरओन जैसा अहंकारी और अत्याचारी होना, जो मिस्र का नरेश था।

30

जब तक मुग़ल तहज़ीब की निशानियाँ और अंग्रेज़ों के लिए चुग़लियाँ करने वाले बड़ी-बड़ी मुरब्बे[1] वाली ज़मीनों पर राज़ करने वाले और जब उनका बस चलता तो फसल के साथ किसानों को भी आग लगा देते थे, उनकी निशानियाँ हमारे जैसे ख़ानदानों तक भी पहुँची थीं। अब्बा जी तहसीलदार थे तो घर में कहारनी गेहूँ, चावल साफ़ करने, चक्की पर पीसने, लिहाफ़ उधेड़ने और आँगन की लिपाई करने के लिए आती थीं। यह चूँकि मेरे बचपने की बात है। इसलिए मालूम नहीं कि उन्हें बदले में मेहनताना मिलता भी था कि नहीं। इसके बाद एक क़बीला नाईयों का होता था। पहले तो वह किसी के मरने और पैदाइश की ख़बर कागज़ पर लिखी तहरीर लेकर मिलने वालों के घरों में जाते थे। फिर शादी होनी हो तो उस पर भी दो लाइन के दावतनामे पर, मद्ऊ[2] किये गये मेहमान "साद[3]" (✓) कर देते थे यानी वह तशरीफ़ लायेंगे।

नाईयों के काम ज़्यादा होते थे। अव्वल तो रिश्ता कराने में उनका अहम् रोल होता था। यहाँ ग़लतबयानी भी नहीं चलती थी। फिर मेंहदी, मांइयों[4] और बारात के दिनों में नाइनें ही ढोलक पर शादी-ब्याह के गीत गाती थीं। शरीफ़ ख़ानदानों की ख़्वातीन उन्हें नेग देती रहती थीं।

डोमनियाँ, डोम और हिजड़े वग़ैरह बच्चे की पैदाइश या सालगिरह और ख़ुशी के दूसरे मौक़ों पर ढोल पीटते, गाते हुए आते और नेग लेकर चले जाते थे।

शादियों में बारात वाले दिन मस्ख़रे आते, लड़के-लड़की वालों को शाइस्ता (शिष्ट) लतीफ़े सुना कर नेग माँगते, महफ़िल में हँसी-ख़ुशी का माहौल बनता, वह भी अपना इनाम लेकर चले जाते थे।

---

1. वर्गाकार
2. निमन्त्रित
3. उर्दू वर्णमाला का एक अक्षर जो 'हाँ' का भी प्रतीक है
4. शादी से कुछ दिन पहले दूल्हा-दुल्हन को अपने-अपने घर में पीले कपड़े पहना कर ऐसी जगह बैठा देते हैं जहाँ उनके हमउम्रों के सिवाय कोई नहीं जाता, उन दिनों में नाई दूल्हे के और नाइन दुल्हन के उबटन की मालिश करती है।

अब free for all हो गया है। लड़कियाँ, लड़के ख़ुद ही ख़ुशी-ख़ुशी ढोलकियाँ बजाते, छेड़छाड़ भी करते और यूँ इन मौक़ों पर और अपनों की महफ़िलों में बहुत से रिश्ते इसी तरह तय हो जाते थे।

आज के दौर में ख़ास कर हमारे टी.वी. के ड्रामों में माँओं और सासों को दोनों हाथों की उँगलियाँ चटख़ाते और मुबारकबाद देते दिखाया जाता है जबकि पहले तो बलाओं से महफ़ूज़ रखने के लिए यह काम मीरासनें और नाइनें किया करती थीं और अपना नेग लेकर चली जाती थीं। हमारे टी.वी. वालों को किसी अनाड़ी ने बताया होगा जो अब साड़ियाँ पहनी मॉडर्न माँओं को यह करता दिखाया जा रहा है।

बड़ी गाने वालियों के कोठों पर, जब लड़की बहुत अच्छा रक़्स पेश करे और तमाशाइयों को गरमाये तो उनकी मैडम या बुआ, उनकी बलाएँ इस तरह लिया करती थीं। अब तहज़ीब के ख़िलाफ़ हर कोई उठ कर बलायें लेने लगता है। इसी तरह आधा-अधूरा पढ़े-लिखे लड़कों को मस्ख़रे और मीरासी बना कर पेश करने में सब एक-दूसरे से आगे निकल जाने की कोशिश में "ज़बां बिगड़ी तो बिगड़ी थी, ख़बर लीजे दहन बिगड़ा"।

मेरे लहजे में नानी, दादी और उनकी पिछली नस्लों की रिवायत कभी-कभी झलक मार जाती है। आजकल के नौजवान बच्चे-बच्चियाँ रातों को जागते और दिन को सोते हैं। वह सड़क पर लेम्प के नीचे बैठ कर सिलेबस की तैयारी करने वाले अब भी न होते तो चितराल की और मानसेहरा की लड़की असिस्टेंट कमिश्नर कैसे बनती। कोहाट की बच्चियाँ अपना न्यूज़ नेटवर्क कैसे बनातीं और आज की लड़की कहती है कि मुझे मेहर में एक लाख रुपये की किताबें दी जायें। आज भी सासों की तरह चीख़तीं बदमिज़ाज मिनिस्टर भी हैं जो इम्तिहान में टॉप करने वाली लड़की को घर की नौकरानी की तरह बदतमीज़ी से पेश आती हैं। आज भी क़ानून बनने के बावजूद टीचर बच्चों को मार-मार कर लहूलुहान कर देते हैं। आज भी दहेज कम लाने पर बहुएँ पेट्रोल छिड़क कर जला दी जाती हैं। ट्रांसजेंडर का मज़ाक़ उड़ाया जाता है। आख़िर कब तक!

दुनिया बदल गयी है। कोरोना से पहले मैं ग्लासगो में थी। जिस शाइर को मेरे साथ शेर पढ़ने थे प्रोग्राम के बाद उसने कहा "मैं गे हूँ आज मेरी शादी का रिसेप्शन डिनर है। आप चलें" मैं झिझक गयी। यही हाल हुआ था जब 'एड्रिएन रिच' के साथ संडे पार्टी में गयी। वहाँ सब लेस्बियन औरतें थीं। थोड़ी देर बाद माहौल में ऐसी हरकत आयी कि मैं बहाना बना कर निकल आयी।

स्पेन में क्वेंका से वापसी पर, रास्ते में एक कैफ़े में चाय पीने रुके। ऑर्डर देने से पहले, बेटे ने कहा। "अम्मा चलो यह तो गे लोगों का कैफ़े है।" हमारा प्यारा दोस्त शिकागो में अपने सरदार दोस्त के साथ रहता और दोस्तों से मिलने जाता तो औरतों की तरह बाक़ायदा मेकअप करता। अलबत्ता जब मैंने उसे कहा। "मुझे मल्टी सेक्स मेगज़ीन के दफ़्तर ले चलो, मैं कुछ देखना चाहती हूँ।" उसके अन्दर से पाकिस्तानी बोल पड़ा। "आपी वहाँ नहीं जाना" मैं हँस पड़ी। अकेली जा के आ गयी। इफ़्ती[1] की शाइरी, उसकी ज़िन्दगी की अक्कास थी और कई यूनिवर्सिटियों में पढ़ाई जाती थी कि मर्दों और औरतों के आपसी रिश्ते दुनिया भर में हैं।

तरक़्क़ी और इल्म के नाम पर वह पुराने नाम रिवायती ख़ानदान दर ख़ानदान चलते थे। अब ख़ानदानी बीबी, ख़ानदानी क़ुरआन शरीफ़ पढ़ाने वाली, ख़ानदानी बाबा और ख़ानदानी मिरासियों और मिरासिनों की तहज़ीब ख़त्म हो गयी हैं। कॉमर्शियल ज़माने में भोंडे मज़ाक़ वाले टी.वी. और स्टेज पर आ गये है। मुझे याद है आर्टस काउंसिल लाहौर में जिस ज़माने में स्क्रिप्ट चेक करती थी, उस ज़माने की स्क्रिप्ट में 15-20 पेज ख़ाली छोड़ दिये जाते थे। यह थी कॉमेडियन 'अमानुल्लाह' के बेसाख़्ता (spontaneous) बोलने की जगह। इसी तरह तहज़ीब के साथ मुईन अख़्तर अदायगी करता था। उसमें अनवर मक़सूद हमीदी की तरबियत भी झलकती थी। क्या कहूँ शायद रोज़गार के लिए 'लहरी' और 'रंगीला' जैसे बेसाख़्ता बोलने वालों की जगह उल्टे-सीधे फ़िक़रे, लिबास और लहजे रह गये हैं नये रंग के नाम पर।

इस वक़्त लाहौर के पुराने और अन्दरूनी शहर के साथ मज़ाक़ हो रहा है। वर्ल्ड बैंक और आग़ा ख़ान फ़ाउंडेशन कर रही हैं। सारे यूरोप में पुराने शहरों को अपनी इमारतों और गलियों की ईंटों की बनावट के साथ महफ़ूज़

---

1. समलैंगिक पाकिस्तानी शाइर, असल नाम इफ़्तिख़ार नसीम है

किया हुआ है। लाहौर की अज़मत को बहाल करने का यह मतलब तो नहीं कि उन्हें जदीद[1] बनाया जाये, वह सारी ईंटें और दीवारें, जो उनके पुरानेपन के अलावा उस ज़माने की तहज़ीब की भी निशानदेही करती हैं। हम सरकारों को क्या बतलायें कि वह तो इलाक़ों की पुरानी पहचान की जगह नये शहर बसाने की ज़िद कर रही हैं। अब न डॉ. दानी[*] हैं कि किसी को रोकें और डॉ. मुबारक[*] आँखें खो जाने की वजह से बस मज़मून लिखवा रहे हैं। फिर भी ग़नीमत है कि वजाहत मसूद, हारिस ख़लीक़ और वुस्अतुल्लाह ख़ान उन्हें छेड़ रहे हैं बाक़ी कान में तेल डाले बैठे हैं। दूसरी जंगे-अज़ीम[5] में यूरोप के मुल्कों ने तहज़ीब और तारीख़ी फ़न्नी[6] सन्नाई और संगे-मरमर के शाहकारों को कैसे महफ़ूज़ किया था। एक तरफ़ हम शाही क़िला और मस्जिद वज़ीर ख़ाँ की नक़्क़ाशी और संगे-मरमर तराशी को महफ़ूज़ कर रहे हैं, उधर लाहौर शहर को नया बनाते हुए, कभी पुरानी दिल्ली, पुराने वेनिस, रोम और स्पेन को देख लेते। लाहौर शहर में तो मौसीक़ारों और साज़िंदों के अपने-अपने डेरे होते थे। मोची दरवाज़े और पानी वाले तालाब पर साज़िंदों और मौसीक़ारों के लिए सीढ़ियाँ चढ़ कर दुछत्ती होती थीं, शार्गिदों को सिखाते थे। रंग महल थूक मण्डी बन गया है।

पहले तो रंग महल मिशन हाई स्कूल के नाम से मशहूर था। जहाँ 'यूसुफ़ कामरान' और 'नुसरत जावेद' पढ़े थे।

31

एक तो पैदाइशी रिश्ते होते हैं। बक़ौल साइंस उनका DNA तक़रीबन मिलता-जुलता होता है। फिर रिश्तेदारों से ताल्लुक़ के रिश्ते, मामू, नाना,

---

1. आधुनिक

2. विश्व युद्ध

*पाकिस्तान के प्रसिद्ध पुरातत्ववेत्ता और मानवशास्त्री, पूरा नाम प्रो. अहमद हसन दानी

*पाकिस्तान के प्रसिद्ध इतिहासविद्, स्कॉलर और एक्टिविस्ट

5. कलात्मक

6. शिल्पकर्म, कारीगरी

दादा, फूफी, ख़ाला और जैसे-जैसे ख़ानदान फैलते जाते हैं वैसे-वैसे उन रिश्तों की डोर लम्बी होती जाती है। इसके बाद बारी आती है बचपन के दोस्तों की। ज़िन्दगी के बढ़ने के साथ दोस्तों की शाखें फैलती जाती हैं। कॉलेज के दोस्त, नौकरी के दोस्त, फिर सबसे बढ़ कर, आपका जो भी शौक़ हो मस्लन शतरंज, फ़्लेश, ब्रिज, शाइरी, मौसीक़ी, मुसव्विरी वग़ैरह अगर लिखने पर आऊँ तो खाने के शौक़ीन दोस्तों से बढ़ती-बढ़ती कुश्ती के शौक़ीन तक के नाम गिनवाये जा सकते हैं। उम्र के बढ़ने के साथ, उसी घर में रहने वाले बच्चे, अलग-अलग आदतों वाले होते हैं। हमारे घर में गुड़िया खेलना मना था तो फिर कौन-सा खेल बचपन का याद है।

घर में क़ुरआन शरीफ़ और बहिश्ती ज़ेवर पढ़ने की इजाज़त थी बस। गली में भाइयों के साथ कभी गिल्ली-डण्डा, कभी पतंग उड़ाने पे डाँट, कॉलेज में पढ़ाकू लड़कियों का ग्रुप अलग और होने वाले रिश्तों की बातें करती बड़े घरों की लड़कियाँ अलग। किताब से इश्क़ में डॉ. कनीज़ यूसुफ़ ने तरबियत की। अगरचे मैं बैतबाज़ी, तालीमी ताश और कैरम बोर्ड का शौक़ रखती और किताबों में राशिदुल ख़ैरी और डिप्टी नज़ीर अहमद मगर कॉलेज में इन्तज़ार हुसैन, वाजिदा तबस्सुम और हर पसन्द आने वाला शेर के शौक़ का सिलसिला बढ़ कर मुलाक़ातों तक पहुँच गया। ख़ूनी रिश्ते, त्योहार, सालगिरह, शादी के अलावा ग़ैर-मुल्कों से आये, सगे रिश्तेदारों के गेट टू गेदर बस।

मैंने शादीशुदा ज़िन्दगी के शुरुआती दिनों ही में कह दिया था जो यूसुफ़ की मौत के बाद सख़्त ऑर्डर बन गया था कि जिसको भी हमारे घर आना है, पूछ कर आये। इस बंदिश में दोस्त और ख़ून के रिश्ते वाले, दोनों शामिल हैं। पहले मैं अदीबों के ऑटोग्राफ़ लेने, ज़रा बड़ी होने पर उनके साथ बैठने और बड़ी होकर उनसे बात करने के मौक़े ढूँढ़ती थी मगर अपनी तहरीरें सुनाने से डरती थी। इंटर-कॉलेजिएट डिबेट्स और मुशाइरों ने ज़ेहनी फ़ासलों की दहलीज़ पार की। जान-पहचान के ख़ाने में और नौकरी के बिल्कुल शुरुआती दिनों में अशरफ़ सुबूही की ज़बानदानी (भाषा-ज्ञान) बहुत अच्छी लगी। यह दरवाज़ा हर दिन नयी जान-पहचानों, मुलाक़ातों और दोस्तियों के पन्ने खोलता चला गया। इसी ज़माने में ऐसे नुक्ताचीं भी थे जो मेरे बोलने और शेर में कुछ

अलग मौज़ूओं को शामिल करने पर ख़फ़ा हुए और सारी उम्र मुझ पर तनक़ीद (आलोचना) के फैलाव में बढ़ोतरी करते गये। मुझ में अपने घर और यूसुफ़ के ख़ानदान से तरह-तरह के कमेंट्स सुनने के बाद, सब कुछ बर्दाश्त करने और हँस के टाल देने का हौसला इतना बढ़ा कि आख़िर हर इंटरव्यू में इंटरव्यू करने वाले का पहला सवाल यह होता। "यह कॉन्फ़िडेंस कैसे आया?"

मौत कभी भी आ सकती है। यह तो फ़िलिस्तीन और यमन में सारे ख़ानदान बम मार कर ख़त्म किये जा रहे हैं और जो दूध पीता बच्चा ज़िन्दा रहता है, मौत के बाद वह ज़िन्दगी की निशानी बन जाता है। अक्सर मौत बता कर नहीं आती। दिल का मरज़, बुढ़ापा, मुहताजी और कैंसर जैसी दुख देने वाली बीमारियों में तो ख़ानदान वाले दुआ कर रहे होते हैं "अल्लाह इसकी मुश्किल आसान करे।" हालाँकि वह सूरह यासीन पढ़ रहे होते हैं मगर ज़ेहनी तौर पर मौत को दावत देते रहते हैं। मुझे कभी-कभी ख़ुदकुशी की मौत, इसलिए अच्छी लगती है कि उसमें बुज़दिली नहीं आपकी हिम्मत शामिल होती है। जिसकी वजह हल न होने वाले मसले हैं या मुहताजी का डर है। फिर सवाल यह है कि अगर डर के मारे ख़ुदकुशी की जाये तो यह बहादुरी कैसे हुई? इसके अलावा ख़ुदकुशी को स्कैंडलाइज़ करने वाले सलामत रहें कि वह इतनी दूर की कौड़ी लाते हैं, कोई सोच भी नहीं सकता। मोरालिटी की सारी हदें पार करने को दिलेरी समझते हैं। ऐसी सोच के सामने ज़िन्दगी आकर खड़ी हो जाती है। मुस्कुरा कर दरवाज़ा खोल कर आगे चलने की दावत देती है। सामने मुस्कुराते हुए बेटे खड़े थे।

ख़ून के रिश्तों वाले खानदान, इल्मो-हिकमत की पसन्दीदा दिलचस्पियों को लिए मुल्कों-मुल्कों फैल गये। अभी भी जो कोई छोटा, ख़ालाजान और फुफ्फोजान कह कर बुलाता है तो बहुत अच्छा और प्यारा लगता है। ख़ानदान के फैलाव में हसद[1] का पहलू बज़ाहिर नहीं था। ड्रॉक्ट्रेट करने वाली बच्चियाँ ज़ेहनी तौर पर सिकन्दरे-आज़म बन गयीं। मैं हर हाल में ख़ालाजान रही। मेरे ज़िन्दगी जीने के ढंग और बिज़ी रहने को क़बूल तो नहीं किया गया, अलबत्ता मैंने ही किसी को दख़लअन्दाज़ी और अच्छा-बुरा कहने की फ़ुर्सत ही नहीं दी।

नौकरी को मैंने अपने शौक़ और किताबों में ढाल लिया। रेडियो के बुज़ुर्ग और नौजवानों, सब से बेतल्लुफ़ बहस होती और गुफ़्तगू का डोल

1. ईर्ष्या

कभी सूखता ही न था। मैगज़ीन्स की एडीटरशिप और डिपार्टमेंटस का एडमिनिस्ट्रेशन करते हुए नये रिश्ते बनते गये। एक दफ़ा मार्शल लॉ के ज़माने में 'अलफ़लाह' के दफ़्तर से सेक्रेटरी इंफ़ॉर्मेशंस जनरल मुजीब के साथ सीढ़ियाँ उतर रही थी हर गुज़रता शख़्स मुझे सलाम कर रहा था। जनरल साहब ने मज़ाक़ उड़ाते हुए कहा। "इतने बड़े जनरल को कोई सलाम नहीं कर रहा और छोटी-सी डाइरेक्टर को सब सलाम कर रहे हैं।" मुझे आपा बनाने में टी.वी. पर अख़्तर वक़ार अज़ीम और ख़्वाजा नजम का हाथ है। उन्होंने आपा कहना इतना फैलाया कि उनकी कलीग तनवीर मसूद, शीरीं, हुमा, ग़ज़ाला और मेरी सब दोस्त भी उनके आपा कहने को अच्छा समझती थीं। इस्लामाबाद में ताहिरा ने आपा कहना शुरू करवाया। वेफ़ की इंडिया, पाकिस्तान की सारी औरतें आपा कहती हैं।

जैसे-जैसे बाल सफ़ेद होते गये, इंडिया, बांग्लादेश,पाकिस्तान से बाहर रहने वाले सारे अदीबों की मैं आपा बन गयी। मेरे साथ अदीब बानो क़ुदसिया को भी आपा कहने लगे। मैंने हाजरा, ख़दीजा, इस्मत और ऐनी आपा को इसी इज़्ज़त से मुख़ाबित किया। दोस्ती भी रही और बेतकल्लुफ़ी भी महाश्वेता देवी, अमृता प्रीतम, अजीत कौर और जीलानी बानों को नाम से पुकारा। सारे मर्द दोस्तों में सिब्ते भाई के अलावा किसी को भाई नहीं कहा। लाहौर और अब तो इस्लामाबाद क्या पूरे मुल्क के छोटे-बड़े अदीब आपा कहते हैं। मैं मद्रास के इलाक़े में थी तो अदीबों ने पूछा "आपा का मतलब क्या है?" मैंने कहा बड़ी बहन, फ़ौरन बोले "बड़ी दीदी" मग़्रिबी मुल्कों में भी सब ने आपा के मतलब को पूछा और पुकारा भी। डॉ. बोधियो और डॉ. यूसुफ़ ख़टक मुझ से छोटे हैं अदब से आपा कहते हैं।

ज़िन्दगी अब कुछ और सीढ़ियाँ चढ़ गयी। अब नये आने वाले बच्चे मुझे अपने आप ही दादी, नानू कहने लगे। रोहिनी हो कि वली कि कराची में उस्मान क़ादिर का बेटा या उमर का बेटा अफ़आन आये, मुझे देखते ही शोर मचाता "नानू आ गयी" मुहब्बत की यह कितनी मज़बूत कड़ी है। मेरे भतीजों और भाँजों में सिर्फ़ मेरी तस्वीर देख कर मुहब्बत आ जाती है।

अब तो मेरी उम्र के और कुछ मुझ से बड़े भी मेरा नाम नहीं लेते, आपा कह कर बुलाते हैं। अल्लाह करे मुझे आपा कहने वाले सलामत रहें। दुनिया

में जहाँ चाहें, आबाद रहें। पढ़ना-लिखना, इबादत का हिस्सा है! नहीं रहीं तो आसिमा जहाँगीर और फ़हमीदा रियाज़ न रहीं।

मेरे बच्चे मेरी क़रीबी दोस्तों को ख़ाला कहते हैं बाक़ी सब आंटी हैं। मेरे दोनों कन्धों पर बैठे फ़रिश्ते, दो हैं ताहिरा अब्दुल्लाह और रज़िया, उनको मेरे रोज़नामचे की ख़बर होती है।

32

दिल की बात, कोई ख़्वाब, किसी शख़्स का अच्छा लगना, यह हमारे ख़ानदान की डिक्शनरी में नहीं था। शुक्र है कि अब तक महीने में एक दूसरे का हाल पूछने की रिवायत बरक़रार है और बस मैं 42 साल की थी जब यूसुफ़ का इन्तिक़ाल हुआ। मेरे बच्चे जवान थे, मेरे सारे बहन भाई और अम्मा भी ज़िन्दा थीं मगर किसी ने छोटे मुँह यह नहीं पूछा कि तुम इस उम्र में बेवा हुई हो, शादी कर लो। तन्हा ज़िन्दगी कैसे गुज़ारोगी। औलाद पर बाप की तरबियत का असर था तो वह भी उसकी तरह टोह में लगे रहते कि अम्मी का कहीं चक्कर तो नहीं चल रहा। कहने को सारे अदीब दोस्त और ख़्वातीन भी मुझे हँसता देख कर, आपस में खुसर-पुसर करते कि देखो बेवा होकर भी हँस रही है। औरतें कहतीं "बेवा है और रंगीन कपड़े पहन कर चहक रही है।" यह सब बातें मुझे मालूम हो जाया करती थीं। मैं सब के दरमियान और ज़्यादा हँसती और अकेले में शाइरी और पढ़ने को एक ख़ेमा बना कर बैठ जाती। यूसुफ़ के मुक़दमे उसके जाने के बाद भी चल रहे थे। बच्चों की हद से बढ़ी बदपरहेज़ी रोज़-ब-रोज़ बेलगाम होना चाहती थी। इस दहशत भरे माहौल में एक दोस्त था, जिसे अदब के शौक़ का दावा नहीं था मगर मेरे ऊपर फ़ह्हाशी (अश्लीलता) का मुक़दमा हुआ तो बिन कहे मेरे साथ था। मुझे ब्लड प्रेशर होने लगा तो मार्केट से ऑटोमेटिक टेस्टर ले आया। मुझे कट ग्लास के गिलास बहुत पसन्द थे। जब भी बाहर गया, तोहफ़ा हाथ में था। जिस जगह भी पोस्टिंग हुई, मुझे वह इलाक़ा देखने के लिए बुला लेता। जिस इलाक़े में भी होता, रोज़ मेरा हाल पूछता। कराची में मेरा ऑपरेशन हुआ तो रोज़ टी.सी.एस. से फूल और फल भेजता था। उसके साथ बच्चों के मसलों से लेकर अपनी ज़िन्दगी की ख़ुशियाँ जो मेरी हर नयी किताब से जुड़ी हुई

थीं, उनको बाक़ायदा सेलिब्रेट करना, कभी बाहर जाकर खाना खा कर, कभी मेरे लिए तोहफ़े लाकर मुझे यह यक़ीन दिलाता कि कोई है जिसे मेरी फ़िक्र है। यहीं याद आया कि कराची में ऑल पाकिस्तान प्रोग्रेसिव राइटर्स गोल्डन जुबली कॉन्फ्रेंस, सिब्ते हसन साहब ने करने का कहा। मैंने अपने दोस्त से मश्वरा करके, पूरे पाकिस्तान के हर इलाक़े की जहाँ ट्रेन जाती थी, सबको बुकिंग करवाने को कहा। अगला मामला लिखते हुए मैं मुस्कुरा रही हूँ। ज़हीर काश्मीरी से जालिब तक और हर शहर के अदीब, इस ट्रेन में इकट्ठे होते जाते थे। बहालपुर में एक और दोस्त एस.पी. था। उसे हमने रात के खाने, रबड़ी और हर तरह की चाय के अलावा ज़रूरी चीज़ों का कहा था। मेरा प्यारा दोस्त रहीम यार ख़ाँ में था। उसने सुबह के नाश्ते भिजवाये। सारे अदीब हैरान और ख़ुश थे कि ज़रूरत से मुताल्लिक़ कितनी चीज़ें उनको मिल रही हैं। हर साल मौसम के फलों के बण्डल मेरे घर आते। नौकरी से रिटायर हुआ तो किसी बड़े प्राइवेट इदारे में नौकरी कर ली, ज़िन्दगी ने उसको ऐसा धचका दिया, कैंसर और वह भी पेनक्रियाज का। उसने पाकिस्तान के किसी कोने के हकीम और झाड़-फूँक वालों को न छोड़ा। कैंसर फैलता गया। यह सोच कर कि अमेरिका में ठीक हो जाऊँगा, गया और एक हफ़्ते बाद डिब्बे में बन्द वापस आ गया।

यूँ तो चालीस साल पहले की बात है, मगर एक-एक लफ़्ज़ और शख़्स यूँ याद है कि मुसाफ़िर और सफ़र...दोनों अनोखे थे इंडिया से शमीम हन्फ़ी अपनी बीवी सबा और दो बेटियों के साथ पहली दफ़ा पाकिस्तान आये थे। मेरा एक प्यारा दोस्त पुलिस अफ़सर था। उनका ख़ानदान, असग़र नदीम का ख़ानदान और मैंने प्रोग्राम बनाया, चलो उन्हें लाहौर से बाहर लेकर चलें, दिखायें कि कैसी-कैसी ख़ूबसूरत वादियाँ पाकिस्तान में हैं। दो गाड़ियों में यह क़ाफ़िला मरी से नथिया गली, एबटाबाट, मानसेहरा, सय्यद अहमद शहीद की क़ब्र से होता हुआ नारान और काग़ान के हर शहर में एक दिन ठहरा। उस ज़माने में सैफ़ुल-मलूक झील का रास्ता कच्चा, पहाड़ों से होता हुआ जाता था। किसी तरह की गाड़ी भी नहीं जा सकती थी। सिर्फ़ खच्चरों पर सवारी हो सकती थी। अब आप सोचें कि सबा ने साड़ी पहनी है और ख़च्चर पर चढ़ रही है। जैसे-तैसे करके इतना मुश्किल रास्ता कि एक जगह सिर्फ़ एक पैर रखने

की गुंजाइश और नीचे खाई। जान पर खेल कर सामने सैफ़ुल-मलूक झील थी। अभी बर्फ़ से पूरी तरह आज़ाद नहीं हुई थी। झोंपड़ी में पकोड़े बनाने वाला एक बुड्ढा बैठा था। हमने ख़ुश होकर आधे कच्चे पकोड़े खा लिए। होटल में पोण्ड से ट्राउट मछलियाँ पकड़ीं। हमने मेहमान ख़ानदान को पाकिस्तान की हर ज़मीन और ज़ायक़ा चखाया। अब भी जब हम लोग मिलते तो शमीम नारान और काग़ान का बहुत ज़िक्र करता।

यह चालीस साल पुराना दोस्त शमीम हन्फ़ी, जिसने जदीद तनक़ीद में और जदीद अदब पर लिखने में बड़ा नाम कमाया। अहमद शाह ने कराची आर्टस काउंसिल के अनगिनत इनॉगरल फंक्शन में बतौर चीफ़ गेस्ट बुलाया और पिछले बरस से ज़ूम पर शमीम हन्फ़ी का इनॉगरल एड्रेस होता था।

इंडिया से हर आने वाला अदीब, मुहब्बत से मिलने आता। ऐनी आपा हों कि नारंग साहब कि शमीम या ख़ालिद जावेद, मेरी नशिस्त (बैठक) में कभी इक़बाल बानों तो कभी रूबीना कुरैशी और एक दफ़ा तो मैडम नूरजहाँ ने सब अदीबों से गुफ़्तगू की और खाना खाया। कराची आर्टस काउंसिल की जानिब से इन मेहमानों के टी.वी. इंटरव्यू भी होते। इनके होते हुए अफ़रा अब्बास मूली के पराँठे बनवाती और एक शख़्स जो शमीम के साथ होता था, दो दफ़ा मेरा शेरी-इंतिख़ाब[1] किया। एक दफ़ा तो मक्तबा जामिआ मिल्लिया ने छापा और एक हिन्दी में सबा ने तर्जुमा किया। वह राजकमल वालों ने छापा। पाकिस्तान में शमीम हन्फ़ी और डॉ. नारंग की किताबें संगे-मील छापता रहा है। नियाज़ साहब ज़िन्दा थे तो मेहमानों की दावतों का बन्दोबस्त भी करते थे। इन मुश्किल हालात में भी संजीदा अदीब लाहौर और संगे मील में अपनी किताबें छपवाते। अच्छे ज़मानों में ऑल इंडिया रेडियो पर हम सब मेहमानों के टी.वी. और रेडियो पर मुकालमे (वार्तालाप) और इंटरव्यूज़ भी होते थे। शमीम हन्फ़ी पूरे इंडिया की यूनिवर्सिटियों में ड्रॉक्ट्रेट के वायवा के लिए जाते थे। इस तरह ट्रेन का सफ़र उन्हें बहुत पसन्द था। मेरा छोटा बेटा मैट्रिक कर के ज़िद कर के दिल्ली गया। शमीम और ज़ुबेर गाड़ी से लेकर घर आये और उसके बाद असल मेज़बान देवेन्द्र सत्यार्थी जी थे कि दोपहर में अपने पास बुला

1. प्रतिनिधि कविताओं का संग्रह

लेते और साथ लेकर शहर दिखाते। शमीम ने दुनिया भर की यूनिवर्सिटियों में लेक्चर दिये मगर मिज़ाज में नर्मी ऐसी कि कभी किसी के सामने शेख़ी नहीं मारी। इन्तिज़ार साहब के जाने के बाद आसिफ़ फ़र्रुख़ी के जाने पर बहुत उदास थे। दूसरे जहान में यह सब इकट्ठे हैं और हम कोरोना-कोरोना की दहशत में फ़ोन तक नहीं सुनना चाहते।

पाकिस्तान से जाने वाले सारे अदीब, एक शाम ज़रूर शमीम हन्फ़ी के साथ गुज़ारते और सबा, बेहद लज़ीज़ खानों से उनकी ख़ातिरदारी करती। मेरा तो दस्तूर ही यह बन गया था कि दोपहर को ज़ुबेर रिज़वी और मैं कुछ पीते, मौजूदा अदबी किताबों और रिसालों और ख़ास तौर से अदीबों की अच्छी-बुरी आदतों पर बात करते हुए कभी हँसते तो शमीम हम दोनों को डाँटता कि क्या बेहूदा बातें कर रहे हो। अब गिनने लगीं हूँ तो मेरे दोस्तों में से पहला सदमा महमूद हाशमी ने दिया। उसके बाद बहुत बीमार रह कर बलराज मेनरा गया, फिर अचानक प्रेस क्लब बैठे ज़ुबेर रिज़वी। पिछले दिनों कोरोना ने नौजवान रज़ा हैदर, ग़ालिब अकादमी के सेक्रेटरी को दबोच लिया और 6 मई को शमीम हन्फ़ी अस्पतालों के बेपनाह रश का शिकार हो गया। रंजीत और ग़ज़ल दोनों इधर से उधर भागते रहे। आख़िर मुझे भी उसे मरहूम कहना पड़ रहा है। जामिआ के क़ब्रिस्तान का वह भी मकीन हो गया। सलामत रहें नारंग और मनोरमा के फ़ोन के राबिते आजकल ग़नीमत हैं।

33

बलूचिस्तान में धूप के साथ रंग बदलती पहाड़ियाँ और बलोच लोग मेरे गहरे दोस्त डॉ. शाह मुहम्मद वी, डॉ. मालिक, मुहसिन शकील, अफ़ज़ाल मुराद, अदब और सियासत बाक़ी सारे मौज़ू पर बात करते हैं। मैं तुरबत* में थी। वहाँ मेरे मेज़बान गुलज़ार ने शामे-शाइरी का एहतिमाम किया। मेरे साथ एक नौजवान बैठा, बलोची में फ़ौरन तर्जुमा करता जा रहा था। उसके साथ के दूसरे जवान, क़बाइली और सरदारों के निज़ाम और सरकारी रवैयों के ख़िलाफ़ बोलते रहे। कोई साल भर बाद में हज़ारा बस्ती के क़ब्रिस्तान और

1. पाकिस्तान के दक्षि ण-पश्चिम प्रान्त में एक शहर है।

ग्वादर के ग़रीब मछुआरों से मिलने गयी कि वह अमीरों के ट्रोलरों से डरे हुए थे। उनके छोटे-छोटे जाल ट्रोलरों के नीचे कुचले जाते थे। शाम की बैठक में उन नौजवानों के बारे में पूछा कैसे हैं। एकदम ख़ामोशी छा गयी। सफ़ेद कपड़ों वाले उन्हें उठा कर ले गये थे। पुरानी बात, अब तक जारी है। बलोच क़ौम भुट्टो साहब के वक़्त से नाराज़ है। तरक़्क़ी के नाम पर सरदार हुकूमत करते रहे हैं।

पथरीली ज़मीनों वाले इलाक़ों में जाने क्यों मेरा शौक़ और औरतों के हालात जानने की चाह मुझे मानसेहरा के पास 'उगी' ले गयी। असल वजह यह थी कि वहाँ इमरान ख़ान, जेमिमा से शादी के बाद हनीमून मनाने गये थे। मैंने जब डी.सी. को मदद और गाइड करने को कहा तो उसने मुस्कुरा कर कहा। "आपको वहाँ जाने के लिए फ़ोर व्हीलर लेनी पड़ेगी।" मैंने कहा "आप इन्तिज़ाम कर दें" शरीफ़ आदमी ने इन्तिज़ाम कर दिया। अब मेरी बहन, उनकी बेटियाँ और मैं, उस जीप में सवार हुए। जामुन की तरह उछलते हुए आधे घण्टे का रास्ता डेढ़ घण्टे में तय करके पहुँचे। दो कमरे, बावर्चीख़ाना, ग़ुसलख़ाना सब कुछ था मगर लाइट न थी, न जनरेटर, न गैस, न लकड़ी, न पानी। अल्लाह यह सब क्या है। एक चौकीदार था, उससे पूछा "इमरान ख़ान यहाँ कैसे रहे थे?" उसने कहा "ओह जनाब! उनकी क्या शान थी। एक बड़ी गाड़ी में जनरेटर, फ्रिज, मुर्ग़ियाँ और बकरे थे। दूसरी गाड़ी में सामान, ख़ानसामां और अर्दली थे और तीसरी गाड़ी में आलीजाह ख़ुद थे।" मैंने अपने दिल में कहा कि बड़े लोगों की नक़ल करना कोई आसान काम है। ड्राइवर को वापस शहर भेजा, ज़रूरत की सब चीजें मँगवाई और जनरेटर भी, दो दिन के लिए हमने समझा हम जंगल में पिकनिक करने आये हैं। हँसते-खेलते, खाते-पकाते और मुहल्ले में गाँव की औरतों से हालात पूछते। हमने पूछा तो बोलीं "यही ऊँची घास हम पका कर, मक्की की रोटी के साथ खा लेते हैं। कल आपको भी खिलायेंगे।" वाक़ई रोटियाँ और साग बहुत मज़ेदार था।

पथरीली ज़मीनों पर चलने का शौक़ 25 साल पहले चितराल से वापसी पर कैलाश ले गया। उस वक़्त तो बड़ा मुश्किल रास्ता था। हम, लोगों के साथ फ़ोटो खिंचवाते, उनके साथ डाँस करते, उनको अपने साथ लाई हुई मीठी

रोटियाँ खिलाते, उनके घरों में जो सब मचान पर बने हुए थे, हमने उनके हाथ की बनी ताज़ा-ताज़ा चावल के आटे की रोटियाँ खायीं। उनको अपनी ज्वेलरी बनाते देखा। मुर्दों के दफ़नाने और इबादत के बारे में पूछा। उस वक़्त एक ख़ातून जो ग़ैर-मुल्क की थी, कोई बीस बरस से उनके साथ रह रही थी। वह यह सारी डिटेल्स बताती रही। कैलाश की तक़रीबन आधी बस्ती पर तब्लीग़ियों ने आकर लोगों के मज़हब ज़बरदस्ती बदलवाये, मस्जिद भी बनायी। मक़ामी (स्थानीय) लोगों के रहन-सहन और तहज़ीब में दख़लअन्दाज़ी की।

पहले एक सेहराई ज़मीन चोलिस्तान में तो आपको लेकर गयी। अब चलें ख़ूबसूरत थार सेहरा की तरफ़। वहाँ जब पहली दफ़ा गयी थी सड़क नाम की कोई चीज़ नहीं थी। ड्राइवर नामालूम कैसे घूमते टीलों पर चढ़ते, उतरते थार की बस्तियों में पहुँच जाते थे। तब और अब भी जबकि सड़कें बन गयी हैं, लोग बहुत ख़ुश नहीं हैं। गिला यह है कि सड़कों की वजह से बाहर के लोग यहाँ आ जायेंगे। हमारी तहज़ीब में दख़लअन्दाज़ी करेंगे। जबकि पढ़े-लिखे लोग डॉ. खटोमल और डॉ. सोनू ने कहा कि पहले यहाँ चोर डाकू नहीं थे। हम गदला पानी पीते थे। ज्वार की रोटी खाते थे मगर अब बिजली, टी.वी. और गाड़ियों की भीड़ ने हमारा सुकून ख़त्म कर दिया है। थार में ज़्यादा आबादी हिन्दुओं की है। उनके मज़हब की क़द्र करते हुए, लोग गाय की क़ुर्बानी भी नहीं करते। मस्जिदों और मन्दिर का एक जैसा एहतिराम करते हैं। अब तो पढ़ी-लिखी लड़कियाँ कम्प्यूटर एक्सपर्ट होने के अलावा हेल्थ सेण्टर्स और कहीं-कहीं स्कूल वैसे ही हैं जैसे सारे मुल्क के गाँवों में होते हैं। मैंने उनके साथ खड़े होकर थार के चोले में फ़ोटो भी खिंचवायीं और अब तो थार में यह हाल है कि सौ थारी औरतें, ट्रक चला रही हैं। केकड़े भी चलते हैं। सलवार-कमीज़, नौजवान बच्चियाँ पहनने लगी हैं। लड़की की उम्र सोलह भी नहीं होती, शादी कर दी जाती है। अगले साल बच्चा, ज़ाहिर है कि कमज़ोर माँ की ख़ुराक में बस बकरी का दूध शामिल हो जाता है। कमज़ोर माँ के कमज़ोर बच्चे। अभी तक हैंडपम्प लगने के बावजूद पानी और समाजी मसले इसलिए ज़रा कम हुए हैं कि हर शहर में बिजली के साथ टी.वी. पर सारा दिन इंडियन फ़िल्में देखने वालियों के घूँघट कभी-कभी ऊपर उठ जाते हैं।

34

मैडम नूरजहाँ हर हालत में बहुत दिल वाली और बहादुर ख़ातून थीं। वह तो अपने मुआशक़ों (प्रेम प्रसंगों) और शादियों के बारे में अच्छी-बुरी बातें हँस-हँस के बयान करती थीं। दूसरी जानिब औलाद से इश्क़ का यह हाल था कि खाना खाने बैठतीं तो सोचतीं, पता नहीं असग़र ने, अकबर ने खाना खाया होगा कि नहीं। डोंगा उठा कर उनके घर पहुँच जातीं। एजाज़ की बेवफ़ाइयों को नज़रअन्दाज़ करके लन्दन जेल से रिहा कराने के लिए पैसा ख़र्च किया और कोशिश की, यह कह कर आख़िर मेरी बेटियों का बाप है। मेरे शौहर यूसुफ़ के मरने के बाद, पहली ईद पर सख़्त गर्मी में घण्टी बजी, दरवाज़ा खुला, मैडम सामने थीं "मुझे ख़बर थी तू अकेली बैठी होगी।" ख़्वाजा ख़ुर्शीद अनवर का इन्तिक़ाल यूसुफ़ के इन्तिक़ाल के छह महीने बाद हुआ। मेरा हाथ पकड़ कर एक तरफ़ बैठ कर बोलीं "पुत्तर तंग ते नयीं कर दे", मेरी आँखें छलक पड़ीं, चुप बैठी रहीं। फ़ैज़ साहब के मरने पर एक सरकारी नशिस्त हुई और एक बैठक हम सब इंक़लाबियों और मज़दूरों की तरफ़ से। मैडम ने सरकारी मजलिस में गाने से इन्कार कर दिया और अवाम के मजमे में कहा "वह मेरा भाई नहीं मेरा दोस्त था" मैंने एक इंटरनेशनल म्यूज़िक कॉन्फ्रेंस की। प्रोग्राम का इफ़्तिताह[1] मैडम ने किया, सारे बड़े गाने वाले पहली दफ़ा एक साथ अपना फ़न दिखा रहे थे। अब नुसरत फ़तेह अली ख़ाँ स्टेज पर आये, उनका गाना चल रहा था कि मैडम ख़ुशी के मारे स्टेज पर आ गयीं। हज़ारों लोग थे। किसी ने बदतहज़ीबी नहीं की। ज़िया मुहियुद्दीन जो कि प्रोग्राम के मॉडरेटर थे, परेशान हुए, मैंने कहा "लोगों को पाँच मिनट मैडम और नुसरत के साथ ख़ुश होने दें।" मैडम ने पठाने ख़ान को भी ऊपर बुला लिया।

जब अल्लामा इक़बाल की 100वीं सालगिरह के सेलिब्रेशंस के लिए 'शिकवा-जवाब शिकवा' मैडम को ई.एम.आई. में रिकॉर्ड करना था। कुछ लफ़्ज़ों की अदायगी के बारे में परेशान हो कर उठीं, मेरा दफ़्तर 'अलफ़लाह' में बिल्कुल सामने था, पैदल चलती हुई आ गयी। सब लफ़्ज़ों को दोहराया। इस दौरान दफ़्तर और बाहर मजमा था। वापस जाने लगी, मैंने हुजूम से कहा सब बच्चों दोनों तरफ़ खड़े होकर तालियाँ बजाओ, मैडम को ई.एम.आई.

---

1. उद्घाटन

तक छोड़ कर आओ। क्या मंज़र था। लोग गाड़ियाँ रोक कर फ़ोटो ले रहे थे। सब उस क़ाफ़िले में शामिल हो गये जो उन्हें लेकर जा रहा था। वह एक बार भाईजान के घर दावत में आयीं। फिर हर जगह उन्हें भाईजान कहतीं।

आख़िरी बरसों में कराची अस्पताल में थीं। मेरे साथ शीन फ़रुख़ भी मिलने गयी। नर्स ने कहा "कोई अन्दर नहीं जा सकता" मैंने कहा मेरा नाम तो बतायें। उन्होंने फ़ौरन अपनी छोटी बेटी नाज़िया को भेज कर मुझे अन्दर बुला लिया। उस ज़माने में वह छोटी-छोटी नज़्में लिख रही थीं। जब टी.वी. पर कोई मुशाइरा होता, फ़राज़, इफ़्तिख़ार और मैं ग़ायब होते तो रात के साढ़े ग्यारह बजे वह फ़ोन करतीं, न आने की वजह पूछतीं, यह वह ख़ातून थीं कि जब फ़ैज़ साहब जेल से रिहा हो कर आये तो फलों का टोकरा लेकर उनके घर पहुँच गयी थीं। इस तरह यूसुफ़ की वफ़ात के बाद मुझे कहतीं "तुम्हारे भाईजान बहुत अच्छे हैं।"

मैडम के अलावा मुख़्तार बेगम, बेगम अख्तर, मलिका पुखराज और मलकाए-मौसीक़ी रोशनआरा बेगम के शौहरों के नाम तो सब को मालूम हैं। अलबत्ता कई इंटरव्यू मैंने किये, इक़बाल बानो और फ़रीदा ख़ानम शौहर का नाम टाल गयीं।

शौहर का नाम अपनी तहरीर में शामिल न करने की शुरुआत ख़दीजा मस्तूर और हाजरा मसरूर ने की। यह रिवायत ज़ोहरा निगाह ने क़ायम रखी। ज़ोहरा आपा भी कमाल शख़्सियत हैं। उन्होंने नासिर काज़मी को ख़िराजे-अक़ीदत उनकी ग़ज़लें बाक़ायदा ई.एम.आई. में LP बनाया था। फ़ैज़ साहब भी उनके तरन्नुम के क़ाइल थे। ख़ुद फ़ैज़ साहब की फ़रमाइश पर कई नज़्में और ग़ज़लें ज़ोहरा आपा ने रिकॉर्ड कीं। मेरी तो वह मेंटर हैं। जब क्लासिकी शाइरों को सुनना हो, उनके सामने बैठ जाओ शेरों के मोती रोलती ज़ोहरा आपा बोलती जातीं। उन्होंने कई बदतमीज़ियों पर फ़राज़ को भी डाँटा था और हिन्दोस्तान दिल्ली क्लॉथ मिल वालों की तो वह ख़ास मेहमान होती थीं। परवीन शाकिर ने भी अपना नाम नहीं बदला था। वैसे हमारी ख़ालिदा हुसैन, शबनम शकील, नीलोफ़र इक़बाल को शौहरों की रज़ा पर राज़ी रहना पड़ा। हमारी दबंग शाइरा फ़हमीदा रियाज़ ने भी अपना नाम नहीं बदला और ज़ाहिदा हिना, फ़ातिमा हसन, इशरत आफ़रीं, अतिया दाऊद, नूरूल हुदा शाह, हुमेरा

अपनी शिनाख़्त पर फ़ख़्र करती हैं। बाहर के मुल्कों की शाइराओं ने यह रिवायत बरक़रार रखी।

नाम के अलावा इन तमामं ख़्वातीन ने अदब में लिखने के तौर-तरीक़ों में वह तब्दीलियाँ लायी हैं कि अब न क़मर जलालवी का स्टाइल चलता है न सहबा अख़्तर की तरह, हुक्म देने के अन्दाज़ में "मुहब्बत करो" कोई कहता है। दिल के रुख़्सार पर हाथ कहने वाली रिवायत ऐसी मज़बूत है कि यह आईना धुँधला नहीं हो सकता।

कुछ हवाले ऐसे याद हैं कि आज भी उनकी मासूमियत पर हँसी आती है। सहबा लखनवी और ख़ुमार बाराबंकी हमारे साथ अमेरिका गये थे। दोनों ने अपनी शेरवानी और पाजामा 'नासा' को देखते हुए भी बरक़रार रखी। बुढ़ापा आ गया मगर जमीलुद्दीन आली, हिमायत अली शाइर, कलीम उस्मानी और सहाब क़ज़लबाश का तरन्नुम अब तक याद आता है। हबीब जालिब का तरन्नुम हमेशा याद रहेगा। शहबाज़ शरीफ़ जैसे नक़ल करते रहेंगे और मुज़फ़्फ़र वारसी अपनी नातिया-शाइरी[1] और उसके तरन्नुम में बेमिसाल रहे। वैसे इंडिया में ज़ुबेर रिज़वी और मख़्दूम मुहियुद्दीन के अलावा मजाज़ मुशाइरा लूटने वाले शाइर थे। उसी ज़माने में जज़्बी, जिगर का जादू चलता था। इंडिया में लोग राहत इंदौरी को भी पसन्द करते थे मगर जादू अब तक वसीम बरेलवी के तरन्नुम का चल रहा है जबकि शाइरी तो बस मुनासिब होती है।

ब्रिटेन में जितने पाकिस्तानी हैं उनमें से ज़्यादातर अपनी जवानी में गये। सब करतूत करने के बाद, बेशुमार पैसे कमाने के बाद, पहले तो एक मस्जिद बनवाते हैं फिर वहाँ वाज़ करते (धर्मोपदेश देते) हैं। यूँ उनके असर में आने वालों का दायरा फैलता ही चला जाता है। आहिस्ता-आहिस्ता यह पीरी का दायरा ऐसा फैलता है कि वह दुनिया भर में बुलाये जाते हैं। ब्रिटिश मीडिया की इंफॉर्मेशन के मुताबिक़ उनमें से बहुत से पीर अरबपति हैं। यह लोग हर साल उर्स ऐसे करते हैं कि पाकिस्तान से कुछ नातख़्वां[2] और कुछ नातगो[3] बुलाकर

1. पैग़म्बर मुहम्मद (स.अ.व.) की प्रशंसा में लिखा काव्य

2. नात पढ़ने वाले

3. नात लिखने वाले शाइर

सवाबे-दारैन (दोनों लोक का पुण्य) हासिल करते हैं। यह अपने दूसरे मुल्कों, ख़ास कर पाकिस्तान से आने वालों को फ़र्स्ट क्लास के टिकट और फ़ाइव स्टार होटल में ठहराते हैं। वहाँ रहने वाले पाकिस्तानियों के लिए रूहानी ग़िज़ा मिल जाती है, दुरुदो-सलाम की यह महफ़िलें तो अब घर-घर होने लगी हैं जो काम वह करते हैं, वह अपनी जगह यह नशिस्तें अपनी जगह।

मज़हब बेचने वालों के सौ रंग, दुनिया भर में फैले हैं। वैसे अब तो डॉ. फ़रहत ने औरतों को भी काम पर लगा दिया है।

35

पंजाब में मलिक मेराज ख़ालिद के बाद, हनीफ़ रामे चीफ़ मिनिस्टर हुए। उसी साल शाकिर अली का इन्तिक़ाल हुआ। उनके ख़ूबसूरत घर में उनकी बहन और एक दूर के रिश्ते के कज़िन इस इन्तिज़ार में बैठे थे कि कब यह मरें और कब इतने ख़ूबसूरत घर पर क़ब्ज़ा करें। उनको फालिज तो मेरे घर में इंडिया का रागमाला प्रोग्राम देखते हुए हुआ था मगर अस्पताल के बाद अपने घर आ गये थे। अभी उनका जनाज़ा उठा नहीं था। रात का वक़्त था। तेज़ बारिश हो रही थी। छत पर बहन-भाई दोनों चाबियों के लिए लड़ रहे थे। मैंने नीचे आकर मुनीर दादा, मुन्नू भाई और यूसुफ़ कामरान को बताया। मुनीर दादा ने फ़ौरन हनीफ़ रामे को फ़ोन किया। हम भागे-भागे गये, मुझे देख कर हनीफ़ ने कहा "अरे तुम जूते भी भूल आई हो। मैं आज ही शाकिर के घर को म्यूज़ियम बनाने के लिए कह देता हूँ तुम लोग सौदा तय कर लो। वापस आकर हमने उन दोनों के हाथ से चाबियाँ लीं। हनीफ़ रामे ने 3 लाख रुपये उन दोनों को दिये और यूँ शाकिर का घर बच गया।

हनीफ़ ने सहाफ़ियों (पत्रकारों) और अदीबों की कॉलोनी इक़बाल टाउन में बनायी। सईद मेहदी साहब LDA में थे मुझे काग़ज़ देने आये। क़ीमत थी 37 हज़ार रुपये। मैंने मेहदी साहब को कहा यह काग़ज़ वापस ले जायें, हनीफ़ का शुक्रिया अदा करें। मेरे पास इतने पैसे नहीं हैं। फ़ारूक़ मेरा डाइरेक्टर था। उसने काग़ज़ पकड़ा, नीचे नेशनल बैंक था। उनसे तीन महीने की सैलेरी का एडवांस चेक लाकर मेहदी साहब को पकड़ाया। घर बनना भी कोई आसान

काम था। उस ज़माने में कराची के अदीब ब्रोशर के लिए एडवर्जटाइज़मेंट लेकर किताब छपवा लेते थे। मैं अपनी छपी हुई किताबें लेकर कराची गयी और फ़र्श बनाने के लिए पैसे ले आई। यूँ घर बना। इफ़्तिख़ार आरिफ़ की ज़बान में अब घर बना था कि मकान कि उसमें सिर्फ़ 14 साल रहना नसीब हुआ।

हनीफ़ रामे चीफ़ मिनिस्टर बने तो सेंसर बोर्ड में उन्होंने मेरा, इन्तिज़ार हुसैन और संतोष कुमार का नाम डाल दिया। इन्तिज़ार हुसैन और संतोष साथ बैठते कि संतोष के पास पानों का बटुआ होता था। ज़ियाउल हक़ का ज़माना शुरू हो चुका था, मगर अभी हमारा बोर्ड क़ायम था मगर पाबंदियों की वजह से उर्दू फ़िल्मों की जगह ऐसी फ़िल्में और वह भी पंजाबी फ़िल्में बननी शुरू हुईं कि फ़िल्म में एक ग़ैर-मुस्लिम लड़की का रोल होता। अब चाहे वह डांस करे या स्कर्ट पहने या जींस, फ़िल्म की कहानी आगे बढ़ती थी। पंजाबी फ़िल्मों में 'रंगीला' होता, फिर तो हम ऐसे डायलॉग्स पास कर देते थे कि थाने में कोई आकर पूछे कि थानेदार साहब कहाँ हैं। वह झट कहता "जी वह कौड़े लेने गये हैं।" कुछ ज़्यादा हद से बढ़ा हुआ सीन होता तो हम इस्लामिक डिपार्टमेंट के चीफ़ डॉ. अलाउद्दीन सिद्दीक़ी से कहते "सर आप की क्या राय है" वह अमूमन कहते "मुझे तो ऊंघ आ गयी थी, ज़रा वापस दिखाइये" हम सब मुस्कुरा देते।

एक दफ़ा भाटी गेट के मेम्बर पंजाब असेम्बली बोर्ड के हॉल में आकर मेरे पास बैठ गये, कानाफूसी की "भाभी जी, फ़िल्म पास कर देना, मैं पैसे फड़ ले ने।" ऐसे बेशुमार लम्हे जब मजीद साहब हमें कलाश्निकोव से बचा लेते थे। नौकरी तो मैंने सरकारी होने के बावजूद, अपनी मर्ज़ी से की। कई दफ़ा वार्निंग मिली। वह दराज़ में रख दी, अपनी उसूल पसन्दी और यूनिकनेस के साथ काम किया। नेशनल सेंटर लाहौर में सियासी लीडरों की पनेरी लगाई गयी। उसमें से सिर्फ़ एतिज़ाज़ अहसन सलामत रहीं। फ़नकारों में ख़ास ग़ज़ल गायकी में फ़रीदा ख़ानम, चेहरा देखने को ज़िन्दा हैं। ग़ुलाम अली की गाते-गाते साँस फूल जाती है। नयी आवाज़ों में आतिफ़ असलम, सनम मारवी के बाद, बहुत से साज़ और छोटी-छोटी आवाज़ें और सरकारी अफ़सर उस ज़माने में पढ़े-लिखे होते थे।

मुसव्वरी में अलबत्ता सलीमा और मेहर अफ़रोज़, कुद्दूस मिर्ज़ा सीनियर्स हैं। राशिद राणा जैसे नौजवान इस सारे ज़माने में होने वाली बेहूदगियों की स्क्रीन पर नुमाइश कर रहे हैं। हर लफ़्ज़ बज़ाहिर सेंसर नहीं होता, मगर होता है। शाहिद सज्जाद जैसा मुजस्समासाज़[1] अब कहाँ।

सेंसर बोर्ड में एक फ़िल्म पेश हुई जिसके राइटर, प्रोड्यूसर, डाइरेक्टर और हीरो एक ही साहब थे जो दुबई से नये-नये काफ़ी रक़म लेकर आये थे। बस गाने उन्होंने अदीम हाशमी से लिखवाये थे। इंतिहाई अच्छा शाइर, ग़रीब, चाहता था कि इस तरह पैसे कमा लेगा। सिफ़ारिश लेकर आया कि फ़िल्म में सब कुछ ग़लत है मगर फ़िल्म पास कर दें कि मुझे पैसे मिल सकें। उस ज़माने में फ़िल्म चल जाये तो सारी कास्ट को पैसे मिलते वरना गोल। चलिए हमने दिल पर पत्थर रख कर फ़िल्म पास कर दी जिस सिनेमा हॉल में लगी वहाँ शायद ही कुछ कुर्सियाँ बची हों। अदीम को पैसे कैसे मिलते!

लाहौर में जो एक ही वक़्त में इंक़लाबिये भी थे और तरक़्क़ी पसन्द भी उनमें क़मर यूरिश और यूनुस अदीब जब तक ज़िन्दा रहे, लाहौर को कुछ न कुछ देते रहे। एक और शख़्स लाहौर में था, जब छोटी यानी हैंड बुक छपने लगीं तो एक तो सत्तार ताहिर था और दूसरा क़ासिम महमूद था। ग़ुलाम अली वाले उनकी मुख़्तसर किताबें छापते। सत्तार ताहिर ने तो तर्जुमे इतने किये कि किताबों से पूरी दीवार बन सकती थी मगर घर उसे फिर भी नहीं मिला।

एक शख़्स और शाइर जिसका इंटरव्यू करने हम साहीवाल गये वह था ख़ूबसूरत मिसरों, ख़ास कर नज़्मों का ख़ालिक़[2] मजीद अमजद। कमरे में साइकिल भी थी और मंजी भी। वह जब दुनिया से गया तो उसको क़ब्रिस्तान तक ले जाने के लिए भैंसों वाला ट्रक मिला जो उसे झंरा तक ले गया। वह भी इसलिए कि डी.सी. साहीवाल जावेद क़ुरैशी थे।

फ़िल्म वालों से मेरा रिश्ता दफ़्तरी कामों की वजह से नहीं बल्कि ज़ाती सतह पर था। संतोष भाई कि दरपन कि सबीहा भाभी कि नय्यर सुल्ताना कि सल्लू और पन्ना (जो कि ज़रीं थी) हम लोग संडे के दिन अक्सर दोपहर का खाना साथ खाते। इसी तरीक़े का रूटीन रुबीना, मुस्तफ़ा क़ुरैशी और इक़बाल

---

1. पत्थर और मिट्टी की प्रतिमा या मूर्ति बनाने वाला

2. रचियता

बानो के साथ था। मुस्तफ़ा क़ुरैशी के यहाँ रात ग्यारह बजे बेधड़क शाकिर अली को अस्पताल में भर्ती कराने के लिए गयी और रक़म लेकर वापस आयी। इस तरह हर अदीब या आर्टिस्ट के लिए जब भी पैसे जमा करने निकले, क़ुरैशी साथ होता था। ज़िन्दगी ने सुल्तान राही के बाद मुस्तफ़ा क़ुरैशी को ज़्यादातर घर बैठा दिया। वह चाहता तो हर शाम बाक़ी फ़नकारों की तरह हर रात जुआ खेलता। यहाँ हमारी सिंगर दोस्त रुबीना क़ुरैशी ने बड़े सलीक़े से अफ़सरी दिखाई। दोनों बच्चों को म्यूज़िक और दूसरे फ़ुनून (कलाओं) की तरफ़ बढ़ाया। बेटा अलबत्ता छोटे-मोटे फ़िल्मों के काम कर रहा है मगर सबीहा भाभी ने संतोष भाई की अचानक मौत के बाद, बहुत बुरे दिन देखे। पहले जब उनको बेघर किया गया तो वह बेटी के घर आ गयीं जो वली साहब और रागिनी (ख़ूबसूरत) आँखों वाली पुरानी अदाकारा, जो कपड़े सिलवाती थीं, सबीहा भाभी का दामाद एकदम मर गया। सबीहा बेटे के पास अमेरिका गयीं। गुज़र नहीं हुई वापस आ गयीं। स्टेज ड्रामों में काम करने आतीं-जातीं तो रिक्शा इस्तेमाल करती थीं। वहाँ तो स्टेज पर डबल मीनिंग बेहूदा तंज़िया जुम्ले चलते थे, नाचार वापस उसी अमेरिका लौट गयीं जहाँ की ज़मीन ने दफ़न करने को बुला लिया। सुलेमान जिसे प्यार से हम सल्लू कहते थे, बच्चों की शादियों ने घराना ख़त्म किया, बाजी फ़िल्म बनाने वाला और क्लासिक डांसर को बेआवाज़ कर दिया।

मैंने तो बहुत अच्छी गाने वालियों को पहले ज़मींदारों के घरों में आबाद होते और निकाले जाने के वह मंज़र देखे हैं कि समाज में सोना दिखाने वाले और होते हैं और फ़न को सोना समझने वाले और।

36

यह बात है 62-63 की, पहले तो एक दफ़ा हम दोनों अफ़ग़ानिस्तान गये कि तोरख़म पर परमिट मिल जाता था। यह हमारा काबुल का पहला दौरा था। होटल वग़ैरह सब तरक़्क़ी-याफ़ता (विकसित) मुल्क की तरह सड़कें और घर थे। हम होटल में ठहरे और वहाँ मक़ामी गाड़ी लेकर दूसरे क़रीबी शहरों

के अलावा सिख सरदारों से साड़ियाँ ख़रीदीं। पहली दफ़ा चपली कबाब खाये और हिन्दोस्तानी फ़िल्में तो अभी पाकिस्तान में भी लग रही थीं। अलबत्ता क़हवाख़ानों (कॉफ़ी हाउस) में क़ालीन पर बैठ कर छोटे-छोटे कपों में क़हवा पिया। मैं जिस तरह आज़ाद, दुपट्टा गले में डाले थी। दूसरी लड़कियाँ लम्बे चोग़े, स्कर्ट और पेन्टें पहने हुई थीं। शटल कॉक बुर्क़ा शहर में नहीं था।

दोबारा 65 ई. के बाद, क़तील शिफ़ाई साहब के बार-बार कहने पर क़ाफ़िले की सूरत रवाना हुए। यह क़ाफ़िला शबाब केरान्वी ने बनाया था। हम तो शामिल बाजा हो गये थे। चूँकि हिन्दोस्तानी फ़िल्मों पर पाबन्दी लग चुकी थी। इसलिए क़ाफ़िला वहाँ इंडियन फ़िल्में देख कर, सीन, गाने, डांस सब लिख कर नोट करने के लिए गया था ताकि पाकिस्तान में ऐसी फ़िल्में बनाई जायें। तज्रिबा कामयाब रहा। अलग-अलग तरह के प्रोड्यूसर यूँ ही फ़िल्में बनाते और माल कमाते रहे।

अफ़ग़ानिस्तान, रूसी फ़ौजों की मौजूदगी में, ताहिरा मज़हर अली और मैं गये। शहरों में तो सुकून लगता था। स्कूल-कॉलेज भी खुले थे। बाग़ों और महलों के अलावा, जनता में बेतहाशा बेचैनी, दहशत की हद तक फैली नज़र आ रही थी। बाज़ार खुले थे, क़हवाख़ाने भी खुले थे। मगर कोई भी हम से बात करने को तैयार न था। सब्जी वाला हो या जूते गाँठने वाला या बोझ उठाये पठान, सब कुछ ठहरा-ठहरा लग रहा था। रूसी फ़ौजों को देख कर तंग आकर मार्केट गये, वहाँ सारा रूसी इलेक्ट्रॉनिक भरा हुआ था। हम ललचाये तो मक़ामी लोगों ने कहा, आपको सारा सामान पेशावर में मिल जायेगा।

वाक़ई सच था। वापस आकर पेशावर गयी, ढाई हज़ार रुपये में एयरकंडीशनर लिया उसे पन्द्रह साल इस्तेमाल करके इस्लामाबाद आकर 5 हज़ार में बेच दिया।

इस्लामाबाद के नये फ़्लैट में यह सुकून था कि लाहौर की तरह चार-चार नौकर रखने की मुसीबत नहीं थी। माई मुझे अच्छी मिली और उसकी औलाद भी पिछले बरस तक मेरी ख़िदमत करती रही। इस्लाम एफ़ 10 सेक्टर में और फ़्लैटों में अफ़ग़ानी नान, दुंबे का गोश्त, फूँकों वाली छोटी प्याज़, अफ़ग़ानी फल और हर तरह के नक़ली ज़ेवरों को बेचा जा रहा था। अफ़ग़ानी लड़कियाँ अंग्रेज़ी सीखने जाती थीं और शामों को कहीं और।

अब तक अफ़ग़ानिस्तान में 'केथी' सारे ज़माने की रिपोर्टिंग करने जाती और दफ़्तर की बिल्डिंग ही में रह कर आ जाती। हम डरते। उसकी आधी ज़िन्दगी अफ़ग़ानिस्तान रिपोर्ट करते गुज़री। इधर पाकिस्तान में ज़ियाउल हक की बाक़ियात (अवशेष या शेष) का हुक्म उस वक़्त चल रहा था। डॉ. अब्दुस्सलाम का फ़िक़्ह (इस्लामी धर्मशास्त्र) अलग था जिसे पाकिस्तान ने मन्नूअ (निषिद्ध) क़रार दिया था। इसलिए जब क़ायदे-आज़म यूनिवर्सिटी में नोबल इनाम के फंक्शन के लिए आये तो इस्लाम पसन्दों ने उन पर अण्डे फेंके मगर लाहौर में शरीफ़ जंजूआ ने हम सब अदीबों दोस्तों से मुलाक़ात करवायी। आज जब पढ़े-लिखे नौजवानों से पूछती हूँ, सर ज़फ़रुल्लाह ख़ाँ के बारे में वह नहीं में सर हिला देते हैं। वह भी सच्चे हैं। यह वह शख़्स हैं जो कि पाकिस्तान के पहले फॉरेन मिनिस्टर थे। फिर इंटरनेशनल कोर्ट के चीफ़ जस्टिस बने थे। फ़िरक़ापरस्ती है कहीं और कहीं ज़ाते हैं।

1960 ई. की दहाई में हमारी नौजवानी के दिनों में ऐसे राइटर्स हज़रात भी थे जो अब ज़र्बुलमसल (कहावत) बन गये हैं। जस्टिस कॉनेलियस, जस्टिस कयानी ने तानाशाही के दौर के बावजूद अपने फ़ैसलों और बातचीत में हँसी-मज़ाक के एहसास को क़ायम रखा। यूँ तो बहुत से जजों से लाहौर में मुलाक़ात रहती थी मगर उनके बारे में डिटेल लिखना नामुनासिब होगा कि कोई तो सारी उम्र भुट्टो की फाँसी के फ़ैसले पर शर्मिन्दा रहे, कुछ को मश्रिक़ी पाकिस्तान से भागना पड़ा। किसी के जनाज़े को शहद की मक्खियों ने प्रोटेस्ट करते हुए रोका। अलबत्ता जस्टिस दोराब पटेल पारसी थे, जस्टिस भगवानदास हिन्दू थे, सारी उम्र क़ानून के अदब और लिहाज़ में बेमिसाल रहे। क़ाज़ी फ़ाइज़ ईसा ने सुप्रीम कोर्ट के फ़ैसले बदलवा दिये।

वकीलों में एजाज़ बटालवी, ख़ुद से भी छुपने लगे जब भुट्टो के ख़िलाफ़ फ़ैसले में शरीक थे आबिद मंटो, आसिमा जहाँगीर, एतिज़ाज़ अहसन और हिना जीलानी को कुमुक (जंग में मदद) पहुँचाने के लिए।

हमारे सारे दोस्त सारे मुल्क में फैले हुए हैं। यह अलग बात कि अब एतिज़ाज़ और आबिद मंटो सेहत की ख़राबी और सियासत से तंग आकर घर की पनाह में आ गये हैं।

37

जब मैं एम.ए. में आयी तो अम्मा ने शर्त लगायी कि जैसे रोज़ सुबह सब का नाश्ता बनाती रही हो, बावर्चीख़ाना साफ़ करके फिर तुम अपनी क्लास अटेंड करने जाओगी। क्लास में पहला लेक्चर डॉ. अख़्तर का होता था जो हर लड़की और लड़के का नाम याद रखते बल्कि देखते थे कि कितने ध्यान से नोट्स बनाये जा रहे हैं। उधर घर में अम्मा फ़ज्र की नमाज़ के बाद वज़ीफ़े[1] पढ़ा करती थीं। मैं डर के मारे 4 बजे उठ कर सब के लिए पराँठे, चाय बना कर, घर से पैदल यूनिवर्सिटी सात बजे तक पहुँच जाती थी। हमारे घर में उस वक़्त तक नौकर रखना अच्छा नहीं समझा जाता था।

जब सब बच्चों की शादियाँ हुईं, सब अपने-अपने घर के हुए तो झाड़ू-पोंछे के लिए नौकर रखने की रस्म चली। मैंने चूँकि दफ़्तर, यूनिवर्सिटी और घर तीनों को मुट्ठी में रखा हुआ था, पैसों की गुंजाइश ज़्यादा नहीं थी। जो लड़कियाँ साफ़-सफ़ाई के लिए आती थीं, उनको मैंने आहिस्ता-आहिस्ता घर के दूसरे कामों में हँसते-खेलते शामिल किया। साथ ही मेरी ग़ैर-मौजूदगी में बच्चों को भी सँभालती रहीं। लड़कियाँ चूँकि क्रिश्चयन थीं, मेरे घर आने वाली मेरी बहनें बर्तनों को ख़ुद धो कर इस्तेमाल करतीं वह भी कभी-कभार भूले भटके। लड़कियों को मैंने बेटियों की तरह रखा। क्रिसमिस, ईस्टर और ईद पर कपड़े वग़ैरह बना कर दिये। जब वह जवान होने लगीं और मेरा बड़ा बेटा भी कुछ पर-पुर्ज़े निकालने लगा तो मैंने एक ग़रीब लड़का जो अभी पढ़ रहा था, उसे भी घर में रख लिया, उसको भी सारा काम नहीं, सिर्फ़ रोटी पकानी सिखायी। हँडिया चाहे छह बन्दों की हो या 50 बन्दों की, वह मैंने 75 साल की उम्र तक ख़ुद बनायी।

रॉयल पार्क से कृष्ण नगर तक वह लड़का साथ रहा। मैट्रिक कर चुका था। सुबह घर पर और शाम काम पर जाता था कई दफ़ा ऐसा भी हुआ कि घर पर कोई नौकर नहीं, मेरे बच्चे स्कूल से आकर सालन[2] गर्म करने रखते,

---

1. नित्यपाठ

2. पकी हुई दाल, सब्ज़ी या गोश्त

मेज़ लगाते और मैं आकर ताज़ा रोटियाँ बनाती थी। उस ज़माने में हफ़्ते भर की हँडिया संडे के संडे बना लेती थी। अव्वल तो पता नहीं होता था कि शाम के खाने पर कितने मेहमान आ जायें या कोई अदीब लाहौर आये, सीधा घर आ जाये जैसा कि अहमद फ़राज़ करता था। बच्चे चूँकि बड़े होकर अपनी-अपनी साइकिल पर स्कूल जाते, मैं कभी बस, कभी रिक्शे, कभी दफ़्तर की गाड़ी पर आती-जाती। गाड़ी वह सिर्फ़ यूसुफ़ ही के लिए थी। अब ऊपर के काम के लिए एक औरत रख ली। उसका शौहर ख़ुद तो कुछ करता नहीं था और अगर वह उसे पैसे न देती तो मारता था। मैंने उसे रख लिया। घर के सारे काम वह करने लगी। एक दिन किसी बच्चे ने आकर बताया "अम्मी नहीं आयेंगी, रात काका हुआ है।" मैंने कहा, अच्छा। मैं अभी दफ़्तर के लिए तैयार हो रही थी कि देखा ग़ुस्लख़ाने में बैठी कपड़े धोने लगी थी। मैंने डाँट कर उठाया, नाश्ता बना कर दिया, गर्म दूध पिलाया और कहा "छोटे को दूध पिलाने के लिए साथ लाया करो।" कुछ दिनों बाद उसके बच्चे बन्द करवाये।

घर बदला, कृष्ण नगर से इक़बाल टाउन आ गये। यहाँ भी जो ख़ातून मिली सब ऊपर का काम करने के लिए, वह भी अपने शौहर से परेशान थी। चरसी था। छोटे बेटे को साथ लाती। मैंने पहले तो उसके बच्चे बन्द करवाये। बच्चे को स्कूल डाला। वह काम करती रही कभी मेरे दफ़्तर से आने के बाद, कभी सुबह सवेरे।

यूसुफ़ और बच्चों के जाने के बाद, माई काम करती रही मगर घर में चौकीदार बाबा भी रख लिया। वह अपना खाना ख़ुद पकाता, आये गये को देखता। इक़बाल टाउन वाले घर में इतवार के इतवार, कृष्ण नगर वाली माई, दाता दरबार हो के मेरे घर आ जाती, कभी फलियाँ लिए कभी फूल। उसने बाद में किसी घर में काम नहीं किया। दाता दरबार जाती, हर वक़्त बस पुरानी पंजाबी की नातें पढ़ती रहती। दोनों मांइया आपस में दुख-सुख करतीं, कोई मेरे सर में तेल लगा देती, कोई टाँगें दबाने बैठ जाती। जब लाहौर छोड़ा तो दोनों बहुत रोयीं।

इस्लामाबाद में दो साल तक दफ़्तर का बाबा कुछ काम करता और कुछ काम दिखाता रहा। कभी चादरें, कभी कम्बल, बहरहाल उसको वापस दफ़्तर भेज दिया और मैं अपने फ़्लैट पार्क टॉवर्स में आ गयी। अभी बाक़ी फ़्लैटस बने नहीं थे। मगर रोज़ कोई माई आ जाती, कुछ मज़ा नहीं आ रहा था कि

एक दिन एक माई, दो बेटियों के साथ आकर बोली "बाजी! भुट्टो ने हमें फ़ैसलाबाद के गाँव में पाँच मरले[1] ज़मीन दी थी, वह बेच कर इस्लामाबाद बच्चों और अपनी नौकरी के लिए आ गये हैं।" मुझे वह औरत और उसके साथ चिपकी हुई लड़की अच्छी लगीं। मैं उस ज़माने में ढाई बजे छुट्टी कर के आती थी। वह उस वक़्त आ कर सफ़ाई से लेकर सब काम करती। आहिस्ता-आहिस्ता वह बच्ची जो थी, एकदम बड़ी हो गयी। अपनी माँ से कहा, "तुम कहीं और काम करो, बाजी के घर में अकेले काम कर लूँगी।" उसको हर काम का शौक़ था। सारे खाने बनाने, दावतों का एहतिमाम करने, रातों-रात बर्तन सँभालने जैसा मुश्किल काम, माँ और बहन को लगा कर ऐसे करती कि सुबह को अन्दाज़ा ही नहीं होता था कि शाम यहाँ पचासों लोग थे। उसका नाम था शाज़िया। उसको अदीबों के नाम ऐसे याद थे कि वह फ़राज़ को पराँठा अंकल, इफ़्तिख़ार को बिरयानी अंकल कहा करती। उसकी शादी के बाद, मैंने उसे काम करने से रोक दिया, कहा "एक दफ़ा काम करने लगोगी तो सारी उम्र लगी रहोगी। शौहर एयरपोर्ट पर स्वीपर है। उसको काम करने दो।" उसे काम की आदत थी। बच्चे हुए तो मैंने उसे सिंगर सिलाई मशीन ले दी। उसने अपने छोटे भाई को मेरे घर का काम करना सिखाया। आहिस्ता-आहिस्ता घर के हर काम को मुझ से छीनता गया। एक दफ़ा बस देखता, मुझ से बेहतर कड़ाही, पाये, हर हँडिया बनाता। सारे दोस्तों का भी दोस्त हो गया। उनके घरों में भी जाता। उसने बाल काटने सीखे हुए थे। उसको छोटा-सा सैलून खोल कर दिया। काम बढ़ गया तो उसको मोटरसाइकिल लेकर दी। उसने पाँच साल काम किया। इतना काम किया कि मैं अपने आप को उसका असीर[2] समझने लगी। मैं बीमार होती तो मेरे सिरहाने बैठा रहता, मुझे उल्टी आती, अपने हाथ से साफ़ करता। उस दौरान मुझे लगता मेरे और कभी-कभी मेहमानों के बैग से पैसे ग़ायब होने लगे। मैं टालती रही, डरती थी कि अगर इसे निकाल दिया तो मैं इस उम्र में घर कैसे सँभालूँगी। उसकी लौण्डों वाली आदत जब मेरा बेटा पाकिस्तान आया तो उसे बता दी। वह रातों को उसे समझाता, फिर भी बैग से नोट कभी सारे ही निकाल लेता। कहता आपको तो याद ही नहीं रहता। कभी

1. एक मरला, एक एकड़ ज़मीन का 160 वाँ हिस्सा मानकीकृत है।

2. क़ैदी

मेरे नये कपड़े, दफ़्तर से चादरें, यह सब बर्दाश्त के साथ उसका बदतमीज़ी से बोलना भी सहती रही। फिर शायद उसने आइस ड्रग लेना शुरू कर दी क्योंकि मैं घण्टों उठाती रहती, उठता तो बदतमीज़ी करता।

आख़िर एक दिन उसकी माँ को सब बताया। मेरी फ्रेण्ड समर और ताहिरा के साथ, इस्हाक़ चौधरी और बिल्डिंग कंट्रोलर को बुलाया। उस दौरान वह सोया हुआ था। माँ को कहा कि कमरा ख़ाली करो, इसको ले जाओ। बहुत तूफ़ाने...बदतमीज़ी किया। बिल्डिंग कंट्रोलर ने बिल्डिंग में उसकी एंट्री बन्द कर दी। बहुत सुख देने वाले को सात लाख रुपये दोस्तों से लेकर घर बनाने को दिये। सब कोरोना के नाम पर खा गया। ख़ैर उस दिन के बाद मुझे, जिसने नौकरों को बेटी और बेटा कह कर पाला था, उनसे भरोसा उठ गया। मैंने तो हर मुल्क के कपड़े लाकर दिये। दोस्त उसके रश्क करते थे मगर वह घर में सुरंग लगा रहा था।

अब एक ख़ातून कौसर है। देखने में तो भली लगती है। घर का सारा काम वह करती है। बस मैं लिखती-पढ़ती हूँ। मुझे वक़्त पर दवा और खाना खिला देती है।

इख़्तितामिया[1]

सलाम:-

- पाकिस्तान और सारी दुनिया की उस बेटी पर जिसने जम्हूरीयत के दुश्मनों के ख़िलाफ़ लगातार चालीस बरस तक लड़ते हुए,अपनों ही की गोली से शहादत का चोला पहना। वह हर इम्तिहान में बेनज़ीर रही।
- सलाम हज़ार सलाम उन चिड़ियों पर रोज़ सुबह मुझे जगाती हैं।
- उन बच्चों पर जो समुन्दर पार करते हुए, ज़मीन पर आकर मर जाते हैं।
- उन मुहाजिर परिन्दों पर जो कींझर झील का आलूदा पानी नहीं पीते और प्यासे रहते हैं।
- उन परिन्दों पर जिनके घोंसले, सारी दुनिया के जंगलों की आग में भस्म हो गये।
- उन हर्फ़े-हक़ बोलने वालों पर जो लापता हो जाते हैं।
- उन बच्चों पर जो भट्टो और रेहड़ियों पर नंगे पैर हँसते हुए मज़दूरी करते हैं।
- उन सारी दुनिया के जवान जोड़ों पर जो मर्ज़ी से शादी करने पर ख़ून में नहला दिये जाते हैं।

अफ़सोस :-

- उन क़ौमों पर जो आज़ाद होकर भी ज़ेहनी गुलामी के भँवर में हैं।
- उन ख़ुदसाख़्ता[2] रहनुमाओं पर जो अमीर मुल्कों से भीख लेना फ़ख़्र के क़ाबिल समझते हैं।
- उन मज़हबफ़रोशों पर जो ख़ुदा की मदद कभी नहीं पा सकेंगे।

---

1. अन्तिम अध्याय
2. स्वनिर्मित

- उन मुंसिफ़ों (जजों) पर जिनके नाइन्साफ़ी वाले फ़ैसले से तारीख़ भी शर्मिन्दा है।
- उन बादशाहनुमा जम्हूरियतों पर राज करने वाले लुटेरों पर जो अपने मुल्क ही को फ़तेह करते रहते हैं।
- अफ़सोस उन लोगों पर जो क़ायदे-आज़म की 11 अगस्त की तक़रीर सेंसर करना चाहते थे।

कबाड़िये की सनद[1]

औरत से भागने वाले शाइर ने
औरत ही को मौज़ूए-सुख़न[2] बनाया
वो एक हाथ में किताब लिए, ताबेदार[3] बच्चे की तरह
रोज़ घर से निकलता, टी हाउस के लिए
अकेली मेज़, चाय का कप और सिगरेट
किताब पढ़ता कि नहीं था,
किताब उसके सामने खुली होती
किताब को औरत समझ कर अपने सिरहाने
भी रखता था।
वो भरे-पूरे ख़ानदान में
सबसे अलग उखड़ा-उखड़ा रहता
टी हाउस में सिर्फ़ ख़ास दोस्तों के
सामने बोलता और कभी-कभी हँसता भी था
बातों-बातों में एक औरत का ज़िक्र करता
वक़्त-बेवक़्त
किताब के बहाने मिलने चला जाता
औरत को भी कुछ नया लिखने
और पढ़ने का कहता

---

1. प्रमाण पत्र
2. शाइरी का विषय
3. आज्ञाकारी

वो दुकानों क्या, फ़ुटपाथों से भी
इतवार के इतवार, बोसीदा[1] किताबें
भी ढूँढ कर, ला के सामने रख देता
उस वक़्त उसकी आँखों में अजब चमक होती थी
औरत को मालूम था कि उस चारदीवारी में
उसके आते ही हसद[2], दीवारों से भी फूटा पड़ता था
सब कुछ समझते हुए भी, बड़े शाइरों को
पढ़ने का जुनून, बाक़ी माहौल से अनजान बनी औरत
सिगरेट के कश बर्दाश्त करती रही
वो किसी को शाइरी सुनाता नहीं था
वो कॉपी सामने रख देता
मौज़ू वही होता "एक औरत"
उर्दू के सारे पढ़ने वाले उस
मुन्फ़रिद[3] शाइर को पढ़ कर और नाम माधो
देख कर, कभी हैरान और कभी ख़ुश होते थे
उसकी आँखों से वहशत[4] और शहवत[5]
बयक-वक़्त टपकती थी
वो रातों को बेतहाशा शराब की तलब में
चलती गाड़ी से उतर जाता
पैदल चलता-चलता किसी अनजानी जगह निकल जाता
इसी आलम में एक रोज़ वो औरत के सामने
बेमहाबा[6] आ गया
औरत की ग़ज़बनाक आँखें और इशारे

---

1. फटी-पुरानी
2. डाह, ईर्ष्या
3. अद्वितीय, बेजोड़
4. आदमियों से बिदकना
5. कामातुरता
6. बेधड़क

उसको उल्टे पैर वापस जाने का कह रही थीं
वो दिन .... उसके पीने का आख़िरी दिन था
अब औरत ने पीना और उसने सिगरेट मुसलसल
पीने शुरू कर दिये
अब उसने शाइरी, डायरी में लिखना
और किसी को न दिखाना, अपना अन्दाज़ बना लिया
औरत दूसरे शहर चली गयी
और ग़ज़ब ये हुआ कि टी हाउस भी बन्द हो गया
सुना है उसने 'क़ुसूर' जाना शुरू कर दिया
वो औरत लाहौर आ गयी, उसे अपने घर में मेहमान किया
मगर उसको ये ठिकाना भी उकताने वाला लगा
शाम का मंज़रनामा[1] बिखरा-बिखरा था
कभी 'इन्तिज़ार हुसैन' कभी 'ईरज'
कभी रीडिंग्स तो कभी 'मॉडल टाउन पार्क
का रुख़ करता, ख़ाली आँखों से घूरता रहता
पैदल चलते-चलते, आँखों पर टूटा चश्मा
हाथ में किताब लिए, एक ख़स्ता घरौंदे में
उसे प्यास बुझाने का मौक़ा मिला
वहाँ एक औरत थी
जो उसे नींद की सी कैफ़ियत फ़राहम करती
वह उसके अन्दर के बूढ़े मर्द की प्यास
तो न बुझा सकी, जानती थी
कि शाइर के अन्दर का साँप मुर्दार हो चुका है
पन्द्रह बन्दों की कोठरी में
मगर उसकी टाँगें और आँखें
साथ छोड़ रही थीं
औरत थी, जो उसके अन्दर की प्यास को
पानी छिड़क के, कुछ-कुछ

---

1. परिदृश्य

आसूदा[1] कर रही थी
अब शाइर की याद्दाश्त में
उसकी डायरियाँ और किताबें भी नहीं थीं
किसी ने उसे बताया था
कि उसके छोटे भाई ने
बिरादराने-यूसुफ़[2] की तरह
ख़ानदानी घर की एक-एक
कील भी नीलाम कर दी थी
उस नीलामी में कबाड़िया

अपने मतलब की किताबें ले गया
प्यास बुझाने वाली औरत को
कुछ भी बताये बग़ैर, शाइर
शहर में ख़बर की तरह फैल गया
वो मर गया.....पुरसुकून हो गया
ऐसा सुकून कि जिस-जिस को
वो नापसन्द करता था
उन्हीं दस दोस्तों ने
उसे कन्धा दिया
औरत ने सब कुछ सुना

कुछ दिन बाद
उस कबाड़िये की तलाश में निकली
सामने कोने में कुछ कॉपियाँ
बेतरतीब[3]-सी पड़ी थीं
औरत ने उठाने को हाथ बढ़ाया, कबाड़िया बोला
"ये किसी शाइर की डायरियाँ हैं

---

2. समृद्ध

2. यूसुफ़ (अत्यन्त सुन्दर पैग़म्बर) के निष्ठुर भ्रातागण

2. क्रमहीन, गड्डमड्ड

क्या आप पढ़ेंगी"
औरत मुस्कुराई। कबाड़िये को देख कर औरत ने सोचा
मरने वाले अपनी कोई निशानी
तो छोड़ कर जाते हैं!

(ज़ाहिद डार के लिए)

जमीला कहानी

नमाज़ पढ़ के
चिड़ियों को दाना डालना उनका मामूल[1] था
दोनों घरों के सोते बच्चों को
बोसा देना, उनका रोज़मर्रा था
घर के तीनों मर्दों की बात मानना
उनका ईमान था
यूँ तो हमारे पुरखों में यही होता आया है
ये कौन-सी अनोखी बात है
अनोखी इसलिए कि चाहे सास की ख़िदमत हो
कि पूरे ख़ानदान की
वो नौकरों के होने के बावजूद
तीनों मर्दों की पसन्द के खाने
हर रोज़ बना कर ख़ुश रहती
मगर बेटी की ख़ाली बाँहों को देख कर
उदास हो जाती
बहार के दिन थे
फूलों के खिलने के मौसम में
बेटी को लन्दन रुख़्सत किया

---

1. नित्य नियम

और नफ़्ल[1] अदा किये
उस घर की औरतें, आने वाले
मेहमान मर्दों से नहीं मिलती थीं
मगर पहचानती थीं कि मेहमानों को
बटेरे पसन्द थे कि गुर्दे कपूरे
ज़िन्दगी को उसकी आसूदगी[2] की
दहलीज़ पर रश्क[3] आता था
उसने आँधियों का रूप ऐसे धारा
कि ख़ानदान की बुनियादें हिलने लगीं
उस औरत का हौसला देखें
घर से रुख़्सत होने वालों के
तमाम रिश्तों के तावीज़
बस एक रह जाने वाले बेटे के
गले में डाल दिये
अब ज़मीन और ख़ुदा...दोनों ने
उस बेटे के हौसलों का इम्तिहान लिया
कि चिड़ियों को दाना डालने वाली
और इकलौती बेटी
दोनों को ज़मीन ने गोद ले लिया
अकेले रह जाने वाले बेटे ने
जवान, चौड़े-चकले बाज़ुओं को
अपनी ताक़त बना लिया
घर का सेहन चिड़ियों से ख़ाली नहीं हुआ
सारे बच्चों को दादी ने

---

2. वह नमाज़ जिसका पढ़ना आवश्यक न हो, मगर कृतज्ञतार्थ या पुण्यार्थ पढ़ी जाये

1. समृद्धि, ख़ुशहाली

2. किसी को हानि पहुँचाये बिना उस जैसा बनने की भावना

मुँह में निवाला देते हुए सिखा दिया था
कि तुम से पहले चिड़ियों की बारी आती है
यह चलन उस घर को शादो-आबाद रखेगा।

(संगे-मील ख़ानदान कहानी)

हेल्गा! पाकिस्तान तो तुम हो

हेल्गा! मुझे यक़ीन है कि तुम
हिटलर के ज़माने की सियाह रात को
छोड़ कर, इस ज़मीन में अपने महबूब
के साथ आना पसन्द किया
यहाँ तुम अपने वजूद, अपने मिलाप की
तमानियत[1] को, अपनी शगुफ़्ता बयानी[2]
के साथ, हर तरह की सर्दी और गर्मी में
ग़ुरबत[3] ओढ़े, मासूम लोगों के पास
ठहर कर, ये बताती रहीं कि ये ज़मीन ही है
जो तुम्हारे माथे का पसीना माँगती है
ये ज़मीन ही है जिसके आबशारों[4] और
दरियाओं की तुम क़द्र नहीं करते
तुम तो बरसते पानी का ज़ायक़ा
भी नहीं चखते हो
तुम्हारे बाग़ों, खेतों और
जंगलों में

1. इत्मीनान
2. सुन्दर कहन
3. परदेस
4. झरनों

परिन्दे कितनी मेहनत से अपने
बच्चे पालते और घोंसला बनाते हैं
मुझे मालूम है तुम भी मेरी जर्मन क़ौम
की तरह जफ़ाकश[1] और हौसलामन्द हो
तुम तो ग़ुलामी के दो सौ साल को भी आज़ादी समझते रहे थे
मैंने तुम्हारी वीरान बस्तियों में
ग़रीबों के साथ काम करते हुए
उन्हें हँसना सिखाया है
मैंने उस ज़मीन का पानी पिया
और बचाया है
मैंने इस मुल्क की हवाओं को
आलूदगी[2] से बचाने के लिए
सारी उम्र सर्फ़[3] की है
मुझे अब नयी ज़मीनों की सम्त जाना है
मैं तुम्हें 'रिल्के' की आवाज़ में
ये सुना कर जा रही हूँ
"It is the beginning of the beginning"

(हेल्गा:- जर्मन पर्यावरणविद्)

---

1. कठिन परिश्रमी
2. प्रदूषण
3. ख़र्च

*अभी तो हमारे जागने के दिनों ने आना था

रहमान साहब! जो कुछ आपने लिखा
इतना तो अल्लाह मियाँ आप के फ़रिश्ते
न लिख सके होंगे
वो तो लोगों के गुनाहो-सवाब लिखते हैं
और आप उनकी दास्तान लिखते थे
जिनको न क़लम-बरदोश सहाफ़ी[1] लिखते थे
और न मस्जिदों में ख़ुत्बा[2] देने वाले
आप कभी-कभी ख़ुदा की आवाज़ बन कर
हमारे नाम के मुसलमान लोगों और मुल्कों को
आक़बत का ख़ौफ़[3] नहीं दिलाते थे
उनकी बदगोई[4], बदमआशी और बद हाकिमियत के
ज़हरे-हलाहल को इक़बाल की तरह क़ंद नहीं कह सकते थे
सारी उम्र आप के एक हाथ में क़लम
और एक हाथ में टाइपराइटर होता था
दरवेश नहीं थे, सूफ़ी नहीं थे
इस ज़मीन के इन्सान थे

---

*आई. रहमान सीनियर जर्नलिस्ट

1. कन्धे पर क़लम धरे हुए पत्रकार
2. धर्मोपदेश
3. भविष्य का भय
4. गाली-गलौज

आप नापुर्सों[1] के आँगनों में झाँकते
मगर उनको रुस्वा न करते थे
सोच के पाताल में उतरने के बावजूद
कभी ख़ुर्शीद[2] हाथ में लेकर चलने की ख़्वाहिश नहीं की
ढोल पीटने वालों का ज़िक्र भी नारवा[3] समझते थे
अभी तो हम दिन बदलने की उम्मीद में थे
आपने उसको भी फ़रेब समझा और चले गये!

---

1. न पूछने वालों
2. सूरज
3. अनुचित

*नोमी! तुम्हें विदा किया[1]

मौत के हाथों में जो फेहरिस्त थी
उसमें तुम्हारा नाम नहीं था
तुम हमेशा से खिलंडरी थीं
मौत की बाँहों में बाँहें
डाल कर चल पड़ीं
तुम्हारे जाने की ख़बर
मेरी ही आँखों में
आँसुओं की जगह तुम खड़ी थीं
हमेशा की तरह बेसाख़्ता हँसी
दुखों और मुश्किलों को गाड़ी चलाते हुए
शीशा खोल कर बाहर फेंकती
तुम आगे निकल जातीं
पिछले बरस तुम पाकिस्तान आयीं
जवान बेटियों को अपने साथ खड़ी क़द नाप रही थीं
दोनों को छुट्टियों में काम पर लगा दिया है
तुम बहुत ख़ुद्दार थीं
अपनी बीमारी की कहानी
डॉक्टर माँ को परियों की कहानी

---

1. लेखिका की एक भाँजी जो 45 की उम्र में चली गयी

की तरह सुनातीं
रोती माँ के गले में बाँहें
डाल कर हँसते-हँसते चुप हो जातीं
सब कुछ समझते हुए, जानते हुए
बाप के साथ तले ऊपर के बच्चों की तरह
लड़ पड़तीं, वो छेड़ता
तुम परे हट कर कहतीं
बाक़ी लड़ाई उधार
तुमने ज़िन्दगी में कभी कोई
उधार नहीं रखा था
मगर ज़िन्दगी को उधार समझ कर
उतार दिया
माँ की आँखों को सेहरा
और बाप की ज़बान को गुंग कर दिया
उस दिन से आज तक
मैं तुमसे जब रूख़्सत लेने को
हाथ में क़लम लेती हूँ
तुम खड़ी हँसने लगती हो
मुझे याद है तुमने ख़ाला के साथ
सहेलपना बनाया हुआ था
मुझे ये भी याद है जब तुम सब
बच्चों को 'भोरबन' नाश्ते के लिए
लेकर गयी
मैं एक तरफ़ बैठी तुम लोगों को
Overleft से जेबें भरते
देख रही थी
कैसे मासूम, तुम सब लग रहे थे

तुम अपने साथ हम सब के चेहरों से
हँसी समेट कर ले गयी हो
नोमी! तुम यूँही हँसती रहना
हम तुम्हें यूँही विदा करते रहेंगे!

सारी बेटियों और नूर मक़दम* का नोहा

मेरी नौख़ेज़[1] कलियो, नूर जैसी मुस्कुराती बेटियो!
मैं भी तुम्हारी तरह नामानूस[2] आमोख़्ता[3] लिए
इश्क़ जंगल की तरफ़ निकल गयी थी
टहनियों को हिलते देख कर
अपने बदन में सरसराहट
महसूस होती थी
किसी के हाथ का लम्स[4]
क़र्नों[5] तक फैल जाता था
मैं इसी सुरूर में
आँखें खोलती
सामने जंगल में कुआँ था
कहीं दूर से अम्मा की आवाज़ आती
"वापस आओ"
घर लौटती तो सारी आँखें

---

*पाकिस्तानी मूल की जॉर्डन महिला जिसकी इस्लामाबाद में 20 जुलाई 2021 को 27 वर्ष की उम्र में अपहरण एवं बलात्कार के बाद क्रूरतापूर्वक हत्या कर दी गई थी।

1. नवोदित
2. अपरिचित
3. पढ़ा हुआ पाठ
4. स्पर्श
5. लम्बा समय

बिच्छुओं की तरह मुझे काटने को
दौड़तीं
सारी रात कभी अम्मा
तो कभी मेरे दोस्त की आवाज़
सोने न देती
सुबह होते ही मेरी आँखें
यूनिवर्सिटी में उसे तलाश
कर लेतीं
अम्मा की आवाज़ को टालते हुए
उसके साथ कॉफ़ी पीने बैठ जाती
वो बार-बार अन्धे कुएँ की जानिब
चलने की दावत देता
मैं टाल जाती
मेरे गुरेज़[1] से झल्ला कर
चीख़ता, दीवानों की तरह
पैर पटकता
मैं सँभाल लेती
मगर कब तक
इश्क़ ने गुरेज़ पर पर्दा डाल दिया
मैं बेख़ुद होकर
दीवानावार कुएँ में उतरने
को बेताब हो गयी
लुत्फ़ का ज़ायक़ा इतना मीठा था
ख़बर भी न हुई
कब कड़वाहट की केंचुली
मुझे डसने लगी
कैसा इश्क़ था जिसने मेरे बदन

1. पलायन

की सारी घाटियों को मिट्टी
कर दिया था
वापस पलट के देखा
मेरा साया मुझ से आगे था
मैं टेरेस पर कॉफ़ी का कप लिए
ठिठक गयी
सामने अपनी बेटियों को
इश्क़ जंगल की तरफ़ जाती
देख रही थी
दिल ही दिल में पूछ रही थी
ये जो ख़्वाबों की टोकरी
तुम्हारी बग़ल में और चाल में
सरमस्ती[1] है—नामानूस आमोख़्ता
हाथ में लिए, इश्क़ जंगल में तुम भी
मेरी तरह भूल-भूलइयों में गुम हो जाओगी
मैंने बीस बरस की उम्र में
ये आमोख़्ता पढ़ा था
साठ बरस बाद भी वैसी दीवानगी
तुम में देख रही हूँ
तुम इश्क़ दीवानी, उसके हाथ से क़त्ल हो जाओगी
"वापस आ जाओ" अम्मा की आवाज़ ख़ला में गूँज रही थी।

---

1. उन्माद

ज़िन्दा हैं माज़ी[1] की छिपी औरतें

एक माहिरे-नफ़िसयात[2] तज्रिबे करता रहता था
एक औरत उसके हर तज्रिबे के आज़माने के
बावजूद
हिप्नोटाइज़ नहीं हो रही थी
उसकी हैरानी में कुछ नये तज्रिबे शामिल हुए
फिर भी बेसूद[3]
अब वो मायूस होकर पलट रहा था
कि वो बोलती सुनाई दी
पलट कर देखा वो कोई नामानूस
ज़बान बोल रही थी
तारीख़ और ज़बान के माहिरीन[4] जमा हुए
तहक़ीक़[5] से पता चला कि वो दो हज़ार साल
पुराने किसी अफ़्रीक़ी मुल्क की ज़बान बोल रही थी
माहिरीन अब सब यकजा होकर
उसको नित नये तरीक़े से हिप्नोटाइज़
करने लगे

---

1. अतीत
2. मनोवैज्ञानिक
3. व्यर्थ
4. विशेषज्ञ
5. अनुसन्धान

अब उसने गाना शुरू कर दिया
मुहक़्क़िक़ीन[1] फिर सर जोड़ कर बैठे
पता चला वो ऑस्ट्रेलिया की एबोरिजिनल
ज़बान में गा रही थी
ज़माना भी सदियों पुराना था
मैं वहाँ से डर के उठ आयी
अगर मेरे ऊपर भी तज्रिबे किये गये
तो सदियों से ज़ुल्म सहती औरतें
बोल पड़ेंगी कभी इब्रानी तो कभी अरबी
औरत एक जन्म में सैंकड़ों जन्मों
को अपने अन्दर छिपाये ज़िन्दा रहती है
ऐ साइंसदानों! ख़ला[2] नहीं, ज़मीन की जीती जागती
औरत के
अन्दर छिपे ज़ख़्मों को तलाश करो।

---

1. अनुसन्धानकर्ता
2. अन्तरिक्ष

*नूर और उसकी रूह का बयानिया

मैं नूर की रूह हूँ
बहुत ज़ख़्मी और ज़िल्लत
महसूस कर रही थी
इसलिए पहले कुछ न बोली
लड़कियों का ऐब लगाना
या क़त्ल कर देना कोई नयी बात नहीं
मगर नूर को जैसे क़िस्तों में
मारते-मारते, उसका जुनून
कम न हुआ, वो फ़ख़्रिया अपने
दोस्तों और वालिदैन को बताता
रबा और फ़ुटबॉल की तरह
नूर के सर से खेलता रहा
सच बताऊँ
वो जिस वक़्त नूर को
बहते ख़ून के साथ
घसीटता हुआ
सीढ़ियों के ऊपर ले गया था
मैं तो उस वक़्त
चीख़ बन कर, उसके जिस्म से
निकल आयी थी

---

*नूर मक़दम

वो कठोर शैतान
उस बेरुह बदन पे
जितने ज़ख़्म लगा सकता था
मुझ से वो देखना भी
बर्दाश्त नहीं हुआ
नूर का गर्म-गर्म बहता ख़ून
तपिश दे रहा था
मैं झुलस गयी
मुँह मोड़ के देखा
नूर अपना कटा सर हाथ में लिए
ललकार रही थी
आगे बढ़ने का रास्ता ढूँढ़ते
मायूस नौजवान लड़के-लड़कियों!
अपने अन्दर ख़ौफ़ की दीवारें गिरा दो
सामने आओ
इन्साफ़ की आँखों से पट्टी उतारो
इससे पहले कोई और नूर
मेरी तरह ज़िब्ह हो जाये
इन्साफ़ के लफ़्ज़ को मोतबर बनाओ
ये छुट भईये अफ़सरान
ग़ुस्से में भरी मेरी क़ौम को बाहर
निकलने नहीं दे रहे हैं
मेरा बस चलता मैं उनकी खोपड़ी
उड़ा देती
मेरा कटा सर मेरे हाथ पे रखा है
उसको अलम[1] बनाओ। दुनिया को बताओ।

---

1. ध्वजा

सारी आँखें उसे ढूँढ़ रही हैं

वो लड़का मुझे कभी नहीं भूलता
जो आप की उँगली पकड़े
मुझ से मिलने मेरे दफ़्तर आया था
उस उम्र में भी वो बहुत ज़हानत की
बातें करता था
जैसे-जैसे बड़ा होता गया
इश्क़ किताबों से और लिखने से
बढ़ता गया
उसकी पहली किताब
और पहले गिरीश कर्नाड के
तर्जुमे ने दुनिया को चौंका दिया
फिर नौकरी की और ज़िन्दगी की
हर मंज़िल पर
दुनिया की हर ज़बान में
नये उस्लूब[1] ढूँढ़ता रहता
हर महफ़िल में बीवी साथ रखता
नीली छतरी उन्वान से बाप की
तहरीरें जमा करता
उम्र गुज़रती रही
वो ज़हीन लड़का

---

1. शैली

कभी दोस्त लगता
कभी बेटा लगता
कभी राज़दां लगता
कभी मसीहा बन कर
मुझे मश्वरा देता
उसकी दोस्त थी सबीन महमूद
उसका बहीमाना[1] क़त्ल
पहला डिप्रेशन लाया
बेटियों का ब्याह के
दूसरे मुल्कों जाना
दूसरा डिप्रेशन लाया
यकायक घर की चाबियाँ बदल जाना
डिप्रेशन को शुगर में बदल गया
वो लड़का अब भी हँस रहा था
वो लड़का अब भी लिख रहा था
वो लड़का दिन में तीन मर्तबा
इंसुलिन ले रहा था
'दुनियाज़ाद*' मुरत्तब[2] कर रहा था
एक शाम मेरे गले लग कर
तनवीर अन्जुम और अहमद शाह
पूछ रहे थे
कुछ पता है उस लड़के का
साल गुज़रने के बाद
सारी दुनिया पूछ रही थी

---

1. पशुओं जैसा, वहशियाना

*'दुनियाज़ाद' कराची से प्रकाशित होने वाली साहित्यिक पुस्तक श्रृंखला है जिसे डॉ. आसिफ़ फ़र्रुख़ी ने जारी किया था

2. सम्पादित

वो लड़का कहीं जा नहीं सकता
उन्हीं काग़ज़ों में जहाँ वो
फ़हमीदा रियाज़ को तलाश कर रहा था
वहीं छुपा बैठा होगा
इन्तिज़ार हुसैन से पूछा था
वो भी यही कह रहे थे।

(डॉ. आसिफ़ फ़र्रुख़ी)

मीनारे-पाकिस्तान तले*

ऐ क़ाइद! तुझे सुनाऊँ
तेरे बनाये पाकिस्तान के मीनार तले
मैं फ़ोटो खींच रही थी
अस्र[1] की अज़ान हो रही थी
अज़ादारी[2] की आवाज़ भी आ रही थी
कुछ लड़के मुझे काम करते देख रहे थे
देखते-देखते वो सैंकड़ों हो गये
एक अकेली लड़की के बदन को
कपड़ों से आज़ाद करने के लिए
चार सौ मर्दों ने हाथ बँटाया
कोई बचाने आगे न आया
ऐ क़ाइद! तूने पाकिस्तान क्या
इन बेग़ैरतों के लिए बनाया था
ये सुनकर वो पलटे और बोले
हम बेग़ैरत नहीं
ये बाहर निकलती औरतें ही

---

*आयशा 14 अगस्त

1. सूर्यास्त से पहले के समय पढ़ी जाने वाली नमाज़,

2. मृत्यु-शोक-काल, इमाम हुसैन का मातम मनाना,

हमें ललकारती हैं
हम तो ला इलाह[1] कहने वाले
सच्चे मुसलमान हैं।

---

1. अल्लाह के सिवा कोई पूज्य नहीं

मुर्दार इंक़िलाब

जिनको शह देने का दुनिया सोच रही थी
वो जंगजू पियादे आँख झपकने में
महल में लपक के बैठे
आँखें फाड़-फाड़ के
क़ालीनों, जिम और तालाबों को
डुबकियाँ मारते, दीवानावार क़हक़हा लगाते
सोच रहे थे
ये हमने अगने बीरा बरस
ग़ारों और पहाड़ों में रास्ते बनाते
बच्चों से ख़ुदकुश[1] हमले कराते
क्यूँ ज़ाया[2] किये
टैंक और बारूद से
शहरों के शहर मिटाये
हम जब अफ़ग़ानी फ़ौज के सामने आये
अजब अचम्भा हुआ
बीस बरस से अमेरिकी बर्गर खाने वाले
बेग़ैरत सिपाही हमारे हाथों को चूम रहे थे
बदख़्शां हो कि क़न्धार
बेज़मीरी के क़ाफ़िले
जा-बजा थे

---

1. आत्मघाती
2. नष्ट

पर सच्चे अफ़ग़ानी
हमें नफ़रत से देख रहे थे
बाज़ारों में बूढ़े और बच्चे
ऊँघ रहे थे
औरतें, लड़कियाँ
कहीं नहीं थीं
महल में भी नहीं थीं
चोबदार[1] भी नहीं थे
अलबत्ता एयरपोर्ट
इन्सानों से पटा पड़ा था
जहाज़ खड़े थे
कोई रास्ता बनाने वाला नहीं था
एक दफ़ा फिर
बीस बरस पहले के चोबदार
अमेरिकी सारा निज़ाम सँभाल रहे थे
सारी दुनिया के मुल्कों में
सन्नाटा था
सऊदिया भी चुप था
भारत में कोहराम मचा था
सारे अफ़ग़ानिस्तान में
शरीअत[2]-शरीअत के नारे
गूँज रहे थे
जो अल्लाह की हाकिमियत की दुहाई देते थे
वो इलाक़े की हाकिमियत का फ़ैसला
न कर सके थे!
कलमा लिखा झण्डा
कभी हाथ में था
और कभी कहीं था।

(काबुल पे क़ब्ज़ा, 14, अगस्त)

❑❑

1. द्वारपाल

2. धार्मिक क़ानून